los

Niños

ÍNDIGO

Otros títulos EN español de Hay House

VIVE TU VIDA—Carlos Warter, M.D., Ph.D.
FENG SHUI PARA OCCIDENTE—Terah Kathryn
Collins
LOS NIÑOS ÍNDIGO—Lee Carroll y Jan Tober
LA ORACIÓN Y LAS CINCO ETAPAS DE
CURACIÓN—Ron Roth, Ph.D.

de Louise L. Hay:
RESPUESTAS
GRATITUD
EL MUNDO TE ESTÁ ESPERANDO
VIVIR
USTED PUEDE SANAR SU VIDA
EL PODER ESTÁ DENTRO DE TI
MEDITACIONES PARA SANAR TU VIDA
PENSAMENTOS DEL CORAZÓN
SANA TU CUERPO
SANA TU CUERPO A–Z

de Sylvia Browne:
AVENTURAS DE UNA PSÍQUICA

(760) 431-7695 • (760) 431-6948 (fax)

los NIÑOS ÍNDIGO

Los nuevos niños han llegado

Lee Carroll
y
Jan Tober

Hay House, Inc.
Carlsbad, California • Sydney, Australia

Título original: THE INDIGO CHILDREN.
Traducción: Yazmín Venegas Peralta

6/01

ISBN 1-56170-801-1
Impreso en Canadá

Tus niños no son tus niños.

Son los hijos de la añoranza de la vida
por sí misma.

Ellos vienen a través de ti pero no de tu interior,
y por tanto están contigo, pero no te pertenecen.

Les puedes dar tu amor, pero no tus pensamientos,
porque ellos tienen sus propios pensamientos.

Puedes acoger sus cuerpos pero no sus almas,
porque sus almas habitan en la casa del mañana,
la cual no puedes visitar, ni siquiera en sueños.

Te puedes esforzar por ser como ellos, pero no
puedes buscar hacerlos como tú.

Eres el arco desde el cual tus niños, como
flechas vivientes, son lanzados.

Deja que tu sufrimiento en la mano
del arquero sea para la felicidad.

— Kahlil Gibran, El Profeta

Para Jean Flores, trabajadora de las Naciones Unidas,
quien hizo su transición mientras se escribía este libro.
Ella es ahora nuestro ángel en el otro lado,
ayudando todavía a los niños de este mundo.

"Estos niños pueden ser muy brillantes, encantadores –y muy difíciles para convivir–. Piensan en cosas divertidas y creativas a una tasa de alrededor de 10 por segundo. Mientras usted está tratando de encender una fogata, ellos ya están tostando los malvaviscos en la estufa, son los que se meten en a la tina de baño para ver si el pecesito sobrevive en agua caliente".

—Natasha Kern, madre, citada textualmente
por Nancy Gibbs en la revista *Time*

❧ Contenido ❧

Introducción

A l comenzar a leer esto, seguramente su primer pensamiento será: *Y ahora qué, ¿otro libro "terrible" acerca de la forma en la que la sociedad está cambiando a nuestros hijos?* No: Quizá, este sea el cambio más emocionante, aunque raro, en la naturaleza básica humana que jamás se haya observado y documentado en alguna sociedad con las herramientas para hacerlo. Le pedimos que discierna por sí mismo mientras continúa leyendo.

Jan y yo somos autores y conferencistas nacionales. En los últimos seis años, hemos viajado por todo el mundo hablando frente a grandes y pequeñas audiencias. Hemos trabajado con todas las edades y muchas lenguas representativas de diversas culturas. Mis hijos ya son grandes y dejaron el nido hace mucho tiempo. Jan nunca tuvo hijos, pero de alguna manera sentía que algún día iba a estar trabajando con ellos (tenía razón). De nuestros seis libros previamente publicados, no hay ninguno sobre niños porque nuestro trabajo no se enfoca en ellos. ¿Qué significa entonces que seamos autores de un libro sobre este tema específico?

Cuando eres consejero e inviertes tiempo personal con la gente, no puedes ayudar sin que notes que surgen ciertos patrones de comportamiento humano, los cuales en consecuencia se adhieren a tu trabajo. Nuestro trabajo, como el de Louise Hay, quién publicó este libro, es acerca del potencial interior y del aumento de auto-estima, Permite a la gente tener esperanza, dándoles el poder de levantarse a sí mismos por encima del nivel de quienes ellos "pensaban" que eran. También involucra la curación espiritual (no religión) y alienta a un auto examen con el propósito de encontrar primeramente al "Dios interior" para después buscar una fuente exterior. Al hablar de auto curación, nos referimos a dejar de lado las preocupaciones en un mundo cambiante y propenso a las preocupaciones. Es un trabajo tremendamente gratificador, pero nos hace darnos cuenta de cosas.

Hace algunos años, la gente comenzó a hablar acerca de problemas específicos con sus hijos. ¿Qué hay de nuevo en esto? Los niños son con frecuencia las mayores bendiciones en la vida, pero también constituyen grandes retos. Se han escrito numerosos libros acerca de la paternidad y de la psicología infantil, pero lo que nosotros percibimos fue algo diferente.

Comenzamos a escuchar más y más sobre una nueva clase de niño, o por lo menos una nueva clase de problema para los padres. Las dificultades eran de naturaleza extraña, en el sentido de que representaban un intercambio inesperado y aparentemente atípico de lo que nuestra generación había experimentado entre el adulto y el niño. Lo ignoramos hasta que comenzamos a escucharlo de los profesionales quienes trabajan específicamente con niños. Ellos también estaban reportando retos similares. Muchos estaban exasperados y a punto de perder la razón. Trabajadoras de guarderías de toda la nación, algunas de las cuales tenían más de 30 años de experiencia, también nos estaban contando la misma clase de historias acerca de cómo las cosas parecían diferentes con los pequeños. Después vimos algo que fue terrible. Cuando estos "nuevos" problemas se comenzaron a agudizar, ¡hubo una tendencia exagerada a tratar de resolverlos dándoles drogas a los niños legalmente! Al principio, pensamos que esto era un atributo cultural, que reflejaba una América en pleno cambio. Parte del temperamento de nuestra gran América es que somos flexibles y nos encaminamos hacia cambios importantes, como ningún otro país lo puede hacer, mientras mantenemos una base gubernamental estable. Pregúntele a cualquier profesor de escuela en estos días y éste le responderá que nuestro sistema educativo necesita realmente una revisión. Probablemente sea el momento, pero estas no son noticias revolucionarias y no fueron las que nos inspiraron a escribir este libro.

Jan y yo trabajamos en asuntos *individuales* y nos mantenemos alejados de la política o incluso de "causas" ambientales. No es que no estemos interesados, pero preferimos enfocarnos como consejeros y conferencistas a la manera en la que podemos ayudar a hombres y mujeres en forma personal (aunque con frecuencia les hablamos en grandes grupos). Nuestra premisa se basa en que todo ser humano equilibrado, que tiene una perspectiva positiva y rebosa bienestar, está en condiciones de hacer los cambios necesarios en una forma muy poderosa. En otras palabras, incluso los rápidos cambios sociales tienen que comenzar desde el interior de la mente y del corazón de una persona en algún momento.

En forma adicional, asumimos que incluso si estos niños estuvieran atravesando por grandes cambios, los profesionales e investigadores lo hubieran comunicado dentro de su medio —de modo que los profesionales también estarían observando este acontecimiento—. Hace años, esperábamos ver reportes y artículos en "atributos de los niños nuevos" en las publicaciones de las escuelas primarias y de las guarderías. Nunca ocurrió, por lo menos no en una escala que hubiera podido llamar mucho la atención, ni tampoco en una forma en la que los padres recibieran ayuda o fueran informados.

Debido a que esto nunca pasó, nosotros reforzamos nuestra noción original en el sentido de que nuestras observaciones no eran probablemente un rumor como habíamos pensado y una vez más, los niños no son nuestro objetivo. Nos tardamos varios años en cambiar de opinión y decidir que alguien tenía por lo menos que ensamblar la información y reportarla, sin importar lo extraño que pareciera. ¡Ahí estaba!

Como pueden ver, un número de factores dieron lugar a este libro, el cual deben leer antes de que tomen ciegamente nuestra palabra como algo que puede caer en la categoría de "algo inexplicable está ocurriendo a nuestro alrededor".

Nos hemos dado cuenta de lo siguiente:

1. Este no es un fenómeno exclusivo de América. Lo hemos visto personalmente en tres continentes.

2. Parece rebasar las barreras culturales (abarcando múltiples idiomas).

3. Ha escapado a la atención de la corriente tradicional debido al hecho de que es simplemente muy "raro" el considerar en el paradigma de la psicología humana la cual, con petulancia, considera a la humanidad como un modelo estático no cambiante. Como una regla, la sociedad tiende a creer en la evolución, pero sólo en tiempo pasado. El pensamiento de que podemos estar viendo una nueva conciencia humana llegando lentamente al planeta *ahora* —manifestada en nuestros niños— va más allá del pensamiento conservador establecido.

4. El fenómeno se está incrementando, más reportes continúan saliendo a la luz pública.

5. Ha estado presente por largo tiempo, de modo que muchos profesionales han comenzado a observarlo.

6. Están surgiendo algunas respuestas a los desafíos.

Por todas estas razones, nos encontramos en un limbo y le estamos dando la mejor información posible sobre lo que hemos observado en una materia que es, sin duda, polémica por muchas razones. Hasta donde tenemos conocimiento, este es el primer libro dedicado completamente al Niño Indigo. Mientras lo leen, muchos lo relacionarán con lo que aquí se presenta y esperamos que el tema sea explorado más extensamente en el futuro por aquellos más calificados.

La meta de este libro

Este libro está escrito por padres. Es un reporte inicial y no en donde "termina todo" acerca del tema del Niño Indigo. Se presenta con la intención de ayudarle con su familia y de darle información de aplicación práctica si se identifica con cualquier asunto de esta materia. Le pedimos su discernimiento en todo lo que se presenta a continuación. No publicaríamos esta recopilación a menos que tuviéramos la certeza que muchos de ustedes la encontrarán, por cierto, reveladora y de gran ayuda. Este libro ha sido elaborado principalmente a través del aliento, y algunas veces ruegos, de cientos de padres y maestros con los que hemos hablado alrededor del mundo.

El método

Pensamos acerca de lo maravilloso que sería darle historia tras historia de padres acerca de sus niños índigo —hay demasiados—.

Pero esas sólo son historias y no validan el comportamiento en una forma en la que los investigadores (o pensadores lógicos) pueden relacionarla. En consecuencia, decidimos usar nuestra base internacional de contactos para recopilar una serie de reportes, comentarios —y sí, unas cuantas historias— a cargo de trabajadores de niños, maestros, médicos, psicólogos y autores acreditados de todo el país. Mientras continúa leyendo, encontrará que hemos hecho nuestro mejor esfuerzo por darle validez en una forma realista a algo que hemos observado en una forma no científica a través de nuestro trabajo. Hemos incluido también algunos casos en las áreas del libro en donde sentimos que un enfoque científico sería lo mejor. Dado que personalmente nosotros no hemos hecho investigación acreditada en esta área, sentimos que los reportes y resultados de los profesionales quienes han contribuido aquí ayudarán a darle validez a la premisa que estamos presentando.

Organización

Elegimos una estructura que sería de la mayor ayuda posible. Esta introducción le ayudará a conocernos y esperamos establecerá el hecho de que ¡en verdad estamos interesados en sus niños!

El capítulo 1 es nuestro intento por identificar los atributos de estos niños y presenta a algunos de los participantes de quienes también oirá en otros capítulos.

El capítulo 2 trata inmediatamente de lo que hay que hacer con un niño índigo. En muchos libros, este capítulo práctico sería la conclusión, pero nuestros capítulos subsecuentes incluyen algunos temas médicos y/o esotéricos que deben permanecer individualmente en sus revelaciones. Por tanto, los primeros dos capítulos contienen respuestas e información práctica que también puede leerse en forma aislada si usted decide no continuar rebuscando dentro de estudios más profundos. Este capítulo también habla sobre el proceso educativo y las escuelas alternativas para los Indigo. El capítulo 3 cubre los aspectos espirituales del fenómeno de los Niños Indigo. Este no es acerca de religión, sino más bien un reporte de algunos atributos muy inusuales, comunes para los niños, los cuales *deben* ser incluidos en este libro. Espiritualmente, ellos "parecen saber quienes son" ¡y se lo hacen saber a los padres muy claramente! ¿Podríamos realmente dejar esto afuera?

El capítulo 4 es acerca de cómo estos niños están siendo diagnosticados médicamente. No todos los Niños Indigo tienen grandes problemas psicológicos, pero cuando los tienen, con frecuencia terminan siendo diagnosticados como DDA o DDAH (Desorden de Déficit de Atención y Desorden de Déficit de Atención con Hiperactividad, respectivamente). Ahora, no todos los niños DDA son Indigo; sin embargo, ¿Le gustaría conocer algunos métodos alternativos de tratamiento para el DDA que *funcionen*? Hemos intentado darle algunos en el capítulo 4, tanto tradicionales como innovadores, con casos que los ilustran. Este es un intento por alejar a los niños de las drogas que los sedan y por ofrecer a los padres algunas alternativas que pueden probar.

Aquí tiene algo que da mucho que pensar: Si usted es un padre con un hijo sedado, puede sentir que el Ritalin es una solución real. El comportamiento del niño comienza a mejorar, parece más tranquilo y las cosas se estabilizan en la familia y en la escuela— ¡Caramba el Ritalin! Sin embargo, pone al niño dentro de un patrón de comportamiento sostenido —el cual incluso podría gustarle al niño—. Pero más tarde en su vida, cuando el tapón salga de la botella (cuando se pase el efecto de la droga), las burbujas interiores podrían causar algún tipo de explosión. En retrospectiva, después de crecer, ellos pueden sentir que perdieron parte de su niñez en una remembranza sombría desconectada de su verdadero yo. El Ritalin con frecuencia pospone el verdadero asunto del crecimiento y la sabiduría que viene aunada a él, aprendiendo cómo funciona la sociedad. Esto está documentado.

En realidad puede haber un método para ayudar a su niño sin usar Ritalin, representado por algunos tratamientos alternativos. Un criterio amplio puede ayudar y nosotros presentamos a algunas personas con excelentes credenciales y buenos resultados a quienes les encantaría ayudarle en esta área.

El capítulo 5 le brinda algunos mensajes de los Indigo en la actualidad. Incluyendo escritos de Niños Indigo mayores o casi mayores. Es su perspectiva, mirando al pasado, hacia su crianza. Créanos, ¡ellos saben que son diferentes! Estos escritos son muy profundos.

El capítulo 6 es el resumen y en el le presentamos una serie de mensajes cortos de cada uno de nosotros.

Los colaboradores

Cada vez que presentamos a un colaborador, incluiremos sus credenciales. La información completa puede encontrarse al final acerca de ellos lo mismo que de sus organizaciones. Lo exhortamos a escribir, usar correo electrónico o llamarles si tiene preguntas o desea obtener sus libros o productos. También hemos tratado de proporcionar sus páginas de Internet si representan a organizaciones. Si no tienen dirección electrónica y no hay nada en la lista sobre ellos, vaya más allá y escríbales a Hay House utilizando la dirección que aparece en la contra portada. Si lo hace, asegúrese de mencionar el título de este libro, ellos enviarán su solicitud a quien corresponda. También puede escribirnos directamente a nosotros con preguntas, pero no nos consideramos expertos en la materia. Somos reporteros en este caso y hemos servido simplemente para recopilar a un grupo de profesionales más calificados para ayudar a identificar y manejar el tema Indigo. Probablemente, nosotros simplemente enviemos su pregunta al colaborador apropiado.

¿Qué es un Niño Indigo?

¿Qué es un Niño Indigo? ¿Y por qué lo llamamos *Indigo*? Primero, la definición: un Niño Indigo es aquel que muestra una nueva e inusual serie de atributos psicológicos así como un patrón de comportamiento generalmente no documentado con anterioridad. Este patrón tiene factores comunes únicos que sugieren que aquellos que interactúan con ellos (los padres, en particular) cambien su trato y los críen buscando un equilibrio. El ignorar estos patrones nuevos abre un potencial para crear desequilibrio y frustración en la mente de esta nueva y preciosa vida. El propósito de este capítulo es el de identificar, calificar y dar validez a los atributos de un Niño Indigo.

Parece haber varias clases de Indigo y los describiremos posteriormente en este capítulo, pero en la siguiente lista podemos darle algunos de los patrones de comportamiento más comunes. ¿Identifica algunos de estos?

Aquí hay diez de los rasgos más comunes en los Niños Indigo:

1. Vienen al mundo con un sentimiento de realeza
   (y con frecuencia actúan de esa manera).

2. Tienen un sentimiento de "merecer estar aquí" y se sorprenden cuando otros no comparten esta idea.

3. La propia valía no es un asunto de gran importancia. Con frecuencia ellos les dicen a los padres "quienes son ellos".

4. Tienen dificultad con la autoridad absoluta (autoridad sin explicación o alternativa).

5. Hay cosas que sencillamente no pueden hacer; por ejemplo, les cuesta mucho trabajo esperar en una fila.

6. Se frustran con los sistemas que se basan en la costumbre y no requieren un pensamiento creativo.

7. Con frecuencia ven mejores maneras de hacer las cosas, tanto en la casa como en la escuela, lo cual los hace parecer inconformes con cualquier sistema.

8. Parecen antisociales a menos que estén con los de su propia clase. Si no hay otros con una conciencia similar alrededor de ellos, se vuelven con frecuencia introvertidos, sintiendo que ningún otro ser humano los entiende. La escuela les resulta con frecuencia extremadamente difícil para socializar.

9. Estos niños no responderán a la disciplina "de culpa" ("Espera a que llegue tu papá a casa y vea lo que has hecho").

10. No les da pena dejarle saber cuáles son sus necesidades.

Examinaremos algunos de estos rasgos más adelante en forma detallada, pero antes deseamos decirle por qué se les llama a estos niños Indigo.

A través de la historia de la psicología ha habido sistemas de comportamiento de grupos humanos. Por cierto, con frecuencia parece que todos caemos dentro de "manojos" de patrones de comportamiento, algunas veces gozamos al leer sobre estos e identificarnos. Estas agrupaciones tratan de identificar y correlacionar acciones humanas en muchas formas diferentes —indudablemente en la búsqueda de alguna fórmula que acomode ordenadamente a todos dentro de alguna clase de máquina, ayudando a aquellos que se encargan del estudio de la mente humana—. Algunos de estos sistemas son ancianos; otros son muy nuevos.

Inmediatamente, nos gustaría visitar a un psiquiatra para un reconocimiento rápido de este hecho, de modo que podamos comenzar con una base académica sólida. **Richard Seigle** no es solamente un doctor en la práctica, sino que también está involucrado con estudios humanos y espirituales con curación nativa.

Sistemas de Clasificación Humana
Richard Seigle, M.D.

A través de la historia de la civilización occidental, hemos tenido una fuerte necesidad de explorar, definir y juzgar. Mientras descubrimos nuevas tierras y personas en la Tierra, nuestros primeros pensamientos fueron, *¿Quién es como nosotros y quién no?* y, *¿Qué podemos tomar?* Aquellas personas que no eran como nosotros en términos de color, creencias, cultura e idioma eran consideradas inferiores a lo largo de nuestra historia.

En términos científicos, tratamos de clasificar a la gente por la forma de su cabeza, su color de piel, su coeficiente intelectual (IQ) y así sucesivamente. Los antropólogos y psicólogos han pasado años evaluando la forma en la que pensamos, sentimos y actuamos. Aquí hay algunos ejemplos de varios sistemas de clasificación:

- **Pruebas de inteligencia**, tales como la llamada Wechsler (WAIS) y la de personalidad conocida como Stanford-Binet.

- **Pruebas de personalidad**, tales como MMPI, MCMI, Tipo A y Tipo B.

- **Valoración de proyección de la personalidad**, tales como Rorschach, TAT y SCT.

- **Pruebas de memoria**, tales como WMS y Bender.

- **Factores psicológicos específicos.** Factores tales como los siguientes han sido usados algunas veces como base para el comportamiento humano de agrupaciones: estructura familiar y costumbres; cultura; sueños; auto psicología, vínculos de unión; mitos; religión; motivaciones conscientes e inconscientes y pensamientos.

- **Psiquiatras teóricos reconocidos**, tales como los siguientes utilizados en varios sistemas de tipos de personalidad: Freud, Jung, Adler, Berne, Fromm, Kernberg, Klein, Maslow, Peris, Reich, Rogers, Skinner y Sullivan.

Gandhi dijo, "Nuestra habilidad para lograr la unidad en la diversidad será la belleza y la prueba de nuestra civilización". El final del milenio señala una conciencia más elevada de amor y aceptación de toda la gente, algo que nosotros pudimos haber aprendido hace siglos de las culturas nativas, si tan sólo no las hubiéramos percibido como inferiores.

Además de los sistemas de agrupación tradicionales, están los espirituales y metafísicos, los cuales tratan de clasificar a los humanos basados, por ejemplo, en sus atributos de nacimiento (astrología), su energía vital o su asociación sagrada con los animales (de raíces chinas e indígenas americanas). Al margen de lo que usted piense, la astrología y algunos de los otros sistemas aparentemente no científicos, han sido reconocidos e identificados institucionalmente como algunas de las ciencias más antiguas, habiéndose encontrado en muchos de los textos más antiguos sobre el estudio de la humanidad. Todos estos sistemas, antiguos y actuales, existen para ayudar a los humanos a entender mejor a los humanos.

Nancy Ann Tappe escribió un libro en 1982 titulado *Understanding Your Life Through Color* (Entendiendo su vida a través del color). Se trata de la primera publicación conocida en donde los patrones de comportamiento de estos nuevos niños son identificados. Nancy clasificó ciertas clases de comportamiento humano dentro de grupos de color e intuitivamente creó un sistema sorprendentemente preciso y revelador. De naturaleza metafísica, el libro es divertido para leer y usted no puede dejar de identificar sus propias cualidades en algún lugar dentro de este sistema, riéndose de usted mismo y maravillándose de lo preciso que parece ser. Nancy continúa dando lecturas y talleres sobre el comportamiento humano por todo el mundo.

Para aquellos que piensan que el clasificar a los humanos de acuerdo con agrupaciones de color es raro y sólo para aquellos interesados en metafísica, nos gustaría decirles acerca de un nuevo libro *titulado The Color Code: A New Way to See Yourself, Your Relationship, and Life* (El Código del Color: Una nueva forma de verse a sí mismo, Sus relaciones y Su vida), escrito por el doctor Hartman Taylor. Este libro no tiene absolutamente nada que ver con los Niños Indigo. Nosotros sólo lo mencionamos aquí para mostrarle que la asociación de colores con los atributos humanos ¡no es solamente para el grupo espeluznante! El libro de Hartman tiene que ver con el modelo Hipocrático o medieval para varios tipos de personalidades: sanguínea, melancólica, flemática y colérica. Le asigna un color a cada una: rojo, azul, blanco y amarillo.

Como lo mencionamos, los grupos de colores de Nancy Tappe son intuitivos, pero también son muy acertados, basados en observaciones prácticas. Uno de los grupos de color en su trabajo es, adivinen cual, el índigo. Esta clasificación de color revela el nuevo tipo de niño en una forma muy precisa... ¡y lo hizo hace 17 años! (Por lo menos alguien estaba poniendo atención). Pensamos que Nancy merece reconocimiento por su perspicacia y conciencia de la naturaleza humana. Si usted está interesado en este tipo de cosas como profecías, el capítulo 3 le revelará una personalidad de televisión quien predijo ¡los nuevos niños "azul obscuro"!

Jan hizo su investigación y encontró a Nancy. Sintió que era necesario hablar personalmente con ella para este libro y hacerle algunas preguntas básicas acerca de lo que Nancy llama "el color índigo de la vida". Ambas sentimos que una buena manera de comenzar a hablar del fenómeno Indigo era la de presentar lo que Nancy tenía que decir, dado que ella en realidad identificó e introdujo la idea completa. La entrevista de Jan con Nancy se presenta en segmentos, en varios capítulos del libro, cuando el tema lo amerita.

Introducción a los Indigo
Nancy Ann Tappe,
entrevistada por Jan Tober (Parte I)

Nancy, usted fue la primera en identificar y escribir acerca del fenómeno Indigo en su libro "Entendiendo su vida a través del Color". ¿Qué es en realidad un Niño Indigo y por qué se les llama Indigo?

Los llamo Indigo porque ese es el color que yo "veo".

¿Qué significa eso?

El color de la vida. Yo miro los colores de la vida de las personas para saber cuál es su misión aquí en el plano Terrenal —qué es lo que ellos están aprendiendo, cuál es su currículo—. En algún momento en los años 1980, sentí que iba a haber dos colores más agregados al sistema, porque dos de los originales habían desaparecido. El fucsia había desaparecido y el magenta se estaba convirtiendo en obsoleto. De modo que pensé que esos dos colores de vida podrían ser reemplazados. Me quedé atónita cuando encontré a una persona que tenía fucsia en Palm Springs, porque es un color que existía a principios de los años 1900, o por lo menos eso se me había dicho.

Les dije a todos que iba a haber dos colores más de vida, pro no sabía cuáles iban a ser. Mientras los buscaba, "vi" el índigo; estaba haciendo una investigación en la Universidad Estatal de San Diego, con la intención de establecer un perfil psicológico razonable que pudiera sustentar la crítica académica. En aquel entonces, trabajaba conmigo el doctor McGreggor, un psiquiatra.

Estoy tratando de pensar en el nombre de otro doctor, pero no puedo recordarlo. El está en el Hospital Infantil, pero fue el primero de quien yo realmente tomé nota porque su esposa tuvo un bebé y se supone que no podía tener hijos. El niño nació con un murmullo muy feo en el corazón y me llamó para pedirme que examinara al bebé haber si "veía" algo, de modo que fui y lo miré y en ese momento realmente establecí que se trataba de un color nuevo que no estaba en mi sistema. El bebé murió seis semanas después —fue muy rápido—. Esa fue la primera experiencia física que tuve y que me mostró que los niños eran diferentes. Ahí es cuando comencé a buscarlos.

Dejé de dar clases en la Universidad Estatal de San Diego en 1975, de modo que puedo decirte que fue anterior a eso. La verdad es que no me pareció un asunto fuera de lo normal hasta 1980 cuando comencé a escribir mi libro. Me tardé dos años en publicarlo, —la primera edición data de 1982— y luego la actual edición se imprimió en 1986. Puedo decir que fue por allá de los años 70 cuando me di cuenta.

En los 80 realmente lo identifiqué y comencé el proceso del estudio de la persona. Debido a que entonces teníamos algunos niños de cinco, seis y siete años y yo podía mirarlos y "leer" su personalidad y ver de qué se trataba. La cosa más importante que aprendí fue que no tenían un currículo como nosotros —todavía no lo tienen—. No tendrán uno durante los siguientes ocho años. A la edad de 26 o 27 vas a ver un gran cambio en los Niños Indigo. El cambio va a ser que su propósito estará aquí. Los mayores van a estar muy firmes en lo que estén haciendo y los menores vendrán con una autorización sobre lo que van a hacer en la vida.

Parece como si todavía dependiera de nosotros lo que va a pasar.

Todavía se encuentra bajo investigación. Por eso es que me he tardado en sacar a la luz pública cualquier libro sobre los Indigo. Qué bueno que ustedes estén haciendo esto.

Parece ser de un enorme interés, de una enorme necesidad de conocimiento.

Exacto. Así es, porque la gente no entiende a estos Indigo. Ellos son niños computarizados, lo que significa que van a tener más cabeza que corazón. Pienso que estos niños vienen con alguna clase de reglas de visualización mental bien conocidas. Saben que si pueden ser identificados es por ellas. Son niños tecnológicamente orientados, lo cual me dice que nos vamos a volver aún más tecnificados de lo que ya estamos. A la edad de 3 y 4 años estas criaturas conocen las computadoras mejor que los adultos de 65.

Son niños tecnificados —niños nacidos para la tecnología, lo que significa que podemos predecir fácilmente lo que veremos en los próximos diez años— tan tecnificados que nunca lo hubiéramos siquiera soñado. Yo creo que estos niños están abriendo una puerta y que vamos a llegar a un punto en donde no vamos a tener que trabajar en ningún lado, excepto dentro de nuestra cabeza.

Estoy de acuerdo con usted.

Ese es su propósito. Lo que yo veo es que en algunos casos el medio ambiente los ha bloqueado tanto que en ocasiones estos niños son capaces de matar. Siempre he creído en una paradoja. Tenemos que tener la obscuridad así como tenemos que tener la luz para poder elegir. Sin alternativas no hay crecimiento, si únicamente fuéramos robots siguiendo algo, entonces no habría libre voluntad, no habría alternativa, no habría nada. Estoy divagando, pero lo estoy haciendo por una razón.

Lo que yo les he estado diciendo a mis estudiantes últimamente es que si vamos a creer en nuestros principios, si vamos a creer en nuestra Biblia, ésta realmente dice, "Al principio había un vacío y obscuridad sobre la faz del abismo", Siempre ha sido. Y Dios dijo, "Hágase la Luz". El creó lo bueno —creó la luz—. El no crea la obscuridad, siempre ha estado ahí. Y entonces su propósito completo de creación fue un merodeo de separación. Separó la noche del día, la luz de la obscuridad, la tierra de los cielos, el firmamento del aire, la tierra de las aguas. Separó a mujeres y hombres y creó masculino y femenino. La regla de la creación es separación por elección; sin elección no estamos creciendo.

De modo que lo que yo veo es que siempre hemos tenido extremos, especialmente en esta dimensión. Hemos tenido muchos extremos, el más bendito entre los benditos y el más malvado entre los malvados. La mayoría de nosotros cabemos en algún lugar en el medio, aspirando a lo sagrado mientras cometemos errores. Lo que yo veo ahora es que el extremo se integra más. Los más benditos entre los benditos se están convirtiendo en la gente promedio. Los más malvados entre los malvados se están convirtiendo en la gente promedio y el equilibrio está alcanzando un nivel más y más refinado. Estos niños —hasta ahora, todos los que he visto matar a sus compañeros o padres han sido Indigos—. De lo que he visto, sólo uno de ellos ha sido un Indigo humanitario; el resto se componía de Indigos conceptuales.

Esa es una observación muy interesante, que todos estos niños que han matado a otros niños sean Indigo. ¿De modo que lo que le estoy escuchando decir es que su camino es muy claro, pero si de alguna manera su misión es bloqueada, su alternativa es deshacerse de lo que ellos piensan es una barrera?

Es una nueva forma de supervivencia. Cuando usted y yo éramos niñas, teníamos esos horribles pensamientos e inmediatamente queríamos correr. Teníamos miedo. Ellos no tienen miedo.

Son valientes, porque saben quiénes son.

Creen en sí mismos.

Bueno, vayamos a alguna de las otras preguntas. En el mejor de su conocimiento, ¿Cuando fue detectado el primer Niño Indigo?

Mi idea es que el 90 por ciento de los niños menores de diez años son Indigo. No puedo decirle cuando comenzaron a llegar, pero si sé cuando comencé yo a observar este fenómeno. Mi libro *Understanding Your Life Through Color*

(Entendiendo Su Vida a través del Color) se imprimió en 1986 de modo que comencé a darme cuenta antes de eso. Pienso que fue en 1982. Lo había detectado mucho antes, pero no lo había identificado. Fue hasta 1985 que realmente me di cuenta que estaban aquí para quedarse.

¿Hay diferentes clases de Indigo? Y en ese caso, ¿cuáles son y cuáles son sus características?

Hay cuatro diferentes tipos y cada uno de ellos tiene un propósito:

1. HUMANISTA: Primero, está el índigo humanista, quien va a trabajar con las masas. Son los doctores del mañana, licenciados, maestros, vendedores, empresarios y políticos. Estarán al servicio de las masas. Son hiperactivos y extremadamente sociables. Hablarán ante quien sea, en cualquier momento. Amigables, amigables, amigables y con opiniones sólidas. También son torpes, hiperactivos, como dije, y algunas veces se estrellarán contra la pared porque con frecuencia se olvidan de poner los frenos. No saben cómo jugar con un juguete. En lugar de eso sacan todo —todo tiene que estar ahí tirado— y pueden o no tocarlo. Son aquellos que, si los manda a limpiar su cuarto, se los tiene recordar varias veces porque se distraen. Ellos van al cuarto, comienzan a limpiar hasta que ven un libro. Entonces se sientan y se ponen a leer, porque son ávidos lectores. Estaba en un avión ayer y este pequeño Indigo, de tres años de edad, estaba fastidiando. Su madre le dio el instructivo de seguridad y el lo abrió y dejó al descubierto todas las ilustraciones. Y ahí estaba sentado, muy serio, como si lo estuviera leyendo, serio y concentrado. Lo estudió por cinco minutos y yo sé que no podía leer, pero me supongo que el pensó que si sabía. Ese es el Indigo humanista.

2. CONCEPTUAL: Después tenemos al Indigo conceptual. El Indigo conceptual está más interesado en proyectos que en gente. Ellos serán los ingenieros del mañana, arquitectos, diseñadores, astronautas, pilotos y oficiales militares. No son torpes y con frecuencia son atletas cuando niños. Tienen el asunto bajo control y a la persona a quien tratan de controlar más es a su madre, si son varones. Las niñas tratan de controlar a su padre. Si los padres permiten que esto suceda, habrá un gran problema. Este tipo de Indigo tiene tendencia a las adicciones, especialmente a las drogas en su adolescencia. Los padres necesitan vigilar sus patrones de comportamiento muy de cerca y cuando comiencen a esconder o a decir cosas como "No te acerques a mi cuarto" es justamente cuando su madre necesita revisar el cuarto.

3. ARTISTA: Después tenemos al Indigo artista. Este Indigo es mucho más sensible y con frecuencia de cuerpo pequeño, aunque no siempre. Están muy interesados en las artes. Son creativos y serán los maestros y artistas del mañana. A donde quiera que van encuentran el lado creativo. Si se meten en la medicina, se convertirán en cirujanos o investigadores. Cuando se involucran en las artes finas, son los actores de los actores. Entre las edades de cuatro y diez años, pueden llegar a involucrarse hasta en 15 diferentes actividades artísticas — aunque sólo pasen cinco minutos en cada una y luego la abandonen—. De modo que siempre les digo a las madres de estos artistas o músicos, "¡No compren los instrumentos, réntenlos!" El artista índigo tiene capacidad para trabajar con cinco o seis diferentes instrumentos; después, cuando entra a la adolescencia, concentrará sus esfuerzos en uno sólo y se convertirá en un gran artista.

4. INTERDIMENSIONAL: Después tenemos al cuarto tipo, el cual es el Indigo interdimensional. Estos son más altos que el resto de los Indigo y al año o dos de edad no se les puede decir nada. Ellos dicen, "Ya lo sé. Yo puedo hacerlo, déjame en paz". Son aquellos quienes traerán filosofías y religiones nuevas al mundo. Tienden a ser peleones porque son mucho más grandes y porque no pueden integrarse a la sociedad como los otros tres tipos.

Ahora bien, todos los colores físicos de la vida desaparecerán dentro de los próximos 20 años, con excepción del rojo, y estamos hablando de los colores físicos. Sólo los colores mentales, como bronce, amarillo y verde; y los colores espirituales, azul y violeta permanecerán. El Indigo humanista está remplazando al amarillo y violeta. El Indigo conceptual está reemplazando al bronce, verde y violeta. El Indigo artista está remplazando al azul y al violeta. El Indigo interdimensional está reemplazando al violeta. Así que obviamente tenemos al violeta en los cuatro niveles.

¿Y serán intuitivos?

Tengo una historia, ocurrió esta mañana. Un amiga que tiene un nieto de cuatro años había ido a Santa Barbara de visita e invitó a su nuera y a Zacarías, el pequeño, a cenar. La madre está constantemente jactándose acerca de lo bien que va el niño en la escuela, en sus clases de natación y de como su maestra siempre está diciendo que aprende muy rápido y hace los clavados de espalda perfectos. El niño es absolutamente valiente.

Ellos fueron a un restaurante muy agradable y cuando estaban a punto de comer el postre, un enorme mousse de chocolate, el niño se le quedó mirando. Agarró el mousse y con su gran fanfarria lo puso en el centro de la mesa y le dio una cuchara a cada una. Sus ojos se agrandaron y comenzó a reírse mientras retiraba el postre del centro, lo ponía frente a el y comenzaba a comerlo; finalmente la madre le dijo,

"Zacarías, ¿sabes lo que significa no tener miedo?" El bajó la cuchara, frunció el ceño, la miró y le dijo, "Sí, lo sé".
"¿Qué piensas que significa?" le preguntó.
Y el contestó, "¡Yo creo en mí!"
Cuatro años de edad. Esto es lo que significa no tener miedo para él. Las palabras de Zacarías son muy claras. Estos niños creen en sí mismos. Si estás tratando de decirles que están haciendo algo mal cuando ellos creen en sí mismos, saben que tú no sabes de lo que estás hablando. De modo que lo que sugiero a los padres es que establezcan fronteras en donde no les digan a sus hijos *no hagas* algo.

En lugar de eso, digan, "¿Por qué no me explicas *por qué* quieres hacer esto? Vamos a sentarnos a hablar. ¿Qué piensas que va a pasar? Nomás hazlo conmigo. ¿Qué piensas que pasaría si tú lo hicieras? Cuando el niño le diga lo que piensa que pasaría, pregúntele. "De acuerdo, ahora bien, cómo manejarías la situación?" Entonces ellos le dirán cómo lo resolverían.

Esta es la forma en la que tienes que conducirte frente a un joven Índigo, de otra manera no los harás participar, a menos que se trate de un humanista, no van a hablar contigo sobre eso.

Al decir joven, ¿de qué edad estamos hablando?

Desde el momento en que comienzan a comunicarse, se les debe hablar abiertamente. Invitarlos a platicar las cosas.

¿Qué pasa cuando son bebés?

También se puede hacer cuando son bebés. Tu charlas con ellos, les platicas cosas. Déjalos que escuchen tu voz, tus palabras. "Vamos a cambiarte el pañal ahora. Tenemos que hacerlo para que no te vayas a rozar; vas a estar cómodo y contento y mamá va a estar contenta también. No vas a llorar y yo no voy a estar preocupada. De modo que todos vamos a estar contentos, ¿verdad? Vamos a cambiarte el pañal".

*Usted ha traído a colación otro asunto importante: el tratar
a estos niños como si fueran adultos desde el momento en que
comienzan a hablar.*

No puedes "menospreciar" a estos niños. Te escupirán en
la cara si los haces menos. Ellos no respetan a la gente por
sus canas o arrugas. Te tienes que ganar el respeto de los
Indigo.

*¿Hemos pasado por alto algo que a usted le gustaría decir
a nuestros lectores sobre el tema de los índigo?*

Creo que me gustaría decir: "Simplemente escúchenlos".
Siga su intuición en lugar de tratar de ser una autoridad. Deje
que los niños le digan lo que necesitan. Después, explíqueles por qué no es posible dárselos o por qué está bien que lo
tengan. Y de verdad, todo lo que se necesita es saber escuchar.
Eso es todo. Estos Indigo son muy abiertos.

Una vez más, en el presente.

Exactamente. Tú abusas de estos Niños Índigo y van a la
escuela a decírselo a la maestra, o llamarán a la policía,
911. Hemos tenido muchos ejemplos en los últimos años;
casos de niños de dos o tres años que han salvado a sus
padres llamando al 911. Si estos niños son abusados, acu-
dirán automáticamente a una autoridad. Lo harán y será una
situación muy desagradable.

*Me gusta llamarnos el Puente del Arcoiris, que nos permite
acercarnos a ellos.*

Creo que eso es verdad. Yo los llamo el puente entre la tercera y la cuarta dimensión. La tercera es una dimensión
razonable —una dimensión del *pensamiento*—. La cuarta es
una dimensión del *ser*. Aquí estamos hablando acerca de
amor, honor, paz, felicidad y todo eso, pero rara vez lo practicamos. Estamos mejorando en ese terreno. En la cuarta

dimensión, lo practicamos y comenzamos a darnos cuenta que la guerra es estéril y que el derribar a alguien es simplemente otra forma de matarnos a nosotros mismos. Estos niños ya lo saben.

Durante el primer taller que realicé sobre el tema Indigo, tuve a los padres y a los niños. Había niñeras que se hicieron cargo de los pequeños, una ayudante por cada cuatro niños. Por la tarde trajimos a los niños al salón de conferencias de modo que los padres tuvieron oportunidad de verlos interactuar y hacer preguntas. Teníamos una vieja máquina de escribir eléctrica y la pusimos en medio del salón y alrededor colocamos algunas otras cosas. No teníamos una computadora para colocar en el piso, pero como dije, estos niños son electrónicos, así que uno de ellos se sentó frente a la máquina de escribir y todos los otros niños se pusieron a jugar. Este fue un experimento extraordinario.

Mientras uno jugaba con la máquina, otro venía y se sentaba a un lado a mirar. Después de un rato, el que estaba en la máquina se paraba y se iba y el que había estado viendo ocupaba su lugar y de entre la multitud otro niño venía y se sentaba a mirar. Y así sucesivamente, uno tras otro como si hubieran estado en línea esperando su turno, pero no había ninguna línea.

Claro, porque estos niños no hacen cola.

Correcto, y los padres lo pudieron observar. Solamente un niño de entre los 15 que había se fue a sentar a las piernas de sus padres. Los otros no pusieron atención a los papás para nada.

¿En qué año fue esto?

Creo que en 1984. Estos niños . . . todo lo que piden es ser respetados como niños y ser tratados como seres humanos, sin hacer diferencias entre niños o adultos.

Hay otra historia cómica acerca de mi nieto. Cuando tenía ocho, mi hija era una de esas personas que no lo dejaba tener armas. El no podía tener pistolas ni juguetes de guerra. Por supuesto, tampoco quería que el niño tuviera cosas electrónicas. Cuando tenía apenas 3 años, yo estaba en mi baño arreglándome el pelo una mañana y tenía dos tenazas de pelo, una fría y otra caliente. Estaba usando la caliente y el agarró la fría y comenzó a hacer "bang, bang" apuntándome. Entonces yo tomé la mía y le respondí de la misma forma "bang, bang". Comenzamos a correr por toda la casa gritando "¡bang, bang, bang!" Mi hija dijo, "Mamá, no se supone que hagas eso con él". Yo le dije "¡El comenzó!" de modo que nos divertimos mucho.

Cuando tenía ocho, vino un día conmigo y me dijo, "Mano, sabes lo que quiero para Navidad?" Yo le dije, "No, qué quieres?" y me contestó, "¡Un Nintendo!" Mi hija apretó los dientes y me dijo "¡Ni te atrevas!" Yo me reí y pensé. "Ni modo. Soy la abuela y él me lo pidió. Ella va a tener que lidiar con esto. De modo que antes de salir de la ciudad le compré el Nintendo y luego me fui.

Regresé dos meses más tarde y mi hija me llamó y me dijo, "Mami, realmente quiero agradecerte por haberle dado a Colin el Nintendo", yo dije, "Ah sí, seguro, ya lo sé". "No, es de verdad", me respondió ella. "De veras quiero darte las gracias porque me di cuenta que no se lo pude quitar. También me di cuenta que yo tenía que estar a cargo, de modo que comencé a "venderle" tiempo del Nintendo. Le dije que si cumplía con sus quehaceres a tiempo ganaría tantos minutos. Además había estado trayendo notas de la escuela por no querer cooperar, de modo que también le dije que ganaría diez minutos más de juego si cooperaba en la escuela. Si subes tus calificaciones ganas más minutos, si bajas de calificaciones pierdes tiempo de Nintendo".

Bueno, el regresó de la escuela e hizo sus quehaceres y me preguntó, "Tienes algo más que quieras que haga?" Mi hija le dijo "Bueno, puedes hacer esto". Y el preguntó, "Cuantos minutos en el Nintendo?" Sus calificaciones en matemáticas pasaron de una D a una A. Dos semanas después de todo eso, la maestra llamó y preguntó, "¿Qué le pasó a Colin? Es un estudiante distinto". De modo que Laura le dijo lo del Nin-

tendo, "Bendito sea Dios, manténgalo así. Es el mejor estudiante que he tenido hasta ahora!" La maestra también le dijo
que él se acercaba a preguntarle, "Le puedo ayudar en algo?
y antes de la salida iba a preguntarle si se le ofrecía algo más;
después llegaba a casa y se lo contaba a su mamá y también
le decía cuanto tiempo de Nintendo esperaba a cambio de eso.
Ella se lo daba y él se convirtió en un estudiante de promedio A.

Mucha gente asegura que el Internet es malo para los
niños y hablan sobre las cosas malas que contiene. Pero si
los padres hablan con sus hijos y han sido abiertos con
ellos, enseñándoles en dónde elegir, estos niños no se encontrarán atrapados. Son aquellos que necesitan atención los que
resultan atrapados. Estos niños son inteligentes, pero son
como nosotros, a veces hacemos elecciones estúpidas sin
necesidad y ellos también las hacen si están en necesidad.
Pero si los mantenemos tranquilos, toman decisiones sabias.

Son grandes niños.

¿Es esto real?

Quizá usted no esté interesado en la gente que "ve" colores. Lo
siguiente es una serie de reportes y una plática de nuestra doctora
y de una maestra de escuela con relación al tema de los Indigo.

¿Las clasificaciones de Nancy sobre los diferentes tipos de
Indigo corroboran lo que los profesionales están viendo? La Dra.
Barbra Dillenger así lo cree.

Cuando no está dormida, la doctora Barbra Dillenger pasa la
mayoría de su tiempo dando apoyo psicológico. Es especialista en
la naturaleza humana y se concentra en ayudar con la percepción de
una visión general de la vida, en las razones para vivir y en las lecciones de la vida. Ella ve y acoge el cambio y está consciente de los
muchos "tipos" de humanos y de cómo dicha tipología se relaciona

profundamente con la forma en la que se les puede ayudar a descubrir quiénes son. Ella ha visto, por cierto, los tipos de Indigo y no duda en proporcionarnos esta información. Aplaudimos su maravillosa contribución a este libro.

Acerca de los Niños Indigo
Barbra Dillenger, Ph.D.

Mientras que Nancy Tappe descubrió en sus observaciones de Niños Indigo, que hay cuatro categorías: el humanista, el conceptual, el artista y el más raro de todos, el interdimensional. Todos ellos tienen similitudes en su comportamiento, pero también tienen diferencias que los distinguen. Aquí hay tres experiencias de la vida real con Niños Indigo: una con un artista, otra con un humanista y la última con un conceptual.

El artista: La historia de una misión

Travis es un Indigo artista. Tiene un gran talento musical. A la edad de cuatro años, tuvo su primer concierto público tocando la mandolina. Formó una banda de música juvenil a la edad de cinco años y luego de ganar concursos nacionales a los nueve, grabó con su grupo el primer CD. A los 14, tuvo su primer éxito como solista en la lista de los diez mejores. El escribía todas sus canciones, hacía los arreglos y las interpretaba. Estaba considerado, de acuerdo con los críticos de música del Chicago Tribune, como el Mozart de la mandolina. El siguiente incidente ocurrió en uno de sus conciertos.

Mi esposo y yo habíamos ido específicamente a escucharlo actuar frente a una audiencia de aproximadamente 3,000 personas. Mientras estaba en el baño alcancé a escuchar a dos mujeres conversar. Una de ellas decía, "Mi esposo insistió en que viniera. Pensó que me haría sentir mejor". Mientras escuchaba, descubrí que la mujer acababa de dar a luz, pero había perdido al bebé a las dos semanas de nacido y todavía usaba ropa de maternidad. Mi corazón se conmovió de dolor. Mientras tanto, Travis regresó a escena. Durante su actuación, tocó una canción que había escrito a la edad de nueve, "Press On" ("Seguir adelante") acerca de la muerte de su abuelo. Esta canción resultó ser una de mis favoritas, habla de las muchas experiencias de la vida y como, con la ayuda de Dios, debemos seguir adelante. Después de una ovación con el público de pie el concierto concluyó; mis ojos toparon con la misma mujer que había visto en el baño. Estaba hablando con Travis. Le decía con lagrimas en los ojos, "Esa última canción que interpretaste me ha ayudado a sanar. Gracias. Estoy muy contenta de haber venido".

Travis le agradeció a su vez; cuando ella se alejó y desapareció de su vista, el se volteó hacia su guitarrista y le dijo en lenguaje de adolescentes al tiempo que chocaban sus manos, "Bien hecho, de esto es de lo que se trata". Mi corazón dio nuevamente un vuelco, enviando vida a todo mi cuerpo. El todavía toca y compone a la madura edad de 17. Verdaderamente un bebé-estrella Indigo con una misión.

El humanista: Una historia de disciplina en el hogar

Todd es un Indigo humanista. Mientras visitaba la casa de su abuela le ocurrió un incidente muy desagradable. Había un hermoso payaso musical con la cara de porcelana sentado en la cama de la abuela. Era su muñeco favorito, un regalo de su esposo. El semblante triste del payaso le recordó a Todd algo desagradable de su "pasado" de modo que encontró la manera de romper la cabeza del muñeco en mil pedazos. Lo hizo con gran vigor. La abuela estaba visiblemente conmocionada. Todd tenía tres o cuatro años de edad y por supuesto no sentía ninguna culpa. Después de recobrar la compostura (ella había recogido los pedazos y puesto al muñeco roto sobre el sofá), la abuela le preguntó, con voz temblorosa. "¿Cuál es tu juguete favorito?"

"El camión de policía", contestó Todd.

Entonces la abuela le dijo, "¿Puedo ir a tu casa ahora y aplastar tu camión de policía?"

"No", replicó Todd con los ojos muy abiertos.

"Bueno, esta casa es del abuelo y mía y no rompemos cosas a propósito". Y continuó, "Nos gusta nuestra casa y queremos que sea una casa feliz, de modo que si tú fueras la abuela que le pedirías a Todd que hiciera ahora?"

Todd pensó en la situación y dijo, "Probablemente necesito un castigo". Se fue a otro cuarto, aislado de la fiesta que se celebraba, cerró la puerta y se sentó a solas. A los pocos minutos, la abuela entró al cuarto y habló con Todd sobre ira, miedo y expresiones positivas (todo esto en idioma de cuatro años, por supuesto). Lo que vemos aquí es al Indigo humanista (quien ama a la gente y a la libertad) escoger un castigo para aislarse, aún a esa corta edad. Este confinamiento auto impuesto fue, para Todd, un intercambio justo por su comportamiento inapropiado.

La abuela tiene ahora una muñeca nueva, es un ángel hermoso, regalo de una buena amiga y esta muñeca tiene la cara de tela.

El conceptual: Una historia sobre la escuela y la necesidad de cambio

Tim es un joven de 12 años de edad quien vino a mi oficina con su madre frustrada. El no quería ir a la escuela. No le encontraba ningún valor al tiempo invertido ahí. En forma particular no le gustaba su clase de inglés. (Creo que la intención de su madre era que yo lo convenciera de regresar a la escuela). Tim es un Indigo conceptual muy metido en el mundo de las computadoras. Le pregunté "¿Por qué no te gusta el inglés?"

El me respondió. "La maestra es estúpida, me pone a leer a Huck Finn". Le sugerí que el podía, por cierto, ser más inteligente que algunos de sus maestros y le hice notar que de todos modos podía aprender de ellos. Le dije que el inglés es una materia obligada en la escuela, sin embargo, hay otras maneras de aprender. Luego le pregunté cómo resolvería el esta situación. Tim inmediatamente tuvo una respuesta.

Me dijo que él y algunos de sus amigos quienes se sentían de la misma forma habían comenzado un grupo de inglés después de la escuela. Ellos claramente no estaban interesados en Huck Finn. En lugar de eso, estaban usando el Internet. También estaban buscando un asesor quien pudiera quedarse con ellos después del horario de clases y supervisarlos mientras se encontraran en la escuela. Le dije que me parecía una idea excelente. La madre abrió la boca con asombro mientras le sugería que apoyara esta solución y ayudara a su hijo a encontrar un maestro dispuesto.

Tim se sintió comprendido y su cuerpo se relajó. He oído que aunque esto no ha resuelto todos los retos de Tim en la escuela, él ha substituido su curso de Internet supervisado por su nueva clase de inglés. Ahora está otra vez en la escuela. Su idea brillante y conceptual muestra el inicio de un cambio en nuestra estructura escolar algunas veces rígida y autoritaria. Mucha de la estructura actual en las escuelas no sirve al pensamiento ilustrado de un Indigo. Su madre, mientras tanto, se ha convertido en una defensora activa de la reforma educativa.

¿Más inteligentes que nosotros?

Dentro del ámbito de la discusión sobre los Indigo, hay todavía otro fenómeno presente. Todos los padres quieren pensar que sus hijos son más inteligentes de lo normal. ¡Los reportes actuales confirman esto! ¡De modo que usted, mamá, no está loca! La norma puede haber cambiado, sin embargo, representa un nuevo paradigma de medida para los niños.

¿Siente que su niño es realmente más inteligente de lo que era usted, o de otros niños que ha criado en el pasado? Quizá los "inteligentes" están siendo diagnosticados como un problema, cuando en realidad deben ser catalogados como un activo. ¿Pueden los "inteligentes" provocar disfunción? ¿Cómo saberlo? ¿Están preparadas las escuelas para niños más inteligentes? (Le apuesto que usted ya había tenido este pensamiento intuitivo). ¿Son los niños Indigo generalmente más inteligentes que la mayoría de nosotros, los padres, cuando éramos niños? Por esta razón, ¿la mayoría de los niños nuevos que están naciendo (Indigos o de cualquier otro tipo) vienen con una nueva inteligencia y sabiduría?

Esta es una pregunta que puede comenzar a accionar alarmas en todo el país. Ha escuchado recientemente algunas noticias anunciando a los cuatro vientos que nuestros hijos no están lo suficientemente preparados en las escuelas y que en las pruebas nacionales los resultados se encuentra por debajo del promedio? Por supuesto que las ha escuchado. Sin embargo, no todo es como parece y lo siguiente puede darle mucho que pensar sobre este tema . . . lo mismo que un indicio de que algo está pasando universalmente con nuestros niños.

Hay evidencia, por cierto, de que los niños de hoy están mucho mejor equipados mentalmente de lo que las escuelas están en condiciones de aguantarlos o quizá, de diagnosticar correctamente el problema. Aquí tenemos una cita textual de la portada del libro *The Rising Curve: Long-Term Gains in IQ & Related Measures*.

Es comúnmente lamentable que las habilidades educativas de los niños estén declinando rápidamente y que las escuelas estén fallando en preparar niños para tareas críticas en la vida. Sin embargo, los responsables de realizar pruebas psicométricas han descubierto una tendencia curiosa que contradice este panorama sombrío: el nivel de coeficiente intelectual, IQ muestra de hecho un asombroso incremento durante los últimos 50 años, y los niveles entre los estudiantes anglosajones y las minorías están convergiendo. Esta tendencia ha duplicado el llamado "Efecto Flynn" después de James Flyn, el científico social quien fue el primero en documentarlo, es el enfoque de este libro provocativo . . . ¿Es posible comparar los niveles de IQ de una generación a otra? ¿Qué factores ambientales afectan más al IQ? ¿Qué clase de inteligencia mide en realidad las pruebas psicométricas en la actualidad? Los principales expertos en nutrición, investigación psicométrica, sociología y en psicología del desarrollo cognitivo y social debaten la fuente del Efecto Flynn, junto con las hipótesis de degeneración hereditaria tan discutidas, popularizadas por Charles Murray en *The Bell Curve*. Un libro que debe ser leído por aquellos que buscan la última erudición en inteligencia y su medida.

Pero hablemos del atributo IQ e "inteligencia" directamente ligada a la materia del Niño Indigo. Nos gustaría presentar a una maravillosa colaboradora de este libro, la **Dra. Doreen Virtue**. Además de su pasión por los niños, es una escritora reconocida nacionalmente, autora de *The Lightworker's Way y Divine Guidance* (El camino del trabajador de luz y Guía Divina). Ha sido mencionada en varias revistas nacionales por su filosofía. Sus estudios a profundidad han aportado un hecho científico junto con un pensamiento metafísico no probado formalmente. Ella aparecerá nuevamente en este libro en los capítulos 2, 3 y 4.

¿Un don o un problema?
Doreen Virtue, Ph.D.

Sabemos que los Niños Indigo nacen con dones otorgados por Dios bajo el brazo. Muchos de ellos son filósofos naturales que piensan acerca del significado de la vida y cómo salvar este planeta. Ellos son científicos, inventores y artistas intrínsecamente superdotados. Sin embargo nuestra sociedad, construida sobre la vieja energía, está asfixiando los dones de los Niños Indigo.

Muchos niños superdotados son confundidos erróneamente con "niños discapacitados", de acuerdo con la Fundación Nacional para Niños Superdotados y Creativos, una organización no lucrativa y no sectaria, cuyo objetivo principal es el de llegar a estos preciosos niños y ayudarlos. Según los líderes de esta organización, "Muchos niños superdotados están siendo destruidos en el sistema de educación pública. Muchos niños superdotados están siendo falsamente catalogados como DDAH. Y muchos padres no están conscientes de que sus hijos puedan ser potencialmente dotados". Ellos hacen una lista de las siguientes características para ayudarle a identificar si su niño es superdotado:

- Tiene gran sensibilidad.

- Tiene un monto excesivo de energía.

- Se aburre fácilmente, puede parecer que tiene un lapso de falta de atención.

- Requiere de adultos emocionalmente estables y seguros a su alrededor.

- Resistirá a la autoridad cuando no esté democráticamente orientada.

- Tiene formas preferidas de aprendizaje, particularmente en lectura y matemáticas.

- Puede frustrarse fácilmente debido a que tiene grandes ideas pero carece de recursos o personas que lo asistan en llevar a cabo estas tareas.

- Aprende en un nivel exploratorio, resistente a aprender de memoria o simplemente escuchando.

- No puede quedarse sentado a menos que esté absorto con algo de su propio interés.
- Es muy compasivo; teme a la muerte y a perder a sus seres queridos.
- Si experimenta fracaso a temprana edad, puede darse por vencido y desarrollar barreras permanentes de aprendizaje.

A mi me parece como la descripción de un Niño Indigo, ¿no lo cree? La organización coincide con nuestros resultados en el sentido de que "los niños superdotados pueden también alejarse cuando se sienten amenazados o alienados y pueden sacrificar su creatividad para poder 'pertenecer'. Muchos niños que examinamos exhiben un IQ alto, pero con frecuencia muestran una creatividad 'congelada' simultáneamente".

La Dra. Kathy McCloskey, es otra de nuestras consejeras científicas en la materia Indigo en este libro. Con experiencia práctica y casos al alcance de su mano, su contribución aquí es altamente apreciada.

Los nuevos niños poderosos
Doctora en Psicología Kathy McCloskey

Durante los últimos tres años, he completado pruebas psicológicas formales en mi centro comunitario de salud mental con tres niños que son claramente Indigo. Los tres fueron enviados a este sitio por un psicólogo infantil que se encontraba "mistificado" por los reportes de padres y maestros acerca de la conducta y los problemas de atención que presentaban los niños. Cuando estuvieron en el consultorio, los pequeños mostraron pocos o ninguno de estos síntomas, aun cuando otros adultos cercanos a estos niños insistentemente reportaban que estaban "fuera de control" en la casa, en la escuela, o en ambos.

Nuestra psicóloga, a quien llamaremos "Amanda" y quien tiene un estilo muy hermoso de tratar a todos sus clientes con amor y respeto, se rehusó a aceptar estos reportes a primera vista dado que no coincidían con su propia experiencia. En su lugar solicitó una prueba formal.

La primera paciente enviada al centro tenía 14 años; se trataba de una niña de origen anglosajón. Ella había estado usando el carro de sus padres sin permiso (y sin licencia de manejo) para irse de la casa a pasear y mirar las tiendas a un centro comercial local que permanecía abierto las 24 horas. En la escuela se encontraba atrasada un año debido a su pobre participación y había sido condenada al ostracismo por compañeros y maestros debido a su avanzado desarrollo físico y su estilo "sabiondo" al hablar. Además ella jamás les permitía a sus padres ganar un argumento. ¡Ellos comentaron estar a punto de perder la razón!

El resultado de la prueba de inteligencia de esta niña fue un IQ de 129 en sus habilidades de lenguaje y de 112 en sus habilidades y actuación visuales (69 y debajo es deficiente, 70-79 en la línea fronteriza de la deficiencia, 80-89 es menor al promedio, 90-109 promedio, 110-119 más alto que el promedio, 120-129 superior y 130 o más es muy superior). Ella fue examinada dentro del rango de lenguaje superior en todos los aspectos de actuación de lenguaje en una prueba de conocimientos escolares ¡y el resultado más bajo que obtuvo fue el de "promedio" para su edad y grado escolar!

En otras palabras, ella no tenía áreas de debilidad, —la realidad es que sus resultados fueron más altos que los de otros jóvenes de su edad—, tanto en su habilidad cognitiva como en su conocimiento escolar, ¡a pesar de que la habían obligado a repetir un año! ¿Qué está pasando aquí?

Esta joven había sido puesta en Ritalin y Cylert, dos de

las principales drogas para tratar el DDAH, sin éxito. Sus padres reportaron que la niña "siempre había sido de ese modo" y que nada de lo que habían intentado había "funcionado". Cuando hablaban con ella, era obvio que interactuaba a un nivel muy sabio y adulto; su rostro y sus ojos también revelaban esto. Parecía, en el lenguaje popular, ser una "vieja alma sabia". El problema era ¡que nadie además de ella reconocía esto!

Amanda, su nueva consejera y yo (a través de pruebas y entrevistas clínicas) pudimos verlo con claridad. Esta joven, gracias a la apta intervención de sus padres, participa ahora en un medio ambiente especial, de aprendizaje individualizado. ¡Esto no fue fácil! Sus padres tuvieron que solicitar una beca para esta escuela tan cara pero altamente efectiva. A cambio, ella ingresó y le está yendo excepcionalmente bien, gracias a que sus padres estuvieron abiertos a la retroalimentación, trataron el asunto seriamente y ahora cuidan a su hija como a la Niña Indigo especial y superdotada que es.

El segundo paciente enviado a la clínica fue un niño afroamericano. Había sido adoptado tres años atrás por una pareja de afroamericanos también y habían llegado recientemente de otro estado. Ambos padres informaron que su hijo era "hiperactivo" dado que no podía quedarse quieto, siempre se estaba moviendo y tenían reportes recientes de los maestros sobre su mal comportamiento en clase, era muy alborotador (contestaba, molestaba a otros estudiantes, se paraba de su asiento sin permiso y así sucesivamente) Sus padres temían que se tratara del principio de un desequilibrio físico con su hijo, dado que su madre biológica había sido una adicta a las drogas.

Ellos también se preguntaban si podrían estar experimentando las secuelas de un hogar inestable y de las situaciones escolares que vivió durante sus primeros años de vida, debido a que había pasado por varios hogares y tenido diversos padres adoptivos. Los maestros recomendaron medicamento para el desorden DDAH, pero sus padres quisieron "descubrir con seguridad" lo que estaba ocurriendo antes de seguir por ese camino drástico.

Mientras que este niño obtuvo resultados en el rango superior al promedio tanto en sus habilidades verbales como en su actuación en las medidas del IQ (116 y 110, respectivamente) pero debajo del rango de superdotado, el tuvo dos pruebas menores que fueron elevadas dentro del nivel muy superior: el conocimiento de las reglas sociales y normas y habilidad cognitiva abstracta. Las medidas de su actuación en la escuela mostraron que se encontraba en el rango superior en todas las materias, sugiriendo que se trataba de una persona que rendía más de lo normal.

Mi mejor conjetura, sin embargo, es que su actuación escolar era una medida más exacta de sus verdaderas habilidades que el IQ. Esto pasa algunas veces cuando niños verdaderamente superdotados viven en un ambiente caótico o empobrecido a temprana edad, como en el caso de este joven. Es muy probable que estas dos pruebas menores de inteligencia IQ fueran más representativas de su potencial actual y de sus habilidades.

En cualquier caso, una vez más, este niño estaba siendo catalogado como DDAH cuando en realidad su desempeño real estaba muy por encima del promedio. También, una vez más, ¡el problema real era que nadie en la escuela había identificado esto! Tal y como en el caso de la primera niña, era obvio que el estaba interactuando con otros a un nivel adulto, muy inteligente, y su cara y sus ojos lo proyectaban. También parecía ser una "vieja alma sabia".

Sin embargo, ¿Qué podía hacerse con toda esta energía física adicional del niño? Sus padres ya habían proporcionado una estructura clara en casa, con reglas y expectativas bien definidas (las cuales el propio niño había ayudado a crear). Ellos le dieron muchas salidas apropiadas para su energía física y le ayudaron a "actuar" ciertas lecciones (mediante la expresión física, por ejemplo, repitiendo cosas en voz alta, meciéndose y parándose en una pierna mientras memoriza lecciones, actuando los personajes en una historia, y así sucesivamente), Ellos acordaron tomar estas "lecciones" para sus maestros, la verdad es que nosotros pasamos la mayoría de nuestro tiempo tratando de resolver la forma en la que puedan tener un mejor acercamiento con sus maestros de modo que estos no se pongan a la defensiva o sientan que les estamos diciendo cómo deben enseñar.

El tercer y último paciente que llegó al centro fue un niño afroamericano de ocho años de edad que parecía mucho menor. El vivía con su madre biológica, con su padrastro y con su medio hermano de 18 meses. Este niño había sido llevado a Amanda por su propia madre porque en dos ocasiones recientes la policía lo había llevado a la casa luego de haberlo encontrado caminando fuera de la escuela. También le había estado diciendo a su mamá que se quería morir y muy pronto se mataría. Cuando se le preguntó que planeaba hacer, el simplemente sacudió la cabeza y se quedó mirando fijamente al piso.

Este niño, al igual que su hermano menor, realmente me sacudieron. En muchas maneras, fue como si mis anteriores experiencias con Niños Indigo superdotados me hubieran preparado para el niño que tenía sentado ahora en mi oficina. El joven de ocho años tranquilamente me miró a los ojos y me dijo que la vida no era digna de vivirse si su madre no le demostraba que lo amaba, ¡dijo lamentar mucho encontrarse en ese lugar! Su hermano menor tenía la misma cara y mirada ancianas y aunque relativamente en una forma preverbal irguió la cabeza y me miró fijamente a los ojos. Juro sobre una pila de Biblias que este niño me estaba diciendo, con sus acciones, que no revelara su secreto, ¡uf!

De acuerdo con su madre, el hijo mayor rutinariamente cuidaba de su hermano sin que se lo pidieran y parecía saber qué hacer sin que se lo dijeran. Sin embargo, la mujer también reportó que, fuera de esto, el niño era un "terror". Dijo que desde la escuela pre-escolar, había sido físicamente hiperactivo, siempre respondón, las cosas se tenían que hacer a su modo y muy manipulador, como si pudiera explicar la forma en la que los otros querían ser percibidos y después manipular la situación. Dos años atrás la madre lo había llevado con otra terapeuta, pero dejó de ir cuando su comportamiento mejoró. Ahora, sin embargo, nada parecía hacerlo reaccionar ni portarse bien y definitivamente estaba dispuesta a comenzar a usar Ritalin.

Su madre también dijo que su niño mayor pensaba que nadie lo quería, aunque ella lo adoraba. No obstante, me dijo que el cuidado del bebé ocupaba todo su tiempo y que su esposo no le ayudaba para nada con los niños. Para colmo, dijo que se había cambiado de casa y de distritos escolares por lo menos una vez al año durante los últimos cuatro años debido al trabajo de su esposo. También comentó que aunque ella prefería estar en casa con sus hijos, necesitaba regresar al trabajo por razones económicas. Me confesó su deseo de que el esposo asumiera un papel más activo en la vida de los niños, especialmente porque sabía que su hijo mayor extrañaba mucho a su "verdadero" papá, quien había estado entrando y saliendo de la prisión durante los últimos años y virtualmente no tenía contacto con él.

Ni Amanda ni yo estabamos preparadas para los resultados de las pruebas. Este niño de ocho años resultó con un rango de extremadamente superdotado (un IQ superior a 130) en todos los niveles de actividad y solamente obtuvo el nivel promedio en el examen escolar cuando se le puso a escribir (todas las otras pruebas escolares resultaron en el rango de IQ superior). Aunque su enseñanza escolar había sido interrumpida durante los últimos años, sus maestros y su madre se dieron cuenta que no ponía atención ni en la casa ni en la escuela y que no era precisamente el estudiante "ideal" o el hijo modelo, los resultados de su actuación cognitiva y escolar son encontrados ¡en uno de cada 10,000 niños de su edad!

Cuando lo conocí, tuve una prueba de lo que sus padres y maestros se quejaban. El tomó y examinó todas las cosas en mi oficina, incluso abrió cajones. Mis numerosas peticiones para que se sentara fueron ignoradas. En consecuencia, cambié de estrategia y me dirigí a él en una manera calmada, tranquila y adulta. Le dije que hería mis sentimientos el hecho de que alguien entrara en mi oficina y tocara todas mis cosas sin mi permiso. Le dije que me hacía sentir como si yo le cayera mal o no me tuviera respeto. Le pregunté si alguien alguna vez había esculcado sus cosas sin permiso y el me relató dos ejemplos de esto, uno en la casa y otro en la escuela. Después pidió disculpas. Las acepté y nos dimos la mano como cuates.

A través de cada interacción con él, a lo largo de cuatro semanas de pruebas, nunca más actuó con intromisión ni mostró un comportamiento que pudiera ser considerado "inapropiado". Era atento, educado y trabajaba duro durante las pruebas. Amanda había experimentado un incidente similar, manejándolo de la misma manera y alcanzó los mismos resultados. La palabra clave para este niño era ¡respeto! Una vez más nadie lo había reconocido por lo que había sido y lo que era.

Al momento de este escrito, Amanda y yo todavía estamos tratando de saber cuál es la mejor manera de presentar nuestras conclusiones a los padres, dado que no queremos culparlos por los "problemas" del niño y sabemos que su mamá tiene muchas presiones. No obstante, solamente ellos pueden cambiar su medio ambiente para poder ayudarlo a aprender cómo manejar las limitaciones y expectativas de cada día.

En resumen, aquí tenemos dos formas de identificar a los Niños Indigo:

1. Si el Niño Indigo ha sido identificado como un "problema", resulta esencial realizar una prueba.

    • Mientras que no todos los Niños Indigo resultarán en el rango de "superdotados" en forma generalizada, la mayoría, si no es que todos, exhibirán por lo menos un área (o prueba menor de la prueba de inteligencia) en el rango de muy superior.

    • La actuación basada en pruebas escolares, con frecuencia, resultará en el rango promedio.

2. Si se cree que un niño es DDAH, ¡hay muchas posibilidades de que sea un Indigo!

- Busque un rango de comportamiento "alborotador" que otros confunden con DDAH.
- Los Niños Indigo serán catalogados como latosos hiperactivos quienes no "escuchan", dado que las formas tradicionales de disciplina, tales como el pedirles directamente, no funcionarán.

El trabajar con Niños Indigo es parecido a trabajar con nosotros mismos. ¡Las lecciones que ellos enseñan son obvias! He sido una psicóloga "oficial" que interactúa con estos niños y he disfrutado de tener que usar la "fuerza de mi experiencia" para aconsejar los cambios adecuados. Sin embargo, necesitamos más personas como Amanda, quienes reconozcan que las cosas no son siempre como parecen con estos niños.

Me siento privilegiada de haber ayudado a Amanda con estos tres niños. Siento un gran respeto por estos nuevos niños poderosos.

Lo que tienen que decir maestros y autores

La mayoría de la gente que conocemos trabajando con niños lo está haciendo desde las trincheras —son maestros de escuela, educadoras, trabajadores de las guarderías o asistentes de maestros—. Estos hombres y mujeres informan que trabajan diariamente con grupos de niños de hoy. Con frecuencia, tienen muchos años de experiencia con menores y nos dicen qué tan asombrados están ante los cambios que están presenciando.

Padres, todos nosotros queremos decirles que *¡sí hay esperanza!* Muchos profesionales que están luchando con sus hijos están extremadamente conscientes de los cambios que se están sucediendo. La "pared de ladrillo" con la que puede estrellarse en el sistema educativo es precisamente el *sistema*, no necesariamente la gente que está dentro de él. Muchas veces ellos no pueden decirle que —tan pronto como usted deja su oficina su frustración aumenta—, porque ya han escuchado lo que usted tiene que decirles, pero no disponen de una solución para ello y no pueden hacer nada al respecto.

En el capítulo 2, le daremos más información acerca de lo que puede hacer en la casa con relación a la educación. Pero por ahora, deseamos que conozca a **Debra Hegerle**, una asistente de maestra en California. Ella es una de esas personas que se encuentran en la trinchera. Escuchen las sabias palabras de esta maestra. Ella no *estudia* a los Indigo —en lugar de eso, vive con ellos diariamente—, y como muchos de ustedes, ella también tiene uno en casa.

Los Niños Indigo
Debra Hegerle

Tengo un hijo Indigo de siete años de edad. He estado trabajando como ayudante de maestra en su clase desde preescolar, jardín de niños y ahora en el primer año y he observado la forma en la que actúa y se relaciona con Indigos y no Indigos de todas las edades, ¡ha sido muy interesante! De hecho, el tratar de ponerlo todo por escrito ha sido un reto porque los niños hacen muchas cosas sutiles.

Los índigo procesan sus emociones en forma diferente a la de los no Indigo porque tienen un auto estima muy alta y una integridad fuerte. Pueden leerlo a usted como si fuera un libro abierto y rápidamente descubrir y neutralizar cualquier intención oculta para manipularlos, sin embargo, sutilmente. De hecho, son capaces de descubrir sus intenciones ocultas ¡incluso cuando usted no puede hacerlo! Tienen una determinación inherentemente fuerte para trabajar en cosas por sí mismos y sólo quieren guía del exterior si se les presenta con respeto y en una forma de alternativa real. Prefieren resolver las situaciones por sí solos. Vienen con sus intenciones y dones fácilmente identificables desde el nacimiento. Son capaces de absorber conocimiento como esponjas; especialmente si les gusta o se sienten atraídos hacia el tema, lo que los hace ser muy avanzados en estas áreas de interés. El experimentar la vida les ayuda a aprender lo mejor, de modo que crear las experiencias que necesitan para ayudarlos con sus problemas actuales o con el área en donde necesitan crecer. Responden mejor cuando se les trata como adultos.

No sólo son ellos maestros en adivinar intenciones o motivos ocultos, sino que voltean con igual maestría aquellas intenciones a la misma gente, especialmente si se trata de los padres. La capacidad psicológica para entender y manipular los motivos de otras personas, con frecuencia hace que se les catalogue de inconformes. Si ellos se dan cuenta que hay un motivo oculto detrás de su intento de pedirles que hagan algo, se resistirán enérgicamente y se sentirán perfectamente justificados por no hacerlo. Desde su punto de vista, si tú no estás cumpliendo con tu parte en la relación, te pueden retar a hacerlo.

Cuando yo los llamo buenos "manipuladores", lo que realmente quiero decir es que ellos están trabajando con nosotros, los adultos, para ayudarnos a reconocer en donde estamos sosteniendo y usando viejos patrones sutiles para manipularlos, los cuales funcionaban en el pasado pero no en el presente. De modo que si está constantemente obteniendo resistencia de un Indigo, revísese a usted mismo primero. Tal vez ellos estén sosteniendo un espejo frente a usted o le estén pidiendo, en una forma inconforme, ayuda para encontrar nuevos límites, entonar sus propias habilidades o talentos, o pasar al siguiente nivel de crecimiento.

Los Indigo tienen habilidades curativas innatas que por lo general ya están activas; sin embargo, es posible que no sepan que las están usando. La cosa más espectacular que observé es la manera en la que formaban grupos, adaptándose y apartándose entre ellos mismos, especialmente alrededor de otro niño quien pudo haber estado enfermo o triste, estableciendo y moviendo su campo de energía con la de ese niño. Con mayor frecuencia, se juntaban en parejas, pero algunas veces formaban grupos y se sentaban formando figuras triangulares o de diamante. No lo hacían en una manera evidente sino muy sutil. Cuando terminaban, simplemente pasaban a otra actividad.

Era asombroso, simplemente lo hacían, pero no querían discutirlo; en algunos casos, ni siquiera estaban conscientes de lo que estaban haciendo, ¡o por qué lo estaban haciendo! Era algo natural en ellos sentir si un niño necesitaba algo de los Indigo, éstos simplemente iban y se sentaban junto a él por un rato, ni siquiera había necesidad de hablar y luego se separaban.

Otra cosa interesante fue que, durante todo el año los Indigo atravesaron por períodos de atracción y rechazo unos a otros, o períodos de necesidad de compañía y luego de independencia absoluta. No tengo muy claro esto, pero me parece que coincide con el desarrollo personal individual. La cercanía y la preocupación que se tienen unos a otros nunca se perdió durante esos períodos de separación, pero tampoco se volvían a juntar hasta que todo estaba bien para ellos.

Ahora voy a compartir una pequeña historia relacionada con mi hijo Indigo. Déjenme darles algunos antecedentes: Mi esposo y su familia son chinos americanos y yo soy de origen alemán y finlandés. La familia de mi esposo pone mucho énfasis en la educación y tanto él como sus hermanos crecieron con una fuerte necesidad de éxito. Esto todavía algunas veces se extiende hacia sus hijos, en una forma de competencia, quiénes son mejores, más inteligentes y más rápidos. Mi esposo y yo acordamos en no participar en toda esta competencia, pero eso no impide que ocurra a nuestro alrededor. Para colmo, si consideramos que de los cinco nietos, mi hijo es el único varón, —es decir, el único masculino— creo que ya ustedes tienen una clara imagen de lo que esto significa.

Estabamos en la casa de mis suegros un día de Navidad y mi hijo, quien tenía casi cuatro años en ese entonces, les estaba mostrando su Millennium Falcon™ (uno de los juguetes de La Guerra de las Galaxias apto para niños de seis años) que le habíamos regalado esa mañana. Era un gigante que se abría y en el interior tenía toda clase de pequeños compartimentos, de formas similares pero no idénticas. El no estaba interesado en esa parte del juguete en ese momento. Sólo le interesaba pretender que volaba y disparaba los cohetes, sacando sus fantasías. Uno de sus tíos le pidió que lo dejara jugar con él y procedió a sacar y a abrir todas las puertas de los compartimentos, luego se los entregó a mi hijo revueltos y le dijo, "¿Puedes acomodarlos todos en su lugar?" ¡Era una trampa! Todas las puertas eran del mismo color y las diferencias en forma y tamaño apenas se distinguían. Ah y el tono de voz que usó —como mantequilla que no puede derretirse en su boca—. Este tío tiene tres hijas y un montón de intenciones personales, de modo que sus acciones no fueron realmente una sorpresa pero . . . me encantó lo que pasó a continuación.

Yo estaba a punto de intervenir, pero mi hijo volteó hacia mi, me miró fijamente con un tono amenazador que nunca voy a olvidar. Quería ver qué es lo que pretendía a hacer y en el mismo instante en que captó mis intenciones las cuales eran de Mamá Leona, —*no voy a dejar que esto le pase a mi hijo*—, respondió rápidamente. Con los ojos me dijo, *Aléjate mamá, voy a resolver esto yo solo,* yo sentí esa energía mientras el niño tomaba el control del cuarto entero. Todos dejaron de hablar y se voltearon a mirarlo. En completa calma le dijo a su tío, "No sé, nunca lo he hecho antes; déjame ver". Después procedió a poner los compartimentos y las pequeñas puertas en su lugar ¡en forma rápida y precisa!

Cuando terminó, la energía cambió nuevamente y él me miró como preguntando "¿Estuvo bien?" Yo simplemente sonreí y le dije, "Buen trabajo". Todos los ahí presentes captaron el doble significado, incluyendo su tío, quien desde entonces nunca le ha vuelto a hacer nada semejante a mi hijo ni a los hijos de nadie más en nuestra presencia.

Ningún comentario directo se hizo esa noche acerca de la situación. Todos sabíamos que cada uno lo estabamos asimilando en forma individual y privada, cada uno aprendiendo nuestra propia lección y todo porque este pequeño decidió aprender por sí mismo.

Los Indigo nacen maestros, ¡todos y cada uno! Tenemos que entender que ellos esperan plenamente que cada uno de nosotros haga lo que ellos hacen en forma natural y si no lo hacemos se mantienen molestándonos hasta que lo hagamos de manera correcta, esto es, hasta que nos convertimos en maestros de nuestras propias vidas. De modo que cuando mi hijo hizo su ejercicio, nos dio a todos una lección, incluyéndose a sí mismo.

Para mi la lección fue, déjalo ir; a pesar de su edad, él es capaz. Manténte alerta y mira el proceso. El proceso en este caso fue muy interesante. El en forma rápida y precisa arregló la situación y determinó su respuesta con base en lo que quería experimentar. Después de asegurarse que contaba con apoyo, eligió confrontar a la persona directamente y en ese punto, inmediatamente reunió toda la energía necesaria para completar la tarea. Posteriormente liberó la energía rápidamente y regresó a sus actividades.

Yo he presenciado muchas situaciones similares manejadas de la misma manera por él o por otros Indigos. Ellos se hacen cargo de la situación y después deciden qué acciones tomar con base en lo que desean experimentar en ese momento. Los únicos ajustes a este patrón, que yo he observado, estuvieron basados en el tipo de apoyo que tuvieron. En un ambiente seguro, tienden a usar este patrón consistentemente.

La seguridad es muy importante, porque todos los niños necesitan sentirse seguros para explorar completamente su universo. Para los Indigo, ¡la seguridad significa el saber que está bien hacer las cosas de una manera distinta! Dándole a cada uno este espacio es lo mejor que podemos hacer por los niños y por nosotros mismos.

El **Dr. Robert Gerard**, es un conferencista, visionario y curandero. Ha sido dueño y gerente de una compañía editorial llamada Oughten House Publications por varios años. Robert es el autor de

Lady from Atlantis, The Corporate Mule y *Handling Verbal Confrontation: Take de Fear Out of Facing Others.* Actualmente se encuentra promoviendo su libro más reciente, *DNA Healing Techniques: The How-To Book on DNA Expansion and Rejuvenation.* Robert ofrece talleres en técnicas de curación basadas en el ADN y está disponible para conferencias y talleres en todo el mundo.

¿Cansado de oír que los nuevos niños son un problema? Robert intuitivamente sabe qué tipo de niño tuvo y contó con la sabiduría para enfrentar este reto. Por tanto, su Niño Indigo no fue un problema, ¡sino una alegría! Jan y yo encontramos que esto es una constante: O bien los Indigo se estrellan contra las paredes por la disfunción, ¡o son el motivo de dicha de la familia! No sería justo que nuestro trabajo en este libro no reflejara esto.

Emisarios del Cielo
Robert Gerard

El ser padre de mi hija de siete años y medio ha sido una bendición porque ella ha manifestado para mí una multitud de sutiles pero profundas experiencias. Considero cada evento como un regalo de la vida, un despertar. Muchas veces se me ha dicho que ella es uno de los muchos Niños Indigo enviados a este planeta. Hablando desde la postura de un profesional, lo mismo que como padre, puedo verdaderamente asegurar que los Niños Indigo son reales y especiales. Ellos necesitan ser comprendidos.

Un padre amoroso con ojos amables y un corazón abierto está listo para ver que estos niños son portadores de grandes dones de despertares y remembranzas. Estos pequeños nos mantienen enfocados en el momento y nos recuerdan cómo jugar, reír y ser libres. Miran dentro de nuestros ojos para dejarnos ver a nosotros mismos una vez más como fuimos en nuestra niñez. Parecen saber lo que está pasando en nuestra vida y con mucho entusiasmo nos recuerdan nuestro paradero espiritual. Siempre y cuando ellos permanezcan desinhibidos por el poder de los padres y las distracciones sociales, darán un paso adelante y dirán su opinión.

Mi hija, Samara Rose, tiene una habilidad para confrontarnos cada vez que mi esposa y yo no estamos en paz y armonía. Al igual que muchos niños nacidos desde finales de 1980, Samara (que significa "de Dios") vino a este planeta con un propósito definitivo, trayendo mensajes intrincados día tras día. Los Indigos vienen a servir al planeta, a sus padres y a sus amigos como emisarios del Cielo —cargados de sabiduría—, si los escuchamos.

¿Qué significa el término *Niño Indigo* para mí? La respuesta más simple puede ser que mi hija es una persona fácil de convivir. Después de haber criado otros tres niños quienes ahora son adultos, puedo decir honestamente que Samara viene con un tono y conocimiento diferentes. Los Niños Indigo pueden ser fáciles y amorosos; muchos de ellos parecen sabios y tienen ojos poderosos. Viven profundamente en el ahora. Parecen ser felices, son muy valerosos y tienen su propia agenda. Para mi, el término *Niños Indigo* se refiere a emisarios especiales, enviados del Cielo por el Padre-Madre Creador, llenos de profundas intenciones.

Los Niños Indigo traen mensajes sutiles que están más allá de nuestro conocimiento. Mire con atención a estos niños, escuche sus mensajes y vaya al fondo. Esta es la forma en la que ellos nos asisten para encontrar nuestra verdad, nuestro propósito y nuestra paz. Mire dentro de sus ojos. Benditos sean nuestros Niños Indigo. Ellos saben exactamente lo que tienen que hacer en este planeta. Yo mantengo firmemente mi apoyo a este fenómeno —no sólo como padre, sino como consejero— y verdaderamente aprecio el tener este entendimiento.

Como editor, mi casa con frecuencia parece una posada y cada escritor, artista y socio que ha venido a visitarme se ha encontrado invariablemente entretenido con Samara. Ellos van arriba a su cuarto, a jugar y a hablar acerca de quién sabe qué. Cuando bajan, parecen estar más en paz y alegres. Cuando ha llegado el momento de hablar de trabajo, ¡por lo general ya están cansados! Ella deja una huella en cada uno —después de eso siempre me preguntan por ella—. El patrón se hace evidente cada vez: Cuando Samara interactúa con los adultos, saca a relucir su niña interior y su sencillez. Por otro lado, es un poco dura con sus compañeros y se encuentra a sí misma siendo rechazada o admirada en exceso. Con frecuencia tengo que ayudarla a expresarse ella misma en una forma amorosa.

La mayoría de los Indigo son ángeles y otros seres etéreos. Con el tiempo, describen lo que ven en detalle. Esto no es imaginación, es explicación. Entre ellos mismos hablan abiertamente acerca de lo que ven, hasta que son desalentados por otros. Afortunadamente, más y más gente se está abriendo y escuchando a estos emisarios. Nuestras fantasías acerca de los niños están siendo reemplazadas por curiosidad y confianza.

Los Indigo están fascinados con la precisión y con la forma en la que la gente se interrelaciona. Se molestan fácilmente cuando las cosas, especialmente las conversaciones, están fuera de sincronización. Disfrutan de ser espontáneos y se emocionan con facilidad por razones no obvias. Mucha gente tiene dificultad para relacionarse con estos emisarios porque ellos se acercan con creencias construidas y reglas que los niños no comparten.

Cuando usted era niño, ¿cuántas veces escuchó esta pregunta infame: "¿Qué es lo que quieres ser cuando crezcas?" Automáticamente, te proyectabas hacia una ocupación o actividad futura. ¿No te llevaba eso fuera del presente? El preguntar "¿Qué quieres ser cuando crezcas?" es una violación, una ruptura, una interferencia del ser y del estar en el momento. Los niños *son* todo lo que necesitan ser; son ellos mismos. Debemos dejarlos solos para que puedan ser exactamente lo que son.

Problemas que los Indigo pueden experimentar

He explorado algunos de los atributos positivos del Niño Indigo, pero aquí hay tres complicaciones que he presenciado, tanto profesionalmente como en forma privada, en los Niños Indigo.

1. Ellos demandan más atención y sienten que la vida es demasiado preciosa para dejarla pasar volando. Quieren que ocurran cosas y con frecuencia fuerzan una situación para cumplir con sus expectativas. Los padres fácilmente caen en la trampa de "hacer" para el hijo, en lugar de ser un modelo para compartir. Una vez que esto pasa puedes apostar que el niño te va a seguir a donde vayas como si fuera una hebra atada a ti.

2. Estos emisarios pueden resultar afectados emocionalmente ante personas que no entienden el fenómeno Indigo. Ellos no saben por qué los otros funcionan con cualquier cosa menos con amor. Sin embargo, son extremadamente flexibles y dispuestos a ayudar a otros niños en necesidad, aunque esta ayuda es rechazada con frecuencia. Cuando jóvenes, pueden tener problemas para ajustarse a estos otros niños.

3. Se cree con frecuencia que los Niños Indigo tienen DDA o alguna forma de hiperactividad. Ciertamente muchos casos válidos han sido identificados, basados en causas químicas y genéticas. ¿Pero qué pasa con aquellos casos que son mal interpretados debido a que la ciencia no puede aceptar como terapéuticamente significativa la ocupación del niño en los ámbitos espiritual y etéreo?
   He hablado con niños y adultos parecidos quienes aparentemente son "acelerados" o aseguran tener DDA, pero en los cuales he visto patrones

de pensamiento que se enfocan en los ámbitos etéreo y espiritual. Estos Indigos diagnosticados con DDA no pueden consistentemente relacionarse con la mente linear o con objetos lineares. Esto no es un déficit, sino una característica valiosa. El proveer un diálogo creativo con estos niños y permitirles expresar en forma segura sus actividades y orientación en el ámbito espiritual o creativo, puede ser clave al tratar con el DDA.

El reconocerse a sí mismo como "acelerado" o el tener DDA puede ser más un perjuicio para el individuo que el síntoma por sí solo. Puede llevar fácilmente a la persona a negar su maestría interior y a subestimar sus habilidades. Se necesita poner mucha atención antes de diagnosticar a alguien y comenzar un tratamiento para algo que no esta completamente investigado.

¿Arribará a este planeta una subsecuente generación de Niños Indigo? ¿Como padres y adultos, apreciamos a los emisarios que el Padre-Madre Creador ha enviado? ¿Estamos preparados para *escuchar*?

No podemos dudar que ellos han llegado con una conciencia mejor equipada para manejar la realidad que todos compartimos. Permitámonos permanecer puros de corazón y abiertos en Espíritu y aceptemos estos dones entregados en manos de los emisarios del Cielo.

Historias cálidas y vagas sobre los Indigo

Nos gustaría concluir este capítulo con un par de historias más acerca de Niños Indigo. Creemos que es apropiado, dado que cada Indigo es único, muy especial. ¡La mejor forma de aprender acerca de los Niños Indigo es conociéndolos!

Quiero compartir algo maravilloso que Emma hizo antes de que supiera siquiera caminar o hablar . . . Es el pequeño milagro de mi familia.

En marzo de 1996, mi padre, quien había sido diagnosticado con insuficiencia cardíaca, se encontraba en la casa rodeado de sus seres queridos, pero apagándose rápidamente. Demasiado débil para comer, dormido en su silla la mayor parte del tiempo.

La pequeña Emma tenía sólo 15 meses de edad. No podía pronunciar palabras, ni siquiera caminar o pararse sola —sin embargo ya había en ella gran entendimiento y compasión—. Algo estaba pasando en su pequeño cerebro; como si supiera que el abuelo no se sentía bien y necesitaba alegrarse. De modo que fue hacia él gateando, se puso de pie usando sus rodillas como apoyo y le ofreció su conejo de peluche favorito. Fue increíble la forma en la que el hombre literalmente regresó a la vida, sonriendo y hablándole a la pequeña. Esto ocurrió sólo dos días antes de que el abuelo muriera . . . ¡nuestro pequeño milagro! Las fotos que tomamos son un gran consuelo.

— Jean Flores, Brooklyn, New York

Mi hija nació en 1988. A la edad de dos años hablaba y se comunicaba perfectamente. A los tres, un día que estabamos en el parque, se acercó a jugar con otras niñas mayores que ella —quienes se reían en su cara creyendo que era mucho más joven para jugar con ellas—. Sin inmutarse, mi hija regresó conmigo y me dijo en una manera impasible, "Mami, ¡ellas no saben quién soy yo!"

— Linda Etheridge, maestra

¿Qué puede hacer usted?

Mientras lee las opiniones en este capítulo, queremos que tenga presente que estos colaboradores no se conocen entre sí y sin embargo va a observar un consenso de opinión ¡como si este fuera el caso! Sabemos que cuando se recaban respuestas similares independientemente, por lo general se refleja una experiencia humana común, ¡proporcionando *soluciones válidas*!

Vamos a discutir lo que se debe hacer con los Niños Indigo desde una perspectiva de comportamiento y de los padres. Aunque las experiencias y consejos varían un poco, usted va a encontrar grandes similitudes. Antes de hacer eso, sin embargo, nos gustaría compartir algo que, con toda justicia, usted debe saber.

Este capítulo completo, está lleno de buenos consejos y experiencias prácticas por parte de expertos, maestros y padres quienes ofrecen soluciones al rompecabezas creado por estos niños nuevos. No obstante, a pesar de esto, hay gente que nos está diciendo que simplemente nos saltemos esta sección completa, ¡quizá el libro entero! Ellos nos están diciendo que en realidad ¡no hay nada que podamos hacer como padres para cambiar a nuestros hijos!

Por ejemplo, un artículo titulado "The Power of Their Peers" publicado el 24 de agosto de 1998 en la revista *Time*. En él, el columnista Robert Wright habla sobre *The Nurture Assumption*, por Judith Rich Harris, quien argumenta ¡que los padres tienen poca influencia sobre sus hijos! Aquí hay algunas frases textuales del artículo del señor Wright.

> Los psicólogos ya pueden parar de buscar en sus investigaciones de siglos la clave para criar a un buen niño —no porque la hayan encontrado, sino porque no existe . . . Judith Rich Harris menciona francamente que los padres no tienen "ningún efecto importante de largo plazo en el desarrollo de la personalidad de su hijo".

Evidentemente el Sr. Harris considera que las influencias ambientales fuera del hogar constituyen el pivote que forma la vida de un niño, junto con factores genéticos. Los niños absorben valores del exterior que después se combinan con una predisposición de la personalidad heredada. Esto es lo que eventualmente forma su vida, reporta ella, mientras que los padres, simplemente les siguen la corriente y los miran sin esperanza.

Naturalmente nosotros no estamos de acuerdo con esta teoría, pero la publicamos de modo que *usted* pueda juzgarla por sí mismo. Por favor lea su libro si lo desea y cuando lo termine, vea si esta información resuena con su instinto paternal o con nuestro material. Esto es lo que el Sr. Wright dijo en resumen:

> El meollo del mensaje convincente de Harris, —el de que los padres sobre estiman salvajemente su influencia—, puede ser útil para calmar algunos nervios en esta época de gran ansiedad sobre la paternidad. Pero también puede hacer lo contrario. En estos días mucho del nerviosismo de los padres los está llevando a formar grupos de amigos para compartir dudas al respecto. ¿Cuál escuela privada? ¿Fútbol o clases de francés los sábados? ¿La fiesta de cumpleaños en Marva Tots o en Discovery Zone? Relájese. La ciencia tampoco ha contestado estas preguntas.

Naturalmente, creemos que usted puede hacer una diferencia y una muy grande. Lo invitamos a leer este capítulo con la seguridad de que estos colaboradores son experimentados y han encontrado que las siguientes sugerencias pueden ser soluciones. Primero, aquí está nuestra propia lista de diez cosas básicas, que hemos aprendido y experimentado durante nuestros viajes:

1. Trate a los Indigo con respeto. Honre su existencia en la familia.

2. Ayúdelos a crear sus propias soluciones de disciplina.

3. Ofrézcales alternativas ¡para *todo*!

4. Nunca los menosprecie, ¡*nunca*!

5. Explíqueles siempre por qué les está dando indicaciones. Ponga atención usted mismo a su explicación. ¿Suena estúpida, tal como, "porque lo digo yo"? Si este es el caso, revise las indicaciones y cámbielas. Ellos lo respetarán por esto y esperarán. Pero si usted les da ordenes en forma autoritaria, dictatorial, sin razones buenas y sólidas, estos niños lo apartarán. No le obedecerán y lo que es peor, ¡le darán una lista de razones por las que no es algo bueno! Algunas veces sus razones pueden ser tan simples como "Porque me va a ayudar —estoy muy cansado— " Honestamente, ganarán como nunca antes. Ellos piensan y luego actúan.

6. Hágalos sus compañeros al criarlos. ¡Piense mucho en este aspecto!

7. En la infancia, explíqueles todo lo que está haciendo. Probablemente no lo entenderán, pero *sentirán* su conciencia y la forma en la que los respeta. Esta es una base muy firme para cuando ellos comiencen a hablar.

8. Si se desarrollan problemas serios, hágales pruebas antes de darles drogas.

9. Proporcione seguridad como apoyo para usted mismo. Evite críticas negativas. Siempre déjeles saber que los respalda en sus esfuerzos. Con frecuencia crecen para enfrentarse a su verborrea, y lo dejarán conmocionado en este proceso. Después, ¡celebren juntos! No los *haga* ganar, pero *permítales* hacerlo con estimulo.

10. No les diga quiénes son ahora, ni quiénes van a ser más adelante. Ellos lo saben mejor. Permítales tomar decisiones sobre los temas de su interés. No los obligue a participar en una actividad familiar o en un negocio solamente porque eso es lo que la familia ha hecho por generaciones. Este niño definitivamente no será un seguidor.

Tenemos una historia favorita: Mientras nos encontrábamos en un viaje de conferencias, me encontré a mí misma en el hogar de una familia con un Niño Indigo de tres años. Usted podía mirar sus ojos y ver qué tan anciana era su alma. Sus padres sabían quien era y tenían mucho éxito en la tarea de integrarlo en una forma muy significativa al resto de la familia. Durante la cena, en lugar de pedirle que se sentara, los padres le preguntaban en dónde quería sentarse —los padres tenían inteligentemente un par de opciones preparadas—. En consecuencia, una orden potencial indiferente se convertía en una petición amorosa para elegir. En ambos casos, la visión general era que la cena se estaba sirviendo y se necesitaba una acción esperada. El niño miró la situación y lo pudimos ver efectivamente asumir su responsabilidad de decidir en cuál silla sentarse. La idea de negarse a "venir a cenar" nunca estuvo presente.

También tuve oportunidad de observar al niño protestar una o dos veces después de la cena cuando estaba cansado y enfadado, tal y como cualquier niño. Los padres lo disciplinaron firme y apropiadamente con palabras severas y una acción simultánea. El fue tratado correctamente y con respeto, pero todavía trataba de salirse del carril, tal y como lo hacen todos los niños para probar su poder. Después vino la esperada acción disciplinaria, con una explicación calmada y lógica. La diferencia aquí no fue tanto la forma en la que el niño fue disciplinado, sino la manera en la que fue tratado durante el problema. A lo largo de esta situación, el niño entendió el punto: "Nosotros te tratamos con respeto y tú haces lo mismo con nosotros".

Una vez más, escuchemos a la creadora del término *Niños Indigo*: **Nancy Tappe**.

Ser un guía
Nancy Ann Tappe,
Entrevistada por Jan Tober (Parte II)

Nancy, ¿Qué consejo le daría a los padres de Niños Indigo?

Simplemente que platiquen con ellos. Trabajen con ellos en cada situación en lugar de decirles simplemente, "¡La respuesta es no!" Estos niños no aceptarán eso como una respuesta. Si ustedes les dicen, "No, tú no puedes hacer preguntas", el niño irá a otro lado y buscará las respuestas por su cuenta. Sentirá que usted no las tiene.

¿A este punto, qué hay acerca de darles opciones?

Se les tienen que dar opciones. Sin embargo, los tienes que encaminar hacia ese proceso. Les dices, por ejemplo, "Cuando yo tenía tu edad, hice esto y esto pasó. ¿Cómo manejarías esa situación?" Y lo que ellos harán con frecuencia será lo correcto en este proceso. Mi hija aplicó este consejo docenas de veces con mi nieto, Colin. Te puedes sentar con ellos y decirles, "Como sabes, me espera un día muy pesado hoy y realmente necesito tu cooperación porque voy a estar un poco agotada. De modo que si tú comienzas a molestarme, voy a gritar. A ti no te gusta que yo grite y a mi tampoco me gusta gritar. Así que vamos a hacer un trato: Tú cooperas —me ayudas— y cuando terminemos, vamos a comprar un helado". Después, ¡más vale que recuerdes lo que le prometiste!

Lo que dice es muy interesante porque me parece que es realmente un buen consejo incluso para aplicarlo con el marido, la esposa o amigos.

Sí, absolutamente. Pero verás, hemos refinado nuestra habilidad para comunicarnos. Tuvimos que aprenderla. Estos niños nacen con ella.

¿Entonces ellos nos están ayudando a pulir las nuestras?

Adivinaste, y ellos van a hacer que seamos honestos sobre eso. Realmente tienen una fuerza personal masiva —es la manera de ser de los Indigo—. Algunas veces es mejor dejarlos que tengan el control.

Si los aíslas, te rallarán las paredes. Romperán la alfombra del piso. Harán cosas destructivas si tratas de alejarlos de la gente. Si vas a dar una fiesta, por ejemplo, y los acuestas temprano, no tendrás una fiesta tranquila, se encargarán de que todos sepan que ellos están en la casa. No puedes aislar al Indigo y pedirle que coopere.

Estos niños nos están exigiendo practicar la vida familiar,

no simplemente idealizarla. Nos están diciendo, "Soy un miembro de la familia y quiero un voto".

Nos están haciendo echar a andar nuestra voz.

El dar ordenes no es efectivo. Y aquí es en donde el sistema escolar está fallando, porque tiene reglas absolutas sin desviación, —"no preguntes, no digas"—. Estos niños preguntan y dicen. Ellos preguntan, "¿Por qué? ¿Por qué tengo que hacer esto?" O, "Si tengo que hacer esto, lo voy a hacer a mi manera". Estos niños tienen las reglas de nuestro mundo idealizado, no de nuestro mundo real y realmente esperan que seamos padres. Esperan que nos sentemos y compartamos tiempo de calidad con ellos. Para nosotros cualquier rato que nos podamos permitir es de calidad, pero ellos tienen una opinión diferente. Nos quieren presentes y tampoco esperan que hagamos cosas sólo por compromiso. Quieren una clase de recompensa tangible.

Tal y como los adultos. También, los padres deben recordar esto: Si vas a estar con ellos, ¡más vale que estés realmente con ellos! De cuerpo presente porque de lo contrario notarán la diferencia.

O decirles también: "Me voy a portar mal por un rato". El niño dirá. "Está bien, yo voy a comer un helado mientras tanto". A los niños no les importa siempre y cuando los padres sean honestos. Es todo lo que piden. La mayoría de las veces los Indigo cooperan mucho en ese nivel, a menos que los presiones, —en ese caso ellos marcarán su territorio—. Ellos creen en sí mismos.

¿Cuál es su consejo para los maestros de las escuelas que tienen que trabajar con niños Indigo y no Indigo juntos?

Ese ha sido un asunto de gran importancia. Aunque se está convirtiendo cada día en un problema menor porque hay más y más Indigos.

¿Conoce algún sistema escolar que realmente funcione con los Niños Indigo?

El único que se acerca, especialmente aquí en los Estados Unidos, es el llamado Sistema Waldorf, el cual es una versión de la Escuela de Rudolph Steiner; durante la Segunda Guerra Mundial, Steiner salió de Alemania con todo y su trabajo y estableció su sistema en Suiza.

(Nota: más información en este mismo capítulo sobre sistemas escolares alternativos.)

¿Qué clase de terapia aconsejaría para un Niño Indigo disfuncional?

Un buen psicólogo infantil. Desafortunadamente muchos psicólogos no están entrenados para manejar el fenómeno Indigo porque han sido entrenados en psicología infantil básica como la establecida por Spock, Freud y Jung. Ninguna de estas funciona con estos niños, —bueno, algunos tal vez—, pero no tan bien porque estos niños son diferentes. Son totalmente diferentes.

Pienso que el mejor psicólogo para un Indigo Conceptual (ver capítulo 1) es un psicólogo deportivo, especialmente para los varones; para un Humanista o Artista, funciona mejor un psicólogo regular. Un Indigo Interdimensional requiere reglas más firmes porque son muy abstractos; necesitan más orientación psicológica ministerial. ¿No es interesante?

Nuestro consejo tiene que ir a través de un cambio importante para poder ayudar a estas criaturas, lo cual está ocurriendo. En el pasado, en muchas formas, un psicólogo esotérico era lo mejor porque estaba en condiciones de usar su sistema sensorial o su psique u otras modalidades alternativas que el promedio de los psicólogos no podían usar. Pero esto está cambiando rápidamente y hoy en día, muchos psicólogos entrenados están usando cada herramienta metafísica a su alcance. Esto es realmente bueno y estamos teniendo muchos doctores dispuestos a usar los modelos alternativos.

Escuchemos otra vez a nuestro equipo de especialistas, el cual sabe algo acerca de la práctica de psicología infantil, al dar consejo a padres y maestros: Aquí está la **Dra. Doreen Virtue** y después la **Dra. Kathy McCloskey.**

Ser Padres de un Niño Indigo
Doreen Virtue, Ph.D.

En mis talleres y en mi práctica privada, con frecuencia estoy pidiendo la ayuda de padres amorosos que se encuentran frustrados con sus hijos. "¡Nomás no quiere hacer la tarea!" y "¡Mi hija no escuchará ni una palabra mía!" son algunos de los comentarios exasperados que he escuchado. Yo soy la primera en admitirlo, como madre y psicoterapeuta que está criando a un Niño Indigo sé que no es la tarea más fácil a menos que, esto es, cambie su completa estructura de pensamiento con relación a esta situación.

No se necesita de un psicólogo ni de un psíquico para señalar este hecho obvio: Aprendimos muchas de nuestras actitudes paternales de nuestros propios padres, de la prensa, o incluso de algunas clases sobre paternidad. Desafortunadamente, todas estas fuentes son producto de la energía vieja. Y recuerden: los Niños Indigo son 100 por ciento energía nueva.

Nuestra tarea como padres es la de proteger a nuestros Niños Indigo de los residuos de la energía vieja y ayudarlos a recordar siempre su origen Divino y su misión. No podemos darnos el lujo de permitir que estos Niños Indigo incurran en la amnesia masiva acerca de sus propósitos, ¡el mundo depende de ellos!

En consecuencia, el primer paso es el de ser flexible

sobre nuestros puntos de vista y expectativas con relación a nuestros hijos. Después de todo, ¿Por qué es tan importante para nosotros que nuestros niños vayan bien en la escuela? Ahora bien, no estoy sugiriendo en forma alguna que la educación no sea importante, pero seamos honestos: ¿Por qué se enoja cuando la maestra de su hijo le llama con un reporte negativo? ¿Esto le recuerda los días de su propia niñez cuando se metía en problemas? Si es así, usted no está realmente enojado con su niño; tiene miedo *en nombre de* su hijo.

Por otro lado, quizá usted cree que su hijo necesita una "buena educación" para "hacerla" en el mundo. Yo cuestionaría esta premisa, debido a que el nuevo mundo ante nosotros descansa en ideales completamente diferentes. En el nuevo mundo, la integridad de una persona (la cual puede ser determinada telepáticamente, debido a que todos recuperaremos nuestras habilidades psíquicas naturales dentro de unos pocos años) será el activo más importante en un currículum. La educación sin integridad no tendrá ningún valor para las compañías del futuro.

Mediante el cambio de nuestros puntos de vista y expectativas acerca del comportamiento de nuestro hijo, podemos acercarnos a un modelo de padres desde un punto de vista pacífico. Es cierto que, esto puede hacerlo sentir un poco inseguro o amenazado. Nuestro instinto de padres nos dice que protejamos a nuestros niños. De modo que automáticamente peleamos por el derecho al éxito de nuestra criatura, y con frecuencia esto puede significar discusiones y pleitos con su hijo con el afán de obligarlo a hacer la tarea.

Esta es una de las primeras generaciones de padres de Niños Indigo, por lo que se esperan muchos errores. Sin embargo, su alma y el alma de su pequeño acordaron encarnar juntos durante este gran momento del cambio del milenio. Así que a un nivel de almas, usted sabía a lo que venía cuando firmó un contrato espiritual para ser padre de un Niño Indigo. Perdónese a sí mismo por tomar esta tarea difícil y sepa que Dios nunca nos da una misión para la que no estemos preparados a tener éxito.

Sigamos leyendo y aprendamos unas cuantas ideas de nuestra siguiente experta, quien da consejos específicos sobre la manera en la que podemos responder a los aparentes problemas de ser padres de un Indigo. La **Dra. Kathy McCloskey** fue presentada en el último capítulo.

Cosas que recordar al criar a un Niño Indigo
Kathy McCloskey, Ph.D.

1. Sea creativo cuando establezca límites.

   - Deje espacio para la energía física adicional. Incorpore ésta a la mayoría de situaciones (tales como la enseñanza, el establecer sus límites y hacer que cumpla con sus tareas en casa).

   - Permita que la fuerza del niño llegue a su límite, no de la forma opuesta. Podría sorprenderse de lo que un Indigo puede hacer. ¡Pruebe los límites en una forma segura!

   - Sobre todo, pida al niño que le ayude a determinar los límites. De hecho, muchos Indigo estarán contentos de establecer sus propios límites, con la ayuda de un adulto.

2. Sin darles a estos niños responsabilidades de adulto, trátelos como adultos y compañeros.

   - Es bueno darles a estos jóvenes explicaciones de adultos, una voz en la toma de decisiones de todo tipo y sobre todo, ¡muchas opciones!

- No los menosprecie al hablarles
- ¡Escúchelos! Son sabios y sabrán cosas que usted ignora.
- Respételos en todas las formas posibles, como lo haría con sus propios padres o con un amigo cercano muy querido.

3. Si les dice que los quiere, pero los trata en una forma irrespetuosa, no confiarán en usted.

- Ellos no creerán que los ama si no los trata en una forma amorosa. Todas las palabras en el mundo caerán en oídos sordos.
- La manera en la que conduzca su propia vida y "maneje" a su familia ¡es evidencia directa para que el Niño Indigo sepa si usted es o no una persona amorosa!

4. El convivir con los Niños Indigo es tanto un trabajo como un privilegio.

- Ellos se darán cuenta de todos sus engaños. ¡Ni siquiera lo intente!
- Cuando tenga dudas, pregúntele no sólo a los mismos niños, sino también a otros adultos con experiencia en Niños Indigo.
- No olvide tomar tiempo para observar la interacción de los Niños Indigo entre sí, hay mucho que aprender ahí.

No lo olvide: *Ellos* no sólo saben quiénes son, también saben quién es *usted*. No es posible equivocarse al mirar el rostro y los ojos de un Niño Indigo; ancianos, profundos y sabios. Sus ojos son la ventana de sus sentimientos y de su alma. No pueden "esconderlo" como otros. Cuando los lastime, estarán enojados con usted y pueden incluso cuestionar la sabiduría ¡de haberla "elegido"! Pero cuando los ama y reconoce quienes son, se abrirán a usted como ninguna otra criatura.

A continuación, **Debra Hegerle** recomendará algunos libros.

Aburrimiento y honestidad
Debra Hegerle

Los Indigo son abiertos y honestos, esto no es sinónimo de vulnerabilidad sino de fortaleza. Si usted no se abre y es honesto con ellos, ellos de todas maneras lo van a ser con usted; sin embargo no lo respetarán. Este es un asunto serio con relación a los Indigo, porque mantendrán su integridad frente a usted, contestándole cada empujón, hasta que usted despierta a la realidad, se retira o se rinde. De las tres respuestas, el rendirse es la peor. Ellos no respetan a aquellos que no están dispuestos a trabajar a lo largo del proceso y el rendirse significa que usted no está haciendo su trabajo. El retirarse está bien porque les demuestra que usted aún está trabajando en el asunto y ellos respetan eso. Si reconoce el verdadero valor de este maravilloso don, entonces las cosas saldrán bien porque ellos no esperan la perfección de parte de usted, ¡pero sí esperan honestidad!

El aburrimiento puede ocasionar arrogancia en los Indigo, de modo que no les permita aburrirse. Si actúan con arrogancia, significa que necesitan un nuevo desafío y nuevos límites. El alimentar su cerebro y mantenerlos ocupados es la mejor forma de mantenerlos alejados de las travesuras. Sin embargo, si usted hace todo esto y ellos todavía hacen travesuras ocasionales, es porque han creado una experiencia de vida para sí mismos que, si se mira de cerca, revelará mucho sobre su plan de vida. El ir simplemente con la corriente durante esos momentos funciona mejor para todos. Puede distinguir esta situación del aburrimiento porque o bien no estará en condiciones de disuadirlos ¡o porque lo sabrá después del hecho!

Todos los padres, particularmente los padres de los Indigo, pueden beneficiarse de los siguientes libros:

- *Back in Control—How to get Your Children to Behave*, por Gregory Bodenhamer, está basado en la premisa de que usted disciplina a su niño desde una posición de respeto a usted mismo y a su hijo dándole claras opciones y claras consecuencias, y después, la parte más importante, el darle seguimiento.

- *The Life You Were Born to Live—A Guide to Finding Your Life Purpose*, por Dan Millman, es una guía excelente para identificar y reconocer otras fuerzas y debilidades y guiarlos a manifestar los usos más positivos. (¡Funciona bien para nosotros también!) Incluya a su hijo en el proceso para entender por qué tienen esos problemas, retos y talentos particulares.

Los Indigo sobresalen en un ambiente en donde las fronteras están claramente establecidas acerca de lo que no es aceptable, pero se recomienda abrirse a la exploración dentro de esas fronteras. Esto significa que los padres, maestros y educadoras tienen que estar en condiciones de establecer y mantener límites claros, al mismo tiempo ser suficientemente flexibles para cambiar y ajustar esos límites cuando sea necesario con base en el crecimiento emocional/mental, ¡y los Indigo crecen rápido! El ser firme pero justo es necesario para su propio bien lo mismo que para el nuestro.

A continuación, ¿Qué tal algunos consejos sencillos sobre lo que los padres deben "hacer y no hacer"? Los artículos de la siguiente lista pueden resultarle muy familiares, ¡usted pudo haberlos escuchado durante toda su vida, con frecuencia de sus propios padres! Un nuevo paradigma para tratar a los niños ha surgido, mismo que, aunque viene con sentido común, no siempre se practica. ¿Se encuentra a sí mismo usando las mismas palabras de sus padres cuando se dirige a sus hijos? ¿Sabe usted qué es lo que la energía de sus acciones y palabras comunica a estos nuevos niños quienes tienen su "antena Indigo" en dirección a usted?

La profesora emérita **Judith Spitler McKee** es una psicóloga en desarrollo, asesora y educadora de infantes. Es autora de 12 libros de texto en aprendizaje infantil, desarrollo, juego y creatividad. Conduce talleres para padres, maestros, bibliotecarios, terapeutas y médicos.

Enviando mensajes potentes y positivos a los niños
Judith Spitler McKee, Ed.D.

Todos los niños requieren cuidado, atención, tiempo, aliento y guía personal e intensa, por parte de los adultos. El tono general de la interacción adulto-niño necesita ser emocionalmente protector, amoroso y relajado, lo mismo que intelectualmente claro y estimulante. Los mensajes verbales y no verbales enviados a los menores necesitan ser consistentemente alegres y hospitalarios, como si ellos fueran huéspedes invitados y acogidos con júbilo en nuestras vidas.

Muchas veces los adultos sienten, actúan y hablan de cierta forma que hacen a los niños sentir que son cualquier cosa, menos bienvenidos; más aun, que son en realidad malos, una carga o una molestia. Estos mensajes poco hospitalarios y tristes son extremadamente dañinos para el crecimiento, aprendizaje, esfuerzo y creatividad de los niños quienes ven a los adultos como modelos y como apoyo. Los niños experimentan estos mensajes como: soy un niño malo, no me quieren aquí. Estos mensajes dolorosos de miedo reducen la habilidad de los niños para responder y pueden atrofiar seriamente su desarrollo general.

Contrariamente, una corriente de mensajes de alegría y hospitalidad en el crecimiento son interpretados como: soy un niño bueno; mi mundo es positivo y amoroso. Este punto de vista desarrolla la confianza de los niños y abre la motivación para crecer, aprender, esforzarse y crear.

Desarrollando confianza o desconfianza en los niños

Los niños desarrollan confianza mientras aprenden en cuerpo y espíritu que sus necesidades físicas, emocionales, intelectuales y creativas básicas serán cubiertas por sus protectores y adultos especiales en su juventud. Los mensajes enviados y el cuidado proporcionado por los adultos debe ser más placentero que doloroso y basado en el amor, no en el temor. De la confianza, se teje un tapiz de comunicación mutua, conexión, y respeto entre adultos y niños.

En las siguientes situaciones, voy a dar ejemplos de mensajes que son de tono triste y poco hospitalarios, lo mismo que alternativas alegres y hospitalarias. Los detalles pueden cambiarse por diferentes edades o situaciones, pero la consistencia del mensaje subrayado es lo más importante en la interacción. Las siguientes son situaciones en donde usted puede hacer una diferencia:

1. Su hija llega corriendo por la puerta de atrás cubierta de lodo y resbalándose. Ella quiere que la sostengan para refugiarse de un trastorno en su mundo.

Triste/poco hospitalario: "¡No me toques con esas manos sucias. Estás hecha un asco. Manténte lejos de mi!"

Alegre/hospitalario: "Cuando querías que te levantara estaba pensando en que me ibas a ensuciar la ropa. Tú significas más para mi que la ropa. Tendremos que lavarla. ¿Te gustaría buscar uno de tus libros favoritos y sentarte conmigo en el sofá?

2. Su hijo se acerca a usted en medio de un momento frenético en su vida.

    Triste/poco hospitalario: Suspira con exasperación mientras el niño se acerca y piensa. *Aquí llega el problema* o, *Aquí viene otra vez. Ay no, más trabajo para mí.* Al tiempo que asume una postura defensiva con los hombros erguidos y los labios apretados, como si se pusiera una armadura de combate.

    Alegre/hospitalario: Se pone la mano suavemente sobre el corazón y piensa en el amor que usted y su hijo necesitan y pueden compartir. Suaviza su mirada y relaja su cuerpo; ahora usted puede enviar ese mensaje claro y amoroso: Eres bienvenido en mi vida.

3. Sus hijos le hacen constantemente preguntas o necesitan que les repita con frecuencia las instrucciones o reglas.

    Triste/poco hospitalario: Tonos de voz abruptos, desinteresados, enfadados o secos conllevan mensajes tales como, *¡Realmente me molestas! Vete a otra parte, o No te quiero aquí.* Usados en forma consistente, pueden hacer que el niño no se sienta querido.

Alegre/hospitalario: Piense en su voz como en una herramienta de enseñanza y practique para modular su tono y rango. Cuando se encuentre muy tenso o enojado, respire profundamente dos veces, hasta el estómago, para llevar oxígeno que revitalice su sistema de modo que pueda pensar con mayor claridad. Después, practique hablando más suavemente y a una velocidad menor.

4. Sus hijos están fuera de este mundo, ¡más allá de su control!

Triste/poco hospitalario: "¡No te subas a esa resbaladera, te puedes romper el cuello como esa niña de la TV. Bájate antes de que acabes en el hospital!". O, "No hables con ningún extraño. Personas peligrosas andan al acecho por todas partes. Llámame en cuanto llegues". El esperar continuamente que pase lo "peor" llena a sus hijos de miedo, de un desasosiego generalizado o incluso los hace que estén siempre listos físicamente para el peligro. Estas emociones negativas inundan al cuerpo con hormonas especializadas para el miedo y la pelea y se reproducen tan rápidamente que pueden debilitar al sistema inmune, produciendo enfermedades tales como dolor de oídos y malestares digestivos.

Alegre/hospitalario: "Sé que hemos hablado acerca de la seguridad y de ser cuidadoso con la gente que no conoces. ¿Quieres preguntarme algo antes de que vayas al concierto con tus amigos? Sé que vas a estar bien hoy porque eres muy cuidadoso y sabes como cuidar de ti mismo. Sé que usas la cabeza y el corazón juntos. Recuerda, siempre puedes hablar a la casa si lo necesitas o si sólo quieres platicar. ¿*De acuerdo*? El señalar afirmativamente las acciones que desea reforzará esos hábitos en su hijo.

5. Usted rompe una promesa hecha a su hijo.

Triste/poco hospitalario: "Ya deja de quejarte porque no fuimos a la feria con tus primos. Es algo que puedes superar. A mi nadie me llevaba a ningún lado cuando tenía tu edad". Aquí usted está asumiendo una actitud negligente al hablar sobre las razones —sin importar cuáles fueron— por las que no cumplió con su promesa. Esto podría enviar el mensaje de que a los adultos realmente no les importa, o de que no son dignos de confianza.

Alegre/hospitalario: "Estaba tan ocupada con otro trabajo que me olvidé completamente de llevarte a la feria con tus primos. Perdóname. Vamos a hablar de nuestros sentimientos".

El uso de la vergüenza o culpa con los niños

Algunas veces los adultos usan técnicas de vergüenza e inducen a la culpa porque esto es lo que ellos recuerdan de su propia niñez. Al mismo tiempo, estas técnicas altamente injuriosas parecen *funcionar* debido a que los niños actúan de diferente manera cuando se sienten avergonzados, especialmente si esto ocurre en público. La verdad es que estas técnicas *funcionan*, ¡pero a un costo mayor en el desarrollo de la personalidad del niño! La vergüenza y la culpa innecesarias afectan negativamente la búsqueda de expresión individual del niño. La vergüenza y la culpa son emociones tan poderosas y dolorosas que con frecuencia bloquean la curiosidad, el juego y la creatividad. Los niños aprenden rápidamente a no ser abiertos ni honestos con otros. En lugar de hacer uso de la vergüenza y la culpa, piense en un modelo de comportamiento deseado, exhórtelo a intentarlo una vez más, explíquele las consecuencias y ofrézcale alternativas razonables.

Las siguientes situaciones le mostrarán cómo superarlas usando las tácticas de vergüenza:

1. Su niño pequeño o inválido ha tenido un accidente del baño:

   Triste/poco hospitalario: "¡Malo, malo, malo! Ya sabes avisar y no tienes por que ensuciarte los pantalones (o el sofá nuevo de la abuela). Seguro lo hiciste a propósito. Bueno, pues ahora te vas a limpiar toda esa cochinada tu sola. ¡Nunca lo hagas otra vez, no me avergüences de ese modo!"

   Alegre/hospitalario: "¡Uy!" Parece que has tenido un accidente y te mojaste los pantalones. No importa. Te voy a ayudar a ponerte ropa limpia para que te sientas mejor". Usted puede seguir esta acción leyendo y riéndose juntas con el libro de Taro Gomi titulado en inglés *Everyone Poops*.

2. Su hija está perdiendo el tiempo, comiendo lentamente o rehusándose a comer ciertos alimentos.

   Triste/poco hospitalario: "¡Apúrate!" Nomás estás de necia otra vez haciéndome esperar. ¡Cómete todos los chícharos ahora mismo! Si no terminas las albóndigas, te puedes quedar en tu silla el tiempo que quieras, pero sola. Yo me voy y cuando regrese más vale que no estén ahí las albóndigas. ¡No te pongas fastidiosa! Si no te comes toda tu comida te vas a enfermar".

   Alegre/hospitalario: "Quiero que hagas lo mismo que yo. Voy a probar una cucharada de este platillo de frijoles con arroz". (El adulto prueba una cucharada sin hacer caras). "Esto es un poco diferente a lo que comemos generalmente, pero tiene un sabor bueno. Bien, ahora es tu turno de probar la comida. ¿Piensas que a tu osito de peluche también le gustaría probarla?" Siga esta acción con la lectura de algún libro como, *This is The Way We Eat Our Lunch* (Esta es la forma en la que comemos nuestro almuerzo) o *Everybody Cooks Rice* (Todos cocinan arroz).

3. Su hija se rehusa a comer ciertos alimentos, ya sea por preferencias personales , alergias, enfermedades, miedo de subir de peso y de no ser aceptada, o simplemente por imitar la actitud delicada o de dieta de los adultos.

   Triste/poco hospitalario: "No voy a esperar ni un segundo más a que estés buscando la comida sin grasa y sin calorías que no te haga subir de peso. Todo el mundo se nos queda viendo. Estás actuando como una niña".

   Alegre/hospitalario: "Hay que planear algunos menús juntas de modo que podamos encontrar alimentos que queramos consumir. Aquí hay dos recetas que me gustaría probar. Aquí también hay un artículo interesante sobre las substancias nutritivas que necesita nuestro cuerpo y las comidas que las contienen. ¿Te gustaría que lo leyéramos juntas más tarde?

4. Su hijo tiene un miedo obsesivo, irracional o exagerado sobre una situación, una persona o un animal.

   Triste/poco hospitalario: "¡Por el amor de Dios! Pero si sólo es un párrafo de siete líneas el que tienes que leer ante la Asamblea del Distrito. Otros niños tienen partes más grandes que la tuya. Te estás portando como un verdadero bebé. Nomás vete a tu cuarto, tranquilízate y deja que me sienta orgullosa de ti".

Alegre/hospitalario: "¿Me puedes enseñar el verso que vas a leer ante la asamblea escolar la próxima semana? Me pregunto si la maestra te escogió porque sabe que lo puedes hacer bien. ¿Prefieres practicar el verso a solas o necesitas alguna ayuda?

5. Su hijo parece desafiante ante cualquier regla o autoridad, o con frecuencia la saca de sus casillas. En la escuela el niño ha dicho mentiras o hizo trampa en algunas tareas u otras actividades.

Triste/poco hospitalario: "¡Miserable mentiroso!" me avergüenzas a propósito al decir semejante mentira a la maestra (al copiar en el examen, faltar a la clase de danza o de fútbol). Bien, uno de estos días cuando realmente necesites ayuda no cuentes conmigo. ¡No esperes recibirla ni de mí, ni de tu maestra! ¡Y estás castigado por cuatro semanas! No mereces la oportunidad de hablar después de la horrible mentira que has dicho, ni una palabra más. ¡Fuera de mi vista!

Alegre/hospitalario: "Estoy muy disgustada por que me parece que has dicho una mentira. Entiendo algo de lo que pasó porque he hablado con tu maestra, pero quiero saber más por ti. Necesitamos hablar ahora acerca de lo que ocurrió y de cuáles eran tus sentimientos. Después, necesitamos hablar acerca de cómo podemos resolver esto. Yo necesito estar en condiciones de confiar en ti para hacer lo que está correcto y honesto en situaciones futuras, necesito tu cooperación".

Poniendo sobre nombres o apodos

Una forma de diferenciar a los niños es poniéndoles sobre nombres o apodos especiales. Con frecuencia, sin embargo, estos nombres son estereotipados por cultura o sexo y afectan adversamente las propias creencias y la independencia de un niño; más aún, son usualmente unidimensionales, las cuales disfrazan el hecho de que todos nosotros tenemos múltiples talentos que nutrir.

Dado que los niños no se separan a sí mismos de su comportamiento o de los nombres atados a su comportamiento, los apodos pueden convertirse en una profecía hecha realidad por ellos mismos. Incluso los apodos curiosos, amigables o aparentemente positivos pueden restringir enormemente el crecimiento y aprendizaje del niño. Los apodos desde muy temprana edad e incorrectos pueden actuar como escarcha en una planta incipiente. Ciertas habilidades e intereses pueden no ser probados en el proceso de crecimiento y talentos naturales pueden marchitarse si no se nutren o se les da espacio. Intente tomar la perspectiva de un naturalista interesado que observa y espera ver cómo se expresa el temperamento innato de los niños.

Dele seguimiento a las acciones e intereses entusiastas de sus hijos y expóngalos a una amplia variedad de oportunidades, lugares, gente e ideas. Tales esfuerzos ayudarán a los adultos y a los niños a vivir juntos en la luz de la aceptación y la igualdad. Con este enfoque, la luz de la apreciación y el disfrute aumenta para todos los participantes. Aquí hay algunas sugerencias para evitar los apodos:

1. Algunas veces, su hijo puede recordarle en forma inconsciente alguno de sus propios rasgos menos favoritos.

   Triste/poco hospitalario: "Ella es tan desorganizada. Su cuarto es un cochinero. Me supongo que yo soy así cuando estoy muy ocupada, pero voy a tener mano dura con ella para hacerla organizada. Ella lo odia, pero lo tendrá que hacer cuando la obligue".

O: "Deja de actuar como una diva. La gente no te soporta cuando actúas como si fueras la única en la habitación. Debes respetarme cuando estamos en público".

Alegre/hospitalario: "Nos parecemos mucho en algunas cosas, aunque somos diferentes, también. Ella tiene una clase de racha de creatividad y siempre está trabajando en muchos proyectos. Tenemos que trabajar juntas para tolerarnos la una a la otra con nuestro propio desorden, dado que a ninguna de las dos nos gusta limpiar o tirar cosas que pensamos podemos usar".

2. Debido a problemas no resueltos con otros miembros de la familia, el comportamiento normal de su hijo puede parecer totalmente indeseable.

Triste/poco hospitalario: "El es el difícil, sacó a mi hermano quien era el consentido de la familia. Los dos son necios como mulas, sólo hacen lo que les da la gana. Puedo decirle las cosas una docena de veces, pero nunca me escucha, especialmente cuando está leyendo o en la computadora. Ellos dos me hacen enojar mucho y me cansan".

Alegre/hospitalario: "Jared se parece mucho a mi hermano menor en un detalle. Ambos son muy apasionados en las cosas que les gustan y en las que les disgustan. Los dos pueden pasar horas haciendo algo que les interesa. ¡No se les puede interrumpir para nada!

O: "Jared, sé que es difícil ser interrumpido cuando estas tan absorto, pero tenemos que irnos en diez minutos. Sé que me estas oyendo y he puesto la alarma del reloj en cinco minutos para recordártelo y poder salir a tiempo".

3. El encasillar a los niños en un modelo restringido alienta la aceptación pasiva de ese apodo o bien, la rebelión dolorosa del mismo. Incluso los apodos positivos y jactanciosos pueden provocar un fuerte sentimiento de inferioridad y la sensación de que no pueden cometer errores o explorar nada desconocido.

   Triste/poco hospitalario: "Michael es nuestro erudito. Sabíamos que iba a ser tan brillante desde que le salieron los dientes mucho antes que a otros niños. Sus abuelos iniciaron un fondo universitario para él cuando cumplió dos años. A el le gustará estudiar antes que estar con gente. Algún día nos hará muy orgullosos a todos".

   Alegre/hospitalario: "Michael, siempre nos hemos sentido orgullosos de ti por muchas razones. Has estado muy dedicado a tu trabajo académico. ¿Qué pensarías de diversificar tus horizontes, hacer algo no relacionado con la escuela o con las calificaciones? ¿Qué tal el intentar el mundo de la música como lo hizo Carolyn, tu prima favorita? ¿O tal vez te gustaría ayudarle a tu tío Brian con su trabajo voluntario en el albergue? Te llevas bien con ellos dos. ¿Qué piensas?

4. Trate de evitar hacer que el niño se sienta unidimensional al esperar que sobresalga en sola-

mente un área o al ver un potencial o rango limitado de los rasgos de su personalidad. También evite comparar a los miembros de la familia y esperar que sigan por un camino prescrito similar.

Triste/poco hospitalario: "Siempre quise un hijo que se llevara bien con toda la gente, y aquí está ella, la señorita popularidad. Ella haría cualquier cosa para ser la niña más destacada en cada situación".

O: "¡Todos mis hijos son deportistas! Con todo el tiempo que pasan en el gimnasio, más vale que obtengan becas deportivas en el colegio. El hijo de mi esposo es el señor Matemático, siempre tan serio y lógico, él llegará lejos porque siempre se porta como es debido. Nunca se mete en problemas".

Alegre/hospitalario: Todos los niños son diferentes, cada uno con su fuerza individual. Sería tan fácil apodarlos a todos y a cada uno, pero no permito a nadie que los encasille. Sé que cada uno de ellos encontrará muchas cosas y desafíos que serán de su interés mientras crece. Es verdaderamente una aventura el ayudar a cada uno a encontrar su propio camino especial".

En el siguiente ejemplo real, el adulto comparte algo de su propia biografía con un niño, dándole crédito especial a aquellos quienes continuamente la apoyaron en su camino y patrón de crecimiento. Esta técnica de alegría y hospitalidad puede ser muy efectiva y libertadora para poner a prueba los talentos escondidos de los niños en riesgo y explorar posibilidades de múltiples dimensiones en un mundo en constante cambio. Conociendo a un nivel profundo que una persona cree en ti y continuará amándote, envía un mensaje poderoso de que la vida es un viaje y un proceso para ser explorado individualmente pero compartido con otros.

Sé que estás luchando en esta familia (o en la escuela) para descubrir quién eres. Yo pasé por un periodo similar cuando tenía tu edad y te veo y me pregunto en qué eres diferente de otros. Bueno, quiero que sepas que creo en ti y te apoyaré cuando trabajes duro para alcanzar las metas que te apasionan. Me siento muy contenta de que mi madre confió en mi y me dio el amor y la libertad para ser mi propia persona y probar diferentes áreas. Nunca encasilló a nadie en la familia. Yo sabía que ella siempre creía en mí sin importar lo que decidiera hacer en la vida. Siempre sentí su amor y su luz en mi vida y todavía los siento.

Jugando juntos para construir, reconstruir y sanar relaciones

La confianza en sí mismo y en otros son básicas en todas las relaciones saludables. Los niños que operan desde una base sólida y segura de confianza quieren comunicar, colaborar y crear con los adultos y compañeros. Esto se traduce en esperanza para el futuro inmediato y en una fe generalizada en un sentido de orden, el saber que de alguna manera las cosas saldrán bien.

Cuando la confianza se rompe, necesitamos con honestidad y sistemáticamente reconstruir la relación. Los niños que han sido tímidos y hechos para sentirse innecesariamente culpables por ser ellos mismos, necesitan ser sanados de modo que puedan abrazar la vida. En forma adicional, el perdón mutuo entre adultos y niños necesita ser profundamente experimentado si ha habido algún sobre nombre doloroso y restrictivo.

Afortunadamente, el disfrutar de la Madre Naturaleza, las

artes, la literatura así como el jugar y reír juntos son antídotos naturales para sanar y construir relaciones. El juego es el socio activo del crecimiento y un contexto no amenazador para la interacción de todos los tipos y de todas las edades. La diversión y la risa que resultan crean alegría y abren oportunidades únicas para conectar y crear conjuntamente el significado y el propósito. El jugar juntos puede inesperada y gozosamente fluir hacia la celebración de la vida y de la existencia del uno al otro juntos.

Todos los siguientes materiales de juego y actividades pueden ser probados en una atmósfera de participación, de no fallar y sin competencia, con el control distribuido entre todos los participantes.

1. Infantes y párvulos (del nacimiento a los tres años):

- Proveer una mecedora con cojines y animales de peluche para arrullarlo.

- Jugar amigablemente al ¡cucú! (peek-a-boo) así como a las escondidas en pareja. Involucre animales de peluche y a las mascotas de la familia en la diversión.

- Juegue con juguetes de agua (coladores, embudos, vasos o barcos) en una tina de plástico o en una alberca portátil. Agregue colorante vegetal azul o verde para diferentes efectos.

- Lea y disfrute los siguientes títulos: *Goodnight Moon, Jamberry, Barnyard Dance* y *I love my Daddy Because.* . . .

2. De tres a seis años:

- Juegue-actúe para beneficio de los niños, partes de Los tres gatitos, Risitos de oro o alguna otra historia de su preferencia. Invite, pero no insista, en la participación de los niños.

- Cante su rima favorita, canciones tan queridas como "Old MacDonald", "If you're happy" o, "Down by the Baby", o alguna similar que usted se sepa en español.

- Haga el "Bunny Hop" o el "Hokey Pokey" juntos.

- Invente una danza de animal tal como "Lizard Leap", "Froggy Hop", o "Kangaroo Highhop".

- Construya una estructura con arena mojada o plastilina.

- Lea y disfrute: *La historia de Peter Rabbit, The Lady with the Alligator Purse, The Temper Tantrum Book* (El Libro de los berrinches), o *The Little Engine That Could* (La pequeña máquina que pudo).

- Escuche los cassettes de Raffi "Baby Beluga", "A Twinkle in Your Eye" de Burl Ives, o *Winnie the Pooh* leído por Charles Kuralt.

3. De los siete a los once años:

- Construyan en forma conjunta figuras con el juego llamado Blockhead

- Dibujen juntos con los juegos Magna Doodle Spirograph o Etch-a-Sketch.

- Vean juntos un video o un programa especial de National Geographic.

- Lean "knock-knock" y libros de adivinanzas juntos (escoja de entre la colección divertidísima de Joseph Rosenbloom o Kathy Hall y Lisa Eisenberg o algunos similares en español).

- Lea y juegue-actúe sus partes favoritas de *Los Osos Berenstain y el Cuarto desarreglado, Los Osos Berenstain y demasiada TV, o los Osos Berenstain y demasiada comida chatarra.*

- Lea y disfrute *Charlotte's Web*, o escúchelo en audiocassette, leído por el autor, E.B. White.

- Lea y disfrute *James Herriot's Treasury for Children*, basado en la vida del veterinario inglés.

- Lea *Children Just Like Me; Fathers, Mothers, Sisters, Brothers: A collection of Family Poems*; o *El Mago de Oz*; o vean la versión de 1939 de esta película juntos.

- Vea la serie clásica de televisión del perro *Wishbone* en PBS.

- Vea las películas en video de *ET, Babe* o *Homeward Bound*.

- Escuche los audiocassettes de *Ramona Forever*, leída por Stockard Channing, o *La Historia del Dr. Doolittle*, leída por Alan Bennett.

4. De los doce y durante la adolescencia:

- Camine con una mascota o alimente animales en un área natural.

- Juegue Koosh ball, usando solamente sus pies o los dedos meñiques.

- Haga una pantomima de algo penoso tal como ponerse los zapatos de diferente color u olvidar su propio nombre.

- Actúe sentimientos de hilaridad, enojo, ira, tristeza, orgullo por haber cumplido alguna tarea, o el no ser comprendido.

- Jueguen juntos solitario en la computadora.

- Lean en voz alta las tiras cómicas de los periódicos.

- Lean y disfruten las bobas y estimulantes rimas de *Walking the Bridge of Your Nose*.

- Lea las biografías de Kathleen Krull llenas de pedacitos peculiares de información: *La vida de los Atletas, La Vida de los Artistas, La Vida de los Músicos, la Vida de los Escritores (Y qué piensan los vecinos)*.
- Tomen turnos de lectura en voz alta sobre la autobiografía de una persona admirada.
- Vean los videos *Apollo 13, Shiloh, The Amazing Panda Adventure o To Kill A Mockingbird*.
- Escuchen el audiocassette de *A Wrinkle in Time*, escrito y leído por Madeleine L'Engle.

Nota: Muchos de estos libros y cassettes recomendados están disponibles en español, consulte en las bibliotecas o en alguna librería de su preferencia.

La gracia de un Indigo

El Dalai Lama estaba hablando ante un grupo. Alguien le dijo que un niño con cáncer quería verlo y él inmediatamente le pidió al niño que se acercara a escena con él. Con una sonrisa efervescente, que es su sello personal, el Dalai Lama respetuosamente le pidió al niño que le contara a la audiencia lo que había en su mente. Sin dudarlo, el niño volteó, de frente a la multitud y dijo: "Yo soy un niño con cáncer, pero antes que nada soy un niño. Necesito jugar. Necesito reír. Necesito que ustedes vean el júbilo que hay en mi corazón. Después, ustedes pueden ver que mi cuerpo tiene cáncer".

Esta sencilla historia tiene un profundo significado para los Niños Indigo también. Sí, ellos son diferentes. Sí, ellos son almas ancianas. Sí ellos tienen un propósito especial. Sí, ellos son inspirados. Sí, ellos tienen talentos y habilidades especiales. Sí, sí, sí: pero ellos son niños antes que nada. Recordemos esto y estaremos en condiciones de nutrir mejor su naturaleza especial.

La naturaleza especial del Niño Indigo requiere técnicas de disciplina especial. Abajo, **Robert Gerard** nos ofrece más de sus pensamientos y orientación:

La disciplina del Niño Indigo
Robert Gerard, Ph. D.

La disciplina es extremadamente vital en un Niño Indigo. Dado que ellos son muy creativos y alertas, prueban cosas afuera y exploran sus fronteras. Quieren ser consolados para conocer los límites seguros y ser informados acerca de cuáles experiencias de la vida no sirven a su más alto bien. Con frecuencia veo que los padres les "dicen" a sus hijos lo que deben hacer o no hacer. Esto reprime su creatividad y oprime la expresión. Ellos replicarán convirtiéndose en defensivos y repugnantes.

He inventado el término *disciplina amorosa* para explicar la forma en la que yo proceso la acción disciplinaria con la intención de servir a los intereses espirituales del niño. La disciplina amorosa se basa en la siguiente guía:

1. Mantenga al niño informado e involucrado.
2. Prevenga malos entendidos potenciales mediante explicaciones sencillas.
3. No reaccione ante su hijo.
4. Evite dar órdenes.
5. Cumpla su palabra.
6. Maneje cada situación en el momento.
7. No golpee ni use un lenguaje abusivo.

8. Permita a sus emociones mostrar amor.

9. Si se da una reprimenda, hágalo en forma de castigo (time out).

10. Después de la reprimenda hable sobre la situación.

11. Posteriormente, siempre manténganse juntos y precisen que todo se debe solucionar suavemente.

La gran sorpresa es que su hijo lo respetará por su sabiduría y visión ¡al permitir que la energía de su Indigo prospere! Yo le doy a mi hija, Samara, una gran libertad y creatividad, pero rara vez escapa de mi estricta vigilancia su actitud y comportamiento. En apariencia, soy muy duro, pero Samara conoce mis límites y umbrales y cuando la disciplino, invariablemente me da las gracias por manejar con ella la situación.

¿Paternidad excesiva? No y no. Muy en el fondo, muchos padres temen el abandono y la pérdida del amor de sus hijos. Estos padres se salen de su camino para ganar el favor de sus hijos mediante la indulgencia excesiva y tratando de pacificar a sus hijos. Una vez que el menor se da cuenta de que puede controlar el comportamiento de los adultos, lo hará. Si se le deja, un Indigo puede meterse en el papel del padre. Esto complica la relación y empuja al niño a adquirir los defectos de los padres y a no vivir en su propio presente.

Los padres necesitan mantenerse conscientes de su relación con los Niños Indigo. Quizá el consejo que me dio una clarividente deba ser compartido aquí: "Robert, tu hija necesita orientación, amor y disciplina, no padres. Ella conoce su propósito y su misión. Sé su guía". Esta orientación me ha ayudado enormemente.

La educación y el Niño Indigo

> Uno tiene que apiñar todas estas cosas en la mente, ya sea que nos guste o no. Esta coerción tuvo un efecto tan desastroso que, después de haber pasado el examen final, he encontrado la consideración a cualquier problema científico que me disgusta por un año entero. . . . Es en realidad casi un milagro el que los métodos modernos de instrucción no hayan estrangulado completamente el espíritu santo de la investigación; para esta pequeña planta delicada, al margen de la estimulación, se mantiene principalmente en necesidad de libertad; sin ella va a la ruina sin fallar. Es un error muy grave el pensar que el gozo de ver e investigar puede ser promovido por medios de coerción y un sentido de obligación.
>
> — Albert Einstein

¿Qué le podemos decir sobre educación? En una palabra, *debe* cambiar para acomodar a los Niños Indigo. Mucho de esto sucederá debido a la increíble frustración por parte de los maestros, quienes están pidiéndole a gritos al sistema que ponga atención y cambie de acuerdo a la nueva realidad. Algunos de los cambios pueden ocurrir debido al eventual descubrimiento de que los resultados de las pruebas son en realidad bajos porque los niños están reaccionando a esas pruebas y no porque estén equivocados en su pensamiento y en sus habilidades de concienciación. Esto tendrá el efecto de hacer que los encargados de la planificación, gerentes y psicólogos se pregunten si la conciencia de la enseñanza y el entrenamiento cabe dentro de los exámenes (una de las preguntas más importantes para hacer).

Las siguientes conversaciones pertenecen a educadores quienes están muy bien enfocados en el problema. Después de esto, presentamos alguna información relacionada con las escuelas alternativas que están funcionando bien para los Indigo. Finalmente ofrecemos algunos métodos alternativos para ayudar a los jóvenes —métodos nuevos que están funcionando en niños difíciles—.

Todo esto forma parte de nuestro esfuerzo para darle esperanza: usted no tiene simplemente que entregar a sus hijos al sistema actual y darse la media vuelta. Hay muchas cosas que puede hacer y muchos lugares a donde puede ir. ¿Vale la pena este esfuerzo? ¡Por supuesto!

Queremos que conozca a **Robert P. Ocker**. Es un consejero guía en una escuela secundaria del distrito de Mondovi, Wisconsin. Un comerciante de esperanzas y un agente de cambio, su pasión y propósito durante la mayoría de su vida ha sido el de guiar a la juventud. Ha dado numerosas presentaciones a audiencias de todas las edades. Ayuda a estudiantes a enfocarse en resolver problemas, resolución de conflictos, toma de responsabilidades y formación de carácter. Ha sido reconocido por la Asociación de Consejeros Escolares de Wisconsin (Wisconsin School Counselors Association) como uno de los líderes educativos del futuro más sobresalientes. Hasta donde nosotros consideramos, ¡Robert lo está haciendo muy bien!

Un viaje con el corazón centrado:
Una visión educativa para los pioneros de paradigma
Robert P. Ocker

En educación y en la crianza de un niño, estamos llegando ahora a un momento decisivo, un momento de cambio de paradigma. Hay un sentido general de que la pregunta de cómo criar y educar a nuestros niños es la pregunta más profunda que enfrentamos hoy en día. La educación requiere una nueva visión para los niños del siglo XXI, ofreciendo esperanza e inspiración a los niños del mundo. Esta visión puede ser encontrada en los sueños de los pequeños. Necesitamos un entendimiento comprensivo de la vida humana para poder practicar una nueva y comprensiva pedagogía que servirá a la humanidad en el nuevo milenio —esta humanidad que está formada, por supuesto, por los niños de hoy—. Los niños valen la pena y nuestro futuro depende de ellos.

Los educadores deben admitir que, así como demandamos que la actual estructura social sea transformada, debemos demandar también que el arte de la educación se transforme para que fluya desde un manantial. Por supuesto, podemos transformarlo, pero el arte de la educación depende de los educadores.

Debemos desarrollar un nuevo entendimiento de la naturaleza humana y ofrecer nuestra guía basada en eso. Debemos dar a nuestros hijos y estudiantes el regalo de la guía hacia una paz y disciplina interiores.

Debemos percibir verdaderamente la naturaleza de los niños mientras se desarrollan y les permite desarrollarse a sí mismos como seres humanos. Deben escoger la forma en la que su naturaleza y esencia madurará en su vida de adultos.

Los educadores del siglo XXI llegarán a conocer y a guiar el desarrollo del ser humano, dándole el regalo de la disciplina interior. Con lucidez y sabiduría guiaremos a jóvenes de carácter para ser individuos responsables, ingeniosos y afectuosos.

En consecuencia, como educadores, necesitamos convertirnos en pioneros de un paradigma, debemos revisar nuestras suposiciones acerca del significado, del propósito y de la función de la educación y alcanzar una nueva conciencia. Debemos enseñar a los niños *cómo* pensar, no *qué* pensar. Nuestro papel no es el de trasmitir *conocimiento*, sino *sabiduría*. La sabiduría es conocimiento aplicado. Cuando sólo les damos conocimiento, les estamos diciendo qué pensar, qué se supone que deban saber y qué queremos que crean como verdad.

Cuando les damos a los niños sabiduría, sin embargo, no les estamos diciendo lo que deben saber o lo que es verdad, sino cómo obtener su propia verdad. Por supuesto, no podemos ignorar el conocimiento cuando enseñamos sabiduría. Un cierto monto de conocimiento debe pasar de una generación a otra, ¡pero debemos dejar a los niños descubrirlo por sí mismos! El conocimiento se pierde con frecuencia, pero la sabiduría nunca se olvida.

Yo preveo un sistema basado en el desarrollo de las habilidades de los niños, más que en su memoria. Los niños son nuestros guías; debemos darles la habilidad de descubrir y crear sus propias verdades. El pensamiento crítico, la solución de problemas, la imaginación, la honestidad y la responsabilidad deben convertirse en el quid de la educación para los niños del siglo XXI.

Mi visión sobre el futuro de la educación se basa en el amor incondicional. Esta es la esencia del nuevo ser humano. Nosotros, los educadores debemos estar seguros de rodearnos de colegas que tengan el corazón y el alma para preparar a los niños de hoy como la gente del mañana. Una educación real pondrá atención en el cuerpo, alma y espíritu, los cuales estarán intrínsecamente libres e independientes. Una educación real debe encargarse de colocar a la gente dentro de la vida. Los educadores desempeñarán un gran servicio a la humanidad si somos pioneros en esto. Debemos renovar el sistema educativo para la mejoría de la humanidad. Si usted toma parte en este viaje de corazón-centrado los niños serán bendecidos y también lo será el futuro entero de la humanidad.

Más adelante tendremos nuevamente a Robert, pero ahora, queremos que conozca a **Cathy Patterson**, una maestra de educación especial en Canadá. Al igual que Debra Hegerle y Robert Ocker, ella tiene experiencias diarias con niños en el campo educativo. Cathy, sin embargo, es parte de la gerencia de programas especiales para niños con problemas. Ella ofrece sus comentarios y observaciones para nuestro beneficio.

Estrategias para guiar a los Niños Indigo
Cathy Patterson

Soy una maestra de educación especial que lleva a cabo un programa dentro del sistema educativo diseñado para servir a los estudiantes con desórdenes de comportamiento severos. Como se pueden imaginar, he trabajado con varios estudiantes con déficits de atención genuinos y con varios problemas emocionales a través de los años y he proveído apoyo a maestros y a padres.

Sin embargo, también he tratado a un número definido de niños clasificados como DDA o DDAH, pero quienes no obstante han dejado de necesitar medicamento una vez que sus necesidades emocionales fueron satisfechas en la casa y en la escuela. También he conocido a estudiantes cuyos maestros y doctores asumen que son DDAH, hasta que comienzan a responder a varias estrategias de comportamiento en la casa y en la escuela. Yo creo que si los estudiantes responden a dichas intervenciones, entonces el diagnóstico de DDAH es inexacto.

Por supuesto, hay niños que son verdaderamente DDAH, posiblemente debido a un desequilibrio neurológico o incluso a un daño cerebral y no pueden funcionar para nada sin medicamento. Estos estudiantes auténticamente DDAH pueden no ser todos Niños Indigo y responder más favorablemente al medicamento que a las intervenciones de comportamiento debido a que tienen muy poco, si no es que ningún, control de sus impulsos.

En la siguiente sección, me gustaría hablar sobre algunos de los nuevos cambios de energía que he presenciado dentro del sistema educativo, lo mismo que algunos de los problemas y viejos patrones de energía alrededor de la disciplina que están afectando a muchos niños emocionalmente perturbados. Muchas de estas criaturas son probablemente Niños Indigo. Finalmente, concluiré ofreciendo estrategias prácticas para que tanto padres como maestros apoyen y capaciten a los menores, al tiempo que les ofrecen la orientación necesaria y los límites.

Los viejos patrones de energía en las escuelas se basan en la creencia fundamental de que los niños son recipientes vacíos que deben ser llenados de conocimientos por el experto, el maestro. En el sistema tradicional, los estudiantes aprenden a ser miembros colaboradores de nuestra sociedad mediante el aprendizaje de todo lo que necesitan para el empleo. Ellos demuestran que saben escuchar y aprenden a valorarse a sí mismos con base en la cantidad de información que producen por escrito. En esta atmósfera, cualquier niño que no se conforme ni actúe en forma incondicional es considerado problemático.

Afortunadamente los educadores contemporáneos han desarrollado numerosas técnicas y estrategias que están más enfocadas en los estudiantes, tales como auto-evaluación, planes de educación individuales auto-dirigidos, valoración de portafolio y conferencias a cargo de estudiantes. Por ejemplo, los maestros de primaria en British Columbia no usan más la letra F para calificar a un niño como reprobado (F por ser la primera letra de Failure, que en español significa inútil, fracasado, que falla), en lugar de eso utilizan IP que significa "en progreso", por sus siglas en inglés, como una manera de indicar que el estudiante está tardando un poco más para completar los objetivos del curso. La maestra debe entonces desarrollar un plan para ayudar al niño a cumplir con estos objetivos.

Algunos educadores también han introducido programas que capacitan a los niños y validan sus habilidades como líderes, incluyendo la meditación con compañeros, compañeros consejeros y programas a prueba de niños peleones. Al mismo tiempo, los padres están desempeñando un papel más activo en las escuelas al participar en los llamados Parent Advisory Committees (Comités de Asesoría a Padres, PACs) para desarrollar actividades de recaudación de fondos para la escuela. Los padres voluntarios también se están convirtiendo en miembros activos de los salones de clase.

Uno de los últimos vestigios de la vieja energía en las escuelas tiene que ver con los métodos de disciplina usados.

Desafortunadamente, muchos niños todavía están siendo enviados al pasillo cuando no cumplen y enviados a la oficina en donde el director les da un sermón acerca de la buena conducta. El siguiente paso es enviarlos a la casa. El problema con este sistema es que los niños aprenden a satisfacer sus necesidades de atención y reconocimiento en formas negativas. Ellos aprenden muy pronto a disfrutar de la atención que reciben cuando se encuentran afuera en los pasillos. Las miradas y risas burlonas les dan el reconocimiento que ansían por parte de sus compañeros; todos saben su nombre, especialmente si esto ocurre con frecuencia.

Desde el nacimiento, los Niños Indigo tienen una necesidad de reconocimiento y prestigio. Si no se maneja apropiadamente, estos niños pueden aprender a satisfacer esta necesidad a costa de perder su educación. Rápidamente se darán cuenta si tienen el poder de hacer gritar a los adultos con sólo una pequeña mueca. Realmente pueden ser como realeza, ¡con toda esta atención! Más aún, si son enviados a casa, este será el mejor premio dado que así no tienen que completar el trabajo de la escuela y tal vez incluso los dejen ver TV o jugar juegos de video.

Los padres estarían probablemente horrorizados por el monto de tiempo que pasan los niños en los pasillos de la escuela, pero estos niños sin supervisión están ocupados obteniendo la atención de sus compañeros que les hacen muecas y cosas por el estilo.

Muchos estudiantes llegan a la preparatoria con vacíos significativos en el aprendizaje por el monto de tiempo que pasaron castigados en la escuela. Además muchos de ellos provienen de hogares transitorios y tienen aun mayores huecos en el aprendizaje. Algunos de estos estudiantes llegan a la secundaria ¡sin saber leer!

Estas anticuadas prácticas de disciplina están comenzando a cambiar. Creo firmemente que los padres son una parte integral de este cambio. Los padres necesitan comenzar a preguntar en las escuelas acerca de sus prácticas de disciplina para cuestionar si las necesidades del niño están siendo satisfechas. Yo me encuentro actualmente en un comité que examina estrategias alternativas, intervenciones y apoyo para estudiantes. No formamos parte más del sistema tradicional en el cual los niños son extraños, irregulares o desordenados si no se sientan quietos en la clase y la única alternativa para ellos es la de enviarlos a casa o a un programa de educación especial.

¿Están cubiertas las necesidades de sus hijos en la escuela?

Los niños necesitan seguridad, atención, respeto, dignidad y un lugar seguro al que pertenezcan. Las siguientes preguntas pueden ayudar a los padres a saber si estas necesidades están siendo cubiertas en la escuela. También he incluido algunas estrategias de ayuda simultáneamente.

1. ¿Tiene la escuela de sus hijos un plan de disciplina general? ¿Envían los maestros a los niños al pasillo y luego a casa suspendidos como una solución a los problemas de conducta? Si este es el caso, sugiera alternativas.

2. ¿Cuál es la atmósfera en el salón de clases de su niño? ¿Los trabajos de los alumnos se exhiben en las paredes? ¿Los maestros tratan con respeto a los alumnos? ¿El maestro celebra al estudiante y tiene un enfoque positivo?

3. ¿Tiene el maestro formas positivas de dar a los estudiantes poder y responsabilidad, tal como ponerlos como ayudantes, hacer tareas especiales, salón de la fama y círculos para compartir?

4. ¿Participan los estudiantes en el proceso de toma de decisiones? ¿Encabezan los estudiantes conferencias, consejos estudiantiles o juntas de clases? ¿Pueden los estudiantes proponer reglas en la clase?

5. ¿Existe una estructura para el salón de clases? ¿Los niños conocen sus responsabilidades y las expectativas de los maestros?

6. ¿Distribuye la maestra las tareas en partes y no abruma a los estudiantes con órdenes? Los estudiantes con problemas de atención necesitan tener un paso a la vez y tal vez necesiten ayuda visual, tal como una gráfica con estrellas que muestre qué tanto tiempo han destinado a una tarea. Una vez que logran acumular muchas estrellas, ¿pueden ganar tiempo libre, o tiempo para trabajar en un proyecto de su elección?

7. ¿Conocen los niños el propósito de sus tareas? ¿Si el estudiante pregunta por qué tiene que hacer algo, le ofrece la maestra una explicación amigable, o sólo las consecuencias?

8. ¿Tienen los estudiantes descansos durante el día de modo que no estén siempre sentados en sus pupitres trabajando?

9. ¿Es el material interesante y adecuado? ¿Pueden los estudiantes hacer reportes separados o escribir información en diferentes formas y aún aprender sobre el mismo material?

10. ¿Si los estudiantes están teniendo dificultades para comprender el material, el maestro adapta o modifica el material de modo que los alumnos puedan completar el trabajo junto con el resto de la clase?

11. ¿Son las expectativas del maestro claras y consistentes? ¿Hay una serie regular de consecuencias por no seguir las reglas de la clase, o estas reglas cambian dependiendo del humor del maestro?

12. ¿La estructura del salón de clases cambia constantemente, o los estudiantes saben de antemano qué tipo de actividades van a tener durante el día?

13. Cuando los niños no ponen atención en la clase, ¿se les retira del compañero o del motivo de su distracción? Si esto ocurre, ¿siguen formando parte de las actividades de la clase o se sienten avergonzados y desconectados del resto del grupo?

14. Si el niño se porta mal, ¿existe un plan establecido para castigarlo en alguna otra área supervisada, o simplemente se le manda al pasillo?

15. ¿El personal de la escuela y el maestro intentan separar la emoción de la disciplina? Asegúrese que no le griten incesantemente a los niños o les den sermones excesivos sobre comportamiento, porque esto sólo alimentará la necesidad de atención y reconocimiento de los niños en forma negativa.

16. ¿Se refieren al niño simplemente como "malo", o en lugar de eso el personal de la escuela discute las "pobres elecciones" que ha hecho el niño? El personal de la escuela acostumbra a hacer comentarios como este a los niños: ¿Fue esta una buena opción? ¿Qué hubieras hecho diferente? ¿Cuál hubiera sido una mejor alternativa?"

17. ¿El maestro reporta solamente los problemas y no se enfoca en el comportamiento positivo de los alumnos?

18. ¿Hay algunos signos visuales alrededor del salón de clases los cuales muestren lo bien que están trabajando los alumnos, tales como gráficas, tablas o certificados?

19. ¿El maestro enseña a los niños formas alternativas de manejar un conflicto y estrategias de hablar consigo mismo?

20. ¿Tiene su hijo la oportunidad de ganar privilegios en el salón de clases por seguir instrucciones y enfocarse en su trabajo? ¿Tiene el maestro un sistema de fichas establecido? Si no, pregunte de qué forma podría establecerse uno para su hijo o para la clase entera.

21. ¿Tiene usted un cuaderno de comunicación que el maestro firma diariamente de modo que usted sabe consistentemente cómo le está yendo a su hijo en la escuela y está consciente igualmente de los cambios positivos? Examine este cuaderno diariamente y trate de hablar en forma positiva con su hijo acerca de su comportamiento en la escuela.

22. ¿Cuál es su punto de vista sobre la educación? ¿Es importante? ¿Apoya usted al personal de la escuela? ¿No le gusta el maestro de su hijo? ¿Ha criticado al maestro en frente de su hijo?

¿Están cubiertas las necesidades de su hijo en casa?

Las siguientes preguntas pueden ayudarle a asegurarse que la atmósfera en el hogar apoya a sus hijos y alimenta todos sus dones.

1. ¿Siente que las opiniones de sus niños son valiosas y que usted puede aprender de ellos, o usted siempre tiene que dar la enseñanza y los sermones en esta relación?

2. ¿Escucha a sus hijos y se divierten juntos? ¿Hace tiempo para que sus niños interiores jueguen juntos?

3. ¿Respeta su intimidad y espacio personal?

4. ¿Expone sus razones por las que toma ciertas decisiones?

5. ¿Celebra con frecuencia a sus hijos y les ofrece tres halagos por cada crítica?

6. ¿Es capaz algunas veces de admitir que cometió un error y pedir perdón?

7. ¿Enseña a sus hijos a tener respeto y compasión por la otra gente?

8. ¿Encuentra tiempo para enseñarles a sus hijos los diferentes aspectos del mundo, tales como, por qué necesitamos la lluvia? ¿Escucha con atención mientras ellos tratan de decirle su opinión sobre el mundo? ¿Escucha sus explicaciones incluso si ya conoce esa información?

9. ¿Alienta a sus hijos con frecuencia, o en lugar de eso les dice por qué nunca serán capaces de completar una cierta tarea?

10. ¿Hace cosas para sus hijos que ellos pueden hacer por sí mismos?

11. ¿Les da a sus hijos responsabilidades en la casa y les permite elegir de entre estas responsabilidades?

12. ¿Corrige en exceso a sus niños? Si es así, solamente hágalo en los asuntos realmente importantes. ¿Es realmente imprescindible que su hijo

tenga una postura correcta cada minuto del día? No se mortifique por las cosas pequeñas.

13. ¿Se da cuenta cuando sus niños se portan bien y los elogia por ello?

14. ¿Tiene juntas familiares en forma regular para discutir quién tiene ciertas responsabilidades y qué paseos familiares se van a realizar? ¿Sus niños desempeñan un papel importante durante estas juntas y toman parte en las decisiones? Durante las juntas familiares, ustedes pueden incluso acordar juntos las consecuencias por mal comportamiento y/o los privilegios por buena conducta.

15. ¿Habla con sus hijos acerca de las diferentes emociones y formas de comunicarlas, o hay emociones que nunca se expresan?

16. ¿Escucha a sus niños cuando se quejan de estar solos o deprimidos, o se sienten aislados, o deja marchar sus sentimientos como una fase pasajera?

17. ¿Tiene expectativas y consecuencias claras y consistentes para cuando sus niños se portan mal?

18. ¿Está alimentando a sus hijos con montos excesivos de azúcar y conservantes? ¿Tienen alergias o muestran signos de hiperactividad después de comer ciertos alimentos?

Estableciendo límites y directrices

Los padres no ayudan a sus hijos explicándoles que son "Niños Indigo" y luego permitiéndoles portarse mal sin marcarles límites y directrices. Incluso los niños que eventualmente podrían elevar la conciencia del planeta necesitan límites, el auto control se aprende, el cual es integral para una comunidad pacífica. El Niño Indigo necesita ser corregido y tener límites usando un método que represente la nueva energía. Las siguientes sugerencias son estrategias efectivas que proveen disciplina mientras todavía preservan la dignidad del niño:

1. Cuando les de indicaciones, usted puede usar las siguientes palabras, "Necesito que me ayudes quitando tus zapatos de la entrada, por favor" la frase clave es "Yo necesito tu ayuda . . ."

2. Adviértales a sus hijos que tienen que estar listos para alguna actividad, tal como la cena, en un par de minutos.

3. Deles a los niños tantas opciones como sea posible. Si por lo general no quieren venir a la mesa a cenar, dígales que tienen la opción de venir en un minuto o en dos. No se desvíe de las opciones proporcionadas si ellos tratan de ponerse difíciles. Si le ofrecen otra alternativa que sea lógica, tal como sentarse a cenar luego de que recojan el juego, acepte.

4. Ofrezca explicaciones cortas del por qué desea que se hagan las cosas.

5. Deles una orden a la vez, de modo que no se sientan agobiados por demasiadas órdenes.

6. Siéntese con los niños y decida qué consecuencias van a tener por mal comportamiento, diga por ejemplo: "Ustedes tienen la costumbre de dejar los juguetes por toda la casa y siempre ando tropezando con ellos. ¿Qué podemos hacer para

evitar esto? ¿Pueden ayudarme a decidir que debe ocurrir si no recogen sus juguetes?" En seguida pre establezca las consecuencias.

7. Destine una silla de castigo o un área de silencio en su casa a donde los niños deban ir cuando tengan consecuencias. Los niños no deben simplemente ser enviados a su cuarto el cual está lleno de juguetes estimulantes con los que estén jugando mientras se encuentran castigados.

8. Cuando necesite dar una llamada de atención por mal comportamiento, puede usar el Sistema Mágico 1-2-3 de Phelan: Haga la petición al niño para que deje de hacer algo que está mal, después cuente hasta tres para que pare. Si cuenta hasta tres y continúa sin obedecerle, entonces impóngale el castigo apropiado.

9. Separe la emoción de la disciplina; esto se logra evitando darle un sermón o discutiendo con él. Ofrezca las consecuencias necesarias: "Tommy, no voy a discutir contigo. No está bien que le pegues a otras personas y te voy a castigar, quiero que te vayas ahora mismo a la silla". Enfóquese en las consecuencias y actúe casi indiferente. Debe tener cuidado de no abrazarlo durante este tiempo. Esta es una frontera y los niños necesitan aprender que cada acción tiene una consecuencia. Si el niño grita o responde con un berrinche, entonces debe agregar tiempo de castigo calculando con su reloj o poniendo palomas en un pedazo de papel. No debe discutir, mejor diga algo como: "Voy a comenzar a tomar el tiempo de castigo cuando estés listo y yo tengo todo el tiempo del mundo". Cuando el castigo se termine, recuerde pedirle a su hijo que le explique por qué estuvo castigado.

10. Tal vez quiera tener tablas o gráficas con estrellas en el refrigerador para que cuando el niño se porte bien durante un determinado monto de tiempo, obtenga una estrella, cuando tengan suficientes estrellas, entonces obtienen privilegios adicionales, tales como un paseo especial. Esta es una forma positiva de enfocarse en el comportamiento.

11. Recuerde poner atención cada vez que sus niños se porten bien y elógielos por seguir sus expectativas: "Estoy muy orgullosa de que tú . . . " o, "Es muy agradable que tú . . . "

12. Pídale a su niño que repita un comportamiento apropiadamente: "Tommy, no está bien que corras dentro de la casa con tus zapatos llenos de lodo. ¿Me puedes enseñar por favor cómo lo harías otra vez en forma apropiada?" Tommy se quita los zapatos. "Gracias, sabía que podías hacerlo. Eso está mucho mejor".

13. Los niños se sienten más seguros con rutinas regulares y responden mejor si tienen un horario regular para comer, dormir y para divertirse.

14. Recuerde ser siempre consistente incluso si siente que no tiene la energía para poner en marcha su plan de disciplina. De otra manera, los niños aprenden que no necesitan seguir reglas, porque esas reglas siempre están cambiando.

Espero que esta información sea de utilidad. Exhorto a los padres a asegurarse que las escuelas sean responsables para proveer apoyo a niños emocionalmente alterados en lugar de continuar con las prácticas obsoletas de disciplina. También, creo que los padres deben examinar sus propias actitudes hacia sus niños para asegurarse que son respetuosas y están proporcionando oportunidades de capacitación. Finalmente, los padres necesitan establecer los límites y las directrices necesarios para el crecimiento y desarrollo de sus hijos. Las estrategias arriba mencionadas son particularmente útiles para Niños Indigo porque son capaces de preservar su propio sentido de pertinencia y ser tratados con dignidad.

En una nota más personal, tenemos a **Robert Ocker** nuevamente, un educador enamorado de los niños de todas las edades:

Honrando a los Pequeños como regalos
Robert P. Ocker

Al dar una lección sobre resolución de conflictos a niños de kinder en Eau Claire, Wisconsin, le pregunté a la clase, "¿Qué es violencia, niños y niñas?" Una niña hermosa con las estrellas brillando en sus ojos replicó, "Eso es fácil, son hermosas flores moradas (¡violetas!). Yo las huelo todos los días y me hacen feliz".

Mi alma se regocijó con amor y paz. Su energía envió sabiduría y fuerza. Mientras nuestros ojos se conectaban en su mar de estrellas, le dije, "Sigue oliendo tus flores, pequeña. Tú entiendes la paz. Y me pregunto si te gustaría enseñar la clase acerca del miedo. Podemos hacerlo juntos, como amigos". Ella simplemente sonrió y me tomó la mano. Eso fue un regalo.

Los nuevos Niños Indigo —me voy a referir a ellos como Pequeños— han venido aquí para darnos una nueva comprensión de la humanidad. Son regalos para sus padres, para el planeta y para el universo. Cuando honramos a los Pequeños como regalos, vemos la sabiduría divina que nos brindan para ayudar a aumentar las vibraciones del planeta Tierra.

El paso individual más importante para la comprensión y la comunicación con los niños nuevos es el cambio en su manera de pensar acerca de ellos. Mediante el cambio de su paradigma para honrar a los Pequeños como regalos en lugar de problemas, usted abrirá la puerta para entender, tanto la sabiduría de los niños como la suya propia. Los Pequeños honrarán su intención y la puerta del entendimiento se abrirá. Cada niño que entra a su vida ha llegado como un regalo, Al hacer esto, el Pequeño le entrega un regalo, el regalo de poder experimentar y realizar su persona.

Viviendo instintivamente

Trabajando con niños de todos los grupos y edades (de jardín de niños al 12avo), me he dado cuenta que los niños de primero parecen entender más que los adultos. Ellos confían en su instinto y en su intuición. Estaba hablando sobre la comunicación a los estudiantes de primer grado, cuando me despertó el regalo de un Indigo. Estabamos hablando acerca de la importancia de saber escuchar.

Este maravilloso niño gentilmente caminó hacia mi y dijo con su sabiduría. "Señor Ocker, escuchar y silencio son la misma palabra, sólo que tienen diferentes letras". Sonreí al sentir su genialidad. Mientras nos mirábamos uno al otro, no dijimos nada más pero entendimos todo. El me enseñó mediante sus palabras instintivas la forma más sabia de comunicación.

Los Niños Indigo viven instintivamente. Este es un proceso difícil para los Pequeños, quienes están atrapados pero al mismo tiempo son agentes de la transición de la humanidad para vivir instintivamente. Los Pequeños enfrentan retos diariamente, debido a que en muchas culturas la aportación del instintivo es ignorada. Las culturas dominantes desconfían de él profundamente, de hecho, a estos niños se les enseña desde sus primeros años a temer a sus instintos.

La gente joven intuitivamente siente que su ego puede ser un aspecto positivo de su personalidad y que es en realidad necesario para manejar efectivamente sus problemas. Nuestra cultura refuerza este sentido. Sin embargo, y aquí es donde los Indigo se confunden y se frustran, les enseñamos a los nuevos niños que está mal que escuchen a su ego y que deben desarrollar una imagen social como una capa protectora. Después, se retiran y esconden detrás de estas imágenes en donde se sienten más seguros, pero siempre están buscando relaciones en el plano físico desde atrás de esa máscara. Los sistemas educativos, la prensa, y las personas culturalmente adaptadas enseñan que el desarrollar una "auto-imagen" es un asunto urgente de gran importancia. Esto origina un veneno para los nuevos niños.

Dichos niños aculturados buscan siempre a otros —padres, maestros y figuras de autoridad— para obtener orientación, dirección y un entendimiento de la realidad. Con frecuencia estos niños se mantienen en esta orientación hacia el exterior durante el resto de su vida, asignando tan poco valor a la voz de su espíritu interior, que muy pronto sus instintos son olvidados. Como otros, en nuestra sociedad de sonámbulos, comienzan calculando el valor de su vida usando procesos de razonamiento poco manejables y con frecuencia impregnados de ansiedad. Esta es la única medida de éxito que a ellos les han enseñado a valorar.

Estos niños de temporada ofrecen una conciencia nueva acerca de la auto-imagen. Traen al planeta un nuevo entendimiento acerca de la humanidad y una visión de vivir instintivamente. Ellos quieren vivir espontáneamente, instintivamente, ¡para simplemente ser! Quieren decir las palabras correctas sin pensar en ellas antes de tiempo y experimentar la pureza de una mente no revuelta por una responsabilidad problemática y equivocada. Desean saber cuáles son los gestos adecuados, el comportamiento correcto y la respuesta creativa para cada situación en particular. Esta es la visión de la humanidad que nos enseñan. Ellos lloran porque nosotros confiemos en nosotros mismos, en nuestros instintos y en nuestro sentido de la intuición. Estos son los derechos de nacimiento de todos y cada uno de los seres humanos.

Con la orientación adecuada, los Niños Indigo madurarán, no solo reteniendo esta habilidad, sino desarrollándola, puliéndola hasta convertirla en un arte fino. Ellos y sus sociedades vivirán instintivamente de momento a momento, como nos están invitando a vivir ahora.

Disciplina sin castigo

El castigo no funcionará con estos niños, establece miedo, requiere juicio, crea intenciones de coraje e invita a más conflicto. Estos niños se retirarán, se rebelarán y se hundirán hacia adentro con odio. Esto es peligroso para su alma y para la vida de los demás. ¡Evite el castigo!

La disciplina guía a los niños al proveerles consecuencias lógicas y realistas. Muestra que ellos han actuado mal, les da la propiedad del problema, les ofrece formas para resolverlo y deja su dignidad intacta.

El experimentar consecuencias lógicas y realistas le enseña al Niño Indigo que el tiene control positivo sobre su vida y que puede tomar decisiones y resolver sus propios problemas. Los niños quieren esta clase de guía. Capacita su naturaleza real y sabia y le da el poder de ser un individuo responsable, ingenioso y cuidadoso de los demás. Les permite ser ¡Quienes Ellos Son!

Estos niños demandan dignidad y valor. Leen sus intenciones más que sus palabras. Son sabios en su alma, jóvenes en su corazón. Trátelos con el mismo respeto y la responsabilidad con las que se trataría a usted mismo. Ellos lo honrarán por esta orientación. Entenderán mediante su ética de cuidado e intento de compasión, que para compartir su amor con ellos es necesario amarse a sí mismo y celebrar el lugar en donde todos somos Uno. En consecuencia, diga lo que quiera decir y haga lo que dijo que iba a hacer. ¡Deje que la integridad le guíe! Haga un modelo de estos mensajes para los Pequeños y los verá crecer en semillas de júbilo.

Las opciones constituyen una parte muy importante de la disciplina y de la potencialidad. Si quiere que estos niños tomen decisiones sabias, deles la oportunidad de hacer muchas decisiones, incluyendo algunas no muy sabias, A menos que las no muy sabias amenacen la vida, la moral o no sean saludables, permítales experimentar las consecuencias de sus propios errores y elecciones pobres en un mundo real, por más dolorosas que sean.

Una de las mejores investigaciones sobre el trabajo con jóvenes y con conceptos efectivos al trabajar con niños (y con toda la gente) ha sido realizada por Foster Cline, M.D., y Jim Fay en *Parenting with Love and Logic* (Paternidad con Amor y Lógica). ¡Estos principios funcionan con niños! Estos autores son pioneros del paradigma, lidiando con lo que está pasando con los niños de hoy y la manera de resolverlo. Recomiendo ampliamente su trabajo.

Sólo para maestros

Muchos, muchos maestros de escuela que conocemos se están haciendo la misma pregunta: "¿Qué puedo hacer dentro del sistema para ayudar a los Niños Indigo? No puedo realizar un cambio y siento que mis manos están atadas. ¡Estoy frustrada!"

Jennifer Palmer es maestra en Australia. Al igual que los maestros de todo el mundo, ella tiene que trabajar dentro del sistema, sin embargo, está muy consciente de los nuevos aspectos de los Niños Indigo. Jennifer es maestra graduada y tiene estudios superiores en educación, con 23 años de experiencia. Esta es la forma en la que ella maneja a los Indigo en su clase.

La educación de los niños
Jennifer Palmer

En nuestra clase, tomamos el tiempo para hablar de las expectativas de los estudiantes, incluyendo lo que ellos esperan de su maestro. Muy pronto descubren que lo que esperan de mí va en ambos sentidos y como resultado comienzan a ver por qué nosotros como maestros también esperamos ciertas cosas de ellos. Comienzan a ver entonces la igualdad y los derechos de ambas partes.

Tenemos que convivir juntos por una año como familia. Más vale que todos estemos de acuerdo con las reglas del campo para que cada uno sepa lo que puede esperar de ellas. Las reglas de mi clase se relacionan más con expectativas y derechos que con normas tradicionales.

Las consecuencias están relacionadas con la naturaleza de la ofensa, en lugar de simplemente tenerlas para su propio bien, carentes de pertinencia. Todas las declaraciones son positivas: La palabra *no*, por ejemplo, nunca se usa. Nos podemos tardar hasta una semana para diseñar, pensar y poner una idea en su lugar, comparado con la vieja lista rápida de "hacer y no hacer", vigente durante décadas. Pero a través de este esfuerzo, todos esperamos divertirnos y crecer personalmente hasta lo mejor de nuestra habilidad en ese momento.

Yo comparto eventos de mi vida que pueden tener un impacto en mi relación con los estudiantes, tales como si estoy indispuesta, he perdido algo, estoy lastimada, tengo dolor de cabeza, o comparto un interés común sobre algún deporte. Al mismo tiempo, si ellos están disgustados, necesitan expresarlo para que todos lo entiendan. Compartimos y nos apoyamos unos a otros.

Siempre estoy disponible para escuchar, y no voy de "chismosa", a menos que se me autorice el compartir la información con la persona apropiada. Yo puedo ser su amiga y confidente.

El programa de estudios

Los individuos son tomados en cuenta y programados de acuerdo con varias necesidades, hasta donde es posible y de acuerdo con sus habilidades y conocimiento.

Tópicos, temas y unidades de trabajo son ideados para nuestras actividades: por ejemplo, grupo de trabajo, autovaloración, repaso de literatura y ayudantes de investigación. Algunas veces los estudiantes son involucrados en tópicos seleccionados y ciertamente tienen elección, dentro de parámetros establecidos, para ir en busca de áreas de interés. Esto ofrece un amplio rango de complejidad y alto nivel de pensamiento y son tomados en cuenta para diferentes estilos de aprendizaje. Con frecuencia los estudiantes quienes tradicionalmente han recibido apoyo especial escogen igualmente las tareas con el nivel más alto de pensamiento.

Aunque hay un gran monto de trabajo en la preparación, los resultados superan con mucho los esfuerzos. Las actividades son diseñadas para enseñar tanto el pensamiento simple como el complejo e incluyen:

- observación;
- agrupación, clasificación;
- reafirmación, recuerdos, revisión;
- comparación, contraste;
- comprensión, entendimiento.
- razonamiento, juicio;
- aplicación;
- diseño y
- creatividad.

La valoración puede ser hecha por uno mismo, por compañeros o por el maestro; puede tomar diferentes formas tales como registros de aprendizaje, presentación, pósters, demostraciones, actuación de personajes, análisis del producto, criterio seleccionado/específico, notas anecdóticas por escrito, conferencias o filmación de videos. Los estudiantes con frecuencia negocian estos y si el maestro ha seleccionado lo que está siendo valorado, los estudiantes están ciertamente informados cuando comienza la actividad. El aprendizaje de colaboración es una metodología útil, efectiva y popular empleada por los maestros de hoy. Esta es una descripción breve y justa de la forma en la que yo trabajo en las escuelas como un co-creador y promotor del aprendizaje de niños y desarrollo personal.

Escuelas alternativas para Niños Indigo

A continuación, la descripción de dos sistemas educativos alternativos a nivel mundial para Niños Indigo. Por "alternativo", queremos decir una opción que difiere de los sistemas existentes que están fallando en ver las necesidad de cambio de los niños nuevos. Con frecuencia, estos últimos son administrados públicamente por la ciudad. Tampoco quiere decir que todas las escuelas públicas sean inadecuadas para los Indigo y en realidad hemos visto grandes cambios de toma de conciencia en pueblos aislados (usualmente pequeños) debido al pensamiento avanzado del superintendente o a un sistema que permite gran flexibilidad a los maestros. Celebramos estos esfuerzos, pero esta no es la norma. Usted, como padre, puede decir mucho sobre las características de la escuela de su niño que Cathy Patterson presentó en las páginas anteriores.

Finalmente, nos gustaría presentar una lista de escuelas alrededor del mundo, por países y ciudades. Después de mirar lo siguiente es posible que usted se enoje y diga, "¿Cómo es posible que hayan excluido esta o aquella escuela?" Admitimos que apenas estamos empezando y sólo conocemos algunas de ellas. Por ello es que este libro es una introducción a la materia. Sin embargo, le estamos proporcionando una manera para que usted tenga información *nueva ahora*. Le invitamos a usar nuestra página Internet,

www.Indigochild.com como un apéndice a este libro.

Aquí es en donde usted puede efectuar el cambio: si usted siente que hay algunos sistemas existentes que debimos haber incluido, o tiene información acerca de maravillosas escuelas de tipo Indigo en su ciudad, adelante, escríbanos. En nuestro sitio electrónico, pondremos una lista de información nueva relacionada con alternativas de escuelas para Indigo en todo el mundo. Si sus sugerencias son viables, serán incluidas en nuestra página y automáticamente quedarán a disposición de los padres, ¡en lugar de tener que esperar otro libro! Esta es la verdadera utilidad del Internet. Queremos en realidad que todos estén en condiciones de conocer la información más reciente y no estamos promoviendo ninguna escuela en particular por razones comerciales.

¿Qué clase de escuela sería una alternativa, podría preguntarse? La respuesta es una escuela que siga los patrones y sugerencias establecidas que se enumeran adelante. ¿Existen tales escuelas? Sí, y muchas han existido por algún tiempo . . . incluso antes del fenómeno Indigo.

Los principales atributos de dichas escuelas son fáciles de identificar y fundamentales. Son los siguientes:

1. Los estudiantes son respetados, no el sistema.

2. Se les ofrecen opciones razonables con relación a la forma y el período de tiempo en que las lecciones son presentadas.

3. El programa de estudios es flexible de clase en clase, con frecuencia cambia basado en la persona que está haciendo el aprendizaje en un cierto grupo.

4. Los niños y maestros, no el sistema, son responsables por establecer los estándares de aprendizaje.

5. Los maestros tienen gran autonomía dentro de sus propios grupos de estudiantes.

6. No se les rinde culto a los paradigmas correspondientes a la vieja educación. Todas las ideas nuevas son bienvenidas.

7. Las pruebas cambian y se rediseñan constantemente para que se adapten a las habilidades y a la mentalidad de los estudiantes lo mismo que la información que está siendo asimilada y absorbida. (No hay nada peor que niños muy brillantes tomando las antiguas pruebas que están muy por debajo de ellos. Con frecuencia las mal interpretan o desechan mentalmente y en consecuencia las reprueban. Los exámenes deben estar involucrados con la conciencia del estudiante).

8. Un constante cambio en la manera de hacer las cosas es la norma a través de la historia de la institución.

9. Probablemente es controvertido.

Ahora, aquí está el primero de los dos sistemas escolares que conocemos, hasta la primera edición de este libro.

Las Escuelas Montessori a nivel nacional

"Nuestro objetivo no es simplemente el hacer que el niño entienda, y menos aún el forzarlo a memorizar, sino tocar su imaginación para entusiasmarlo hasta su centro más íntimo"
— Dra. María Montessori

El sistema de escuelas Montessori es quizá el más ampliamente conocido en este tipo de planteles. Con un linaje que comenzó en Roma con la guardería de la Dra. Montessori en 1907; estas maravillosas escuelas florecieron dentro de un sistema nacional de escuelas con licencia y educadores que preparan a los niños como "estudiantes independientes". La Sociedad Americana Montessori (AMS, por sus siglas en inglés) fue eventualmente fundada en 1960.

Su aplicación única de métodos de enseñanza revolucionaria parece haber sido escrita para cubrir las necesidades educativas de los Niños Indigo. Esta es la base de su filosofía tal y como se encuentra publicada dentro de su propio material.

El enfoque del *niño completo* es lo que hace de la educación Montessori un sistema único. La meta principal de un programa Montessori es la de ayudar al niño a alcanzar el potencial completo en todas las áreas de su vida. Las actividades promueven el desarrollo de habilidades sociales, crecimiento emocional y coordinación física lo mismo que preparación cognitiva. El programa de estudios no ortodoxo, bajo la dirección de un maestro especialmente preparado, permite al niño experimentar el júbilo del aprendizaje, tiempo para disfrutar el proceso y asegurar el desarrollo de su auto-estima, al mismo tiempo provee las experiencias de las cuales los niños crean su conocimiento.

El enfoque desarrolladamente apropiado de la Dra. Montessori fue diseñado para cubrir las necesidades de cada niño en lugar de hacer que cada niño cubra las necesidades del programa. El respeto por la individualidad de cada niño es el centro de su filosofía. Y este respeto lleva al desarrollo de relaciones confiables.

La organización Montessori también entrena a maestros. Hay ahora más de 3,000 escuelas Montessori privadas, públicas y con recursos gubernamentales en Estados Unidos. Las puede encontrar en zonas residenciales opulentas, en comunidades de trabajadores migratorios, en ciudades o en áreas rurales. Las puede encontrar con niños de diferentes extractos sociales, culturales, étnicos y económicos.

Obtenga más información escribiendo a:

American Montessori Society (AMS)
150 Fifth Avenue
New York, NY 10011
(212) 924-3209

Las escuelas Waldorf a nivel mundial

"Las escuelas Waldorf están en una manera excepcional preocupadas por la calidad de la educación. Todas las escuelas harían bien en hacerse conocedoras de la filosofía que sostiene a la educación Waldorf".
— Dr. Boyer, director de la Fundación Carnegie para la Educación

Las escuelas Montessori constituyen un sistema substituto establecido y bien conocido. Igualmente lo son las Escuelas Waldorf, también conocidas como Rudolf Steiner Schools.

En 1919, abrió la primera escuela Waldorf en el mundo, en Stuttgart, Alemania. La primera escuela Waldorf en Norteamérica, la Rudolf Steiner School de Nueva York, abrió en 1928. Hoy se reporta que Waldorf es el movimiento educativo no sectario de mayor y más rápido crecimiento en el mundo, con 550 escuelas en más de 30 países. El movimiento es muy fuerte en Europa Occidental, especialmente en Alemania, Austria, Suiza, Holanda, Gran Bretaña y en los países Escandinavos. Hay aproximadamente 100 escuelas en Norteamérica.

Incluso en el pasado, en 1919, el propósito explícito de la llamada Free Waldorf School fue la de crear seres humanos libres, creativos, independientes, morales y felices. Steiner resumió su tarea de la siguiente manera: "Acepten a los niños con reverencia, edúquenlos con amor, envíenlos hacia la libertad". ¿Usted cree que Steiner tenía alguna idea sobre los Indigo? ¡El era, por cierto, un educador que pensaba hacia el futuro! Tenemos una cita textual de un artículo de la publicación *East West Journal*, en 1989, por el Dr. Ronald E. Kotzsch:

> El ingresar a una escuela Waldorf es como pasar a través del espejo antiguo de Alicia dentro del país de las maravillas de la educación. Es un mundo sorprendente y algunas veces desorientado de cuentos, mitos y leyendas de música, arte, demostraciones físicas, juegos en la clase y festivales de temporada, de libros de trabajo escritos e ilustrados por estudiantes, un mundo sin exámenes, calificaciones, computadoras o televisores. Es, en resumen un mundo en donde la mayoría de las ideas y prácticas regulares de la educación americana han sido puestas de cabeza.

Obtenga más información escribiendo a:

Association of Waldorf Schools of North America
3911 Bannister Rd.
Fair Oaks, CA 95628
(916) 961-0927
www.ch.steiner.school.nz/waldir.html

Otras técnicas

Algunos de los siguientes procesos son realmente profundos. No caen dentro de la categoría clásica de escuelas y educación que hemos estado discutiendo; no obstante, son asuntos básicos de aprendizaje humano. Una de las cosas que más me maravilla acerca de ellas es su forma tan *intuitiva* y *simple* de ser. Sin embargo, son con frecuencia olvidadas y deben entonces ser traídas nuevamente a nosotros por hombres y mujeres de perspicacia. Una vez más, éstas son ofrecidas como sólo unos pocos de los muchos procesos que sin duda están siendo usados ahora con excelentes resultados. Algunas pueden parecerle raras, pero sólo ofrecemos aquellas que sabemos con absoluta certeza están dando resultados.

Entrenamiento de amor – la energía del corazón

Jan y yo viajamos por el mundo como conferencistas de auto ayuda. Hablamos sobre las bases para una actitud humana y espíritu saludables, la cual es amor a sí mismo y a otros. A través de este tremendo poder energético natural, se puede alcanzar la salud y la paz, se equilibra la personalidad ¡y podemos incluso vivir más tiempo! Es nuestra herramienta y lo enseñamos en todas partes.

¿Recuerdan las palabras de Robert Ocker en la última sección? El dijo que los niños "entenderán, por su ética de cuidado e intento de compasión que, el compartir su amor con ellos es amarse a sí mismo y celebrar el lugar en donde todos somos Uno". Una y otra vez en este libro usted leerá acerca del amor. Ahora, permítanos presentarle a un investigador de sistemas educativos quien tiene un concepto práctico sobre este mismo tema.

Leímos un breve artículo en la revista *Venture Inward*, acerca de lo que **David McArthur** estaba haciendo, y nuestros corazones estaban verdaderamente conmovidos. El ha escrito un libro junto con su padre, Bruce, que ya falleció, llamado *The Intelligent Heart* (El Corazón Inteligente). El Sr. McArthur, un abogado y ministro de Unidad, es director de Potencialidad Personal y Divisiones Religiosas (Personal Empowerment and Religious Divisions) del Instituto de HeartMath en Boulder Creek, California.

The *Intelligent Heart* expone con gran detalle y claridad que el amor es la clave para todas las cosas de las que hablamos. En forma adicional, el Sr. McArthur escribe que el corazón es nuestro centro que efectivamente maneja la distribución de energía a través de todos los centros de nuestro cuerpo. Las "firmas" electromagnéticas del corazón, tal y como se miden en los electrocardiogramas, son presentadas en el libro que dramáticamente muestra los atributos de frustración y coraje comparados con los de apreciación y paz. Los patrones caóticos de emociones de coraje (llamados espectros incoherentes) son profundamente diferentes de los patrones ordenados y uniformes (espectros coherentes) de las emociones pacifistas.

Este libro habla realmente acerca del amor y de cómo ir de un patrón caótico a un patrón ordenado en demanda, un proceso que aunque se cree que se origina en el cerebro, en realidad involucra el corazón, o más adecuadamente, la sensibilidad emocional que llamamos nuestro "corazón". La información es práctica y maravillosamente completa. Es para todos los humanos no sólo para niños. Es una gran guía para aquellos a quienes les encanta tener información práctica acerca de áreas de emoción que con frecuencia son difíciles de controlar.

A continuación, queremos que esté consciente de una técnica llamada Freeze-Frame (Imagen congelada). Por respeto a sus practicantes, no la presentaremos aquí porque necesita ser enseñada correctamente, dentro de la estructura adecuada y con todo el entrenamiento necesario.

Sin embargo, a rasgos generales, podemos decirle que el ejercicio Freeze-Frame fue creado por Doc Childre y es una técnica básica del sistema HeartMath. El Instituto de HeartMath ha desarrollado varios ejercicios de reducción de tensión. Freeze-Frame está diseñado para suavizar el ritmo del corazón y saltar al comienzo de aquel espectro de patrones coherentes del que hablamos anteriormente. Lo exhortamos a ponerse en contacto con la organización

HeartMath si está interesado en el libro de Doc Childre, *Freeze-Frame: One minute Stress Management*, o en el libro de David McArthur, *The Intelligent Heart*.

Pauline Rogers fue la persona que nos sugirió el método Freeze-Frame. Ella es una trabajadora acreditada y muy activa en lo que se refiere al desarrollo infantil. Recibió el reconocimiento Child Development Advocacy, de la Asociación de Administradores en Desarrollo de la Niñez de California (CCDAA, por sus siglas en inglés); también recibió la beca Sue Brock Fellowship para estudiar asesoría en el campo del desarrollo infantil. Su experiencia es impresionante, muestra una dedicación completa a los niños durante toda su vida. Ella nos llamó para ofrecernos su ayuda incondicional.

Le preguntamos a Pauline, "¿Cuáles son los mejores métodos que se están enseñando hoy para ayudar a nuestros pequeños? Ella nos habló sobre el método Freeze-Frame como un método para enfocar los problemas dado que está diseñado para todos, incluyendo niños. También habló de juegos nuevos, no competitivos, que están siendo utilizados en los salones de clases.

Pauline usa una versión ligeramente modificada del método Freeze-Frame para niños pequeños, dado que es muy fácil de entender y comenta: "El ejercicio enseña tolerancia, paciencia y responsabilidad para estar consciente de las respuestas del corazón. Es una manera de resolver los problemas sin confrontación y también puede ser usada para tomar decisiones. Recomiendo ampliamente el método Freeze-Frame, como una herramienta de enseñanza y una herramienta para la vida".

Juegos de la vida no competitivos
Pauline Rogers

Otra forma en la que puede aprenderse a ser tolerante es a través de juegos no competitivos. Tales juegos son encontrados en los maravillosos libros: *The incredible Indoor Games Book* y *The Outrageous Outdoor Games Book*. Hace algunos años, descubrimos que los niños aprenden a través del juego. Los valiosos métodos de enseñanza de alto rango que incorporan juegos y actividades de la vida real para enseñar a los niños acerca de la vida y de la convivencia cotidiana. En la actualidad, varias escuelas practican estos métodos.

El trabajar con Niños Indigo debe incluir absolutamente todos los niveles de desarrollo: físico, mental, emocional, social y espiritual. Es decir, tomar el enfoque del "niño completo", o arriesgarse a seguir con el desarrollo desequilibrado del niño que nuestras escuelas han alcanzado. En la actualidad, se enseña o se exhibe muy poca auto responsabilidad en nuestras escuelas. Los adultos deben ser los modelos.

Otros libros que recomiendo de la editorial Planetary Publications son: *A Parenting Manual, Teen Self Discovery* y *Teaching Children to Love*, todos del doctor Lew Childre; *Meditating with Children*, de Deborah Rozman; *The Ultimate Kid*, de Jeffrey Goelitz y *Joy in the Classroom*, de Stephanie Herzog.

Disciplinas "ayurvédicas" para niños

¿Alguna vez ha escuchado el nombre de Deepak Chopra? El es, quizá, uno de los autores más conocidos en el campo de la autoayuda. Entre otras cosas, el doctor Chopra enseña la "Ciencia de la Vida" de 5,000 años de antigüedad llamada Ayurveda, un proceso que está abarcando a todo el planeta en un nuevo despertar de su aplicación sabia a la vida y salud cotidianas.

Joyce Seyburn, una ex trabajadora del Dr. Chopra, ¡ha tomado esta ciencia y la ha aplicado específicamente a los niños! Su nuevo libro titulado, *Seven Secrets to Raising a Healthy and Happy Child: The Mind/Body Approach to Parenting*, guía a los lectores a través del yoga, respiración, nutrición, masaje y conceptos Ayurvédicos diseñados a nutrir a los padres y con ello prepararlos mejor para que, a su vez, nutran a sus hijos. Aquí, Joyce le presenta una breve sinopsis de su nuevo libro.

Siete secretos para criar a un niño sano y feliz
Joyce Golden Seyburn

Creo que el nutrir a su niño proporciona la base necesaria para soportar todos los cambios, la tensión nerviosa y los retos asociados con su crecimiento y desarrollo a lo largo de su vida. A continuación, siete importantes formas de nutrir a su hijo.

El primer secreto es el cuidar del bebé en el vientre, desde el momento mismo de la concepción. El llevar a cabo un estilo de vida que incluya ejercicio moderado en forma regular, el consumir alimentos nutritivos, descansar lo suficiente y nutrirse a sí misma.

El segundo secreto es el conocer el tipo de mente/cuerpo de su hijo, conocido como *dosha*. La información sobre los tipos de mente/cuerpo se deriva de Ayurveda, o la "Ciencia de la Vida", un sistema de salud preventiva de la antigua India que data de 5,000 años. Para conocer el tipo de mente/cuerpo de su niño, observe sus patrones de alimentación y sueño, su sensibilidad ante la luz y el ruido y su interacción con otros.

El tercer secreto es el aprender el equilibrio entre cómo centrarse uno mismo y cómo calmar y tranquilizar a su bebé o a su hijo. La mejor forma de hacer esto es a través de algún tipo de meditación, ya sea vocal o en silencio. Dado que el niño no necesita meditar, pero necesita formas de centrarse y calmarse. Otra forma de lograr esta meta es a través de los sentidos; mediante el uso de música, paseos entre la naturaleza, aromaterapia u otras técnicas similares.

El cuarto secreto es un masaje diario al cuerpo, el cual ayuda al bebé con la digestión y la resistencia a la enfermedad, mejora los patrones de sueño y tonifica los músculos. El masaje en niños mayores y en adultos permite aliviar la tensión muscular y también libera endorfina debajo de la piel, lo cual hace que el cuerpo se sienta muy bien.

El quinto secreto es el de introducir ejercicios de yoga y técnicas de respiración a su bebé, lo mismo que a sus hijos mayores. Esta práctica regular en su vida mejorará el grado de alerta y la coordinación; también sirve para regular el apetito, la sed, el sueño y la digestión.

El sexto secreto es el de elegir la nutrición adecuada para los diferentes tipos de mente/cuerpo. Cuando los padres establecen ejemplos siguiendo las prácticas mencionadas anteriormente, el ritmo para una vida de equilibrio y salud sembrará raíces en sus hijos.

El séptimo secreto es el usar el descanso, masaje, tonificación y dieta para facilitar el nacimiento, evitar la depresión posterior al parto y nutrir tanto al bebé como a usted misma.

Mediante la nutrición de su hijo y siguiendo estos consejos, usted y su hijo pueden disfrutar de una vida más pacífica y estable.

Tacto: Nueva evidencia que es más de lo que parece

Quizá usted no quiera ir correr a meterse de lleno a un sistema de salud que data de 5,000 años. Bueno, si espera lo suficiente, ¡el sistema vendrá a usted! El cuarto secreto de Joyce Seyburn es ahora una corriente dominante.

En un artículo de la revista *Time* de julio de 1998, titulado "Touch Early and Often" (Toque temprano y con frecuencia), Tammerlin Drummond nos da la siguiente información:

Estudios del Instituto del Investigaciones del Tacto (Touch Research Institute), han encontrado que los bebés prematuros que reciben masaje tres veces al día por un período de por lo menos cinco días consecutivos evolucionan mejor que los bebés igualmente frágiles que no reciben masajes. Los infantes de embarazos completos y bebés mayores también se benefician con esta técnica.

El mismo artículo cita textualmente a la Dra. Tiffany Field, psicóloga infantil de Miami quien fundó el Instituto de Investigaciones del Tacto hace seis años. Ella dice que el masaje estimula los nervios llamados vagus, los cuales entonces desencadenan en los procesos que ayudan a la digestión, entre otras cosas. Como resultado de la velocidad en el aumento de peso, dice Field, los prematuros que reciben masaje son entregados a sus padres 6 días más temprano en promedio, reduciéndose en $10,000 dólares la cuenta del hospital. Con 400,000 bebés nacidos prematuramente en los E.U. cada año, el ahorro potencial es evidente. Y ocho meses después del nacimiento, dice Field, los prematuros que recibieron masaje tienen habilidades motoras y un desarrollo mental superiores. En el capítulo 4, esté preparado para conocer algunos métodos alternativos de curación y equilibrio, lo mismo que algunos regímenes cotidianos que usted quizá nunca haya pensado que existían. Una vez más, los incluimos porque funcionan.

Más historias cálidas y curiosas sobre los Indigo

Una vez más, concluiremos con historias verdaderas acerca de estos Niños Indigo especiales. Las siguientes historias ilustran la substancia y el significado interior del fenómeno Indigo. ¡Conozca un poco más de estos niños nuevos!

El otro día mi hija me pidió medicina para la tos. Cuando vio que dudaba en dársela, me dijo, "Tú sabes, mami, no es que la medicina realmente me ayude . . . es sólo que yo creo que va a funcionar, ¡y funciona!"

En otra ocasión, estaba sentada junto a la madre de una pequeña de tres años mientras esperaba que mi hija terminara su lección de montar a caballo. La mujer me dijo que su hija la estaba volviendo loca, haciéndole constantemente preguntas que ella no podía contestar y la niña se sentía muy frustrada. Ella le dijo a su mamá, "¡Se supone que sabes todas las respuestas. Esas son las reglas!

¿Qué reglas?" le contestó la madre.

"Las reglas de la mamá. ¡Se supone que tú me des todas las respuestas!" insistió la niña.

Cuando la madre le contestó una vez más que ella no tenía todas las respuestas, la pequeña impacientemente dio fuertes pisadas. "¡No me gusta nada esto de ser niña! ¡Quiero ser un adulto AHORA!"

Más tarde esa semana, la niña se enojó con su padre porque le impuso algunas restricciones. Con mucho coraje le dijo al papá, "¡Tienes que ser agradable conmigo. Tú me quisiste, así que me tuviste. Ahora, más vale que me cuides!"

— Linda Etheridge, maestra

Mi esposa y yo le decimos a Nicholas, de dos años de edad, que lo amamos. Algunas veces el nos dirá que nos ama también, pero la mayoría de las veces Nicholas estará de acuerdo con nosotros: "Yo también me amo".

—John Owen, papá

Una vez mis ángeles me dijeron que las estrellas eran ángeles, también, y que sus nombres eran Angeles Estrellas. Ellos me dijeron que cada estrella era el ángel de alguna persona aquí en la Tierra y que la estrella de los deseos era el ángel de todos y que los Angeles Estrellas estaban ahí para cuidar de todos aquí en la Tierra, sin importar lo que pasara.

— Megan Shubick, 8 años

El aspecto espiritual de los Niños Indigo

Por favor tome nota: Si usted se siente ofendido por los metafísi-cos de la Nueva Era o por conversaciones espirituales en general, entonces por favor sáltese este capítulo. No queremos que la información contenida aquí influya sus sentimientos sobre este libro, o sobre los principios presentados en los otros capítulos.

Para algunos, este tema es una tontería y va en contra de las enseñanzas espirituales del mundo occidental. La percepción puede ser que contiene información que va en contra de asuntos doctrinales enseñados desde el nacimiento acerca de Dios y de una religión establecida. En consecuencia, podría ocasionar que usted cuestione su aceptación a la información de calidad que se encuentra en los capítulos subsiguientes.

Sin embargo, para otros, ¡se trata de la Biblia de todo el men-saje!

Simplemente vamos a reportar lo que hemos visto y escuchado. No tenemos absolutamente ningún interés en influenciarlo hacia alguna filosofía espiritual. Si usted ha notado alguna inclinación en el escrito, es porque sí la hay, pero es sobre el amor y sobre el trato de los nuevos niños, no sobre religión o filosofía.

Si usted duda de la metafísica, por favor vaya al capítulo 4, en donde hablamos de salud, especialmente sobre DDA y DDAH. El saltarse este capítulo completamente no cambiará el meollo del mensaje sobre los Niños Indigo.

Para el resto de ustedes

Este capítulo contiene una colección de historias de todo el mundo e incluso una profecía que se enfoca en los Niños Indigo como "aquellos que saben de dónde vienen y quiénes fueron".

El personaje de la televisión Gordon Michael Scallion (Prophecies and Predictions) predijo la llegada de los nuevos "niños azul obscuro" y hay otras historias espirituales que apuntan a predicciones similares en textos antiguos.

¿Es reencarnación —"vida antes de la vida"—, auténtica? ¿Son las incontables historias de niños diciéndoles a sus padres quiénes "fueron" una fantasía común salida de una mente rica, inteligente, o un profundo recuerdo al que debemos poner atención?

¿Qué les dice a sus niños cuando le comentan que ya estuvieron aquí antes, o cuando le platican sobre sus amigos los ángeles, u otros aspectos espirituales que no fueron aprendidos de ninguna otra fuente de la que usted sea responsable? ¿Qué va a pasar cuando comiencen a corregir su doctrina religiosa? ¿Qué va a hacer usted entonces?

Nos gustaría tener las respuestas para todas estas preguntas. Podemos decirle que usted nunca debe menospreciar a los niños por pasar esta información. Si va en contra de su sistema de creencias, entonces simplemente ignórela. Sin embargo, nosotros personalmente ¡tomaríamos un lápiz! Estos "mensajes" se aclararán solos con el tiempo y tal vez no afecten las enseñanzas religiosas posteriores. Con relación a la religión, ¡tenemos fuertes evidencias de que los niños difícilmente pueden esperar para la iglesia! Esta capa espiritual es un nuevo atributo de estos niños y vale la pena reportarlo en su totalidad.

Antes de comenzar, es importante definir algunos términos que serán usados en este capítulo:

- **Vida pasada**: La idea de que el alma humana es eterna y que un alma eterna participa en más de una vida humana en el tiempo.

- **Karma**: La energía de una vida pasada o la serie de vidas pasadas, que se cree ayuda a definir los potenciales de aprendizaje y rasgos de la personalidad en la vida actual.

- **Aura**: Fuerza vital alrededor de una persona, algunas veces "vista" intuitivamente con varios colores que tienen significado.

- **Vibración**: También referida como "frecuencia". *Vibración alta* es un término usado para describir un estado de entendimiento espiritual del ser.

- **Energía anciana**: Las formas antiguas, que describen con frecuencia un estado de poco entendimiento espiritual.

- **Trabajador de luz**: Una persona en una vibración alta que ha logrado el entendimiento espiritual y realiza trabajo espiritual elevado. Normalmente se usa para describir a una persona laica.

- **Reiki**: Un sistema de equilibrio de energía.

Jan y yo respetamos ampliamente a la siguiente erudita. Su trabajo en homeopatía nos ha impresionado e incluso nos ha equilibrado unas cuantas veces. **Melanie Melvin, Ph.D., DHM, RSHom**, es una psicóloga de primer nivel y miembro del Instituto Británico de Homeopatía. La puede encontrar en Internet:

www.drmelanie.com. Su contribución cubre muchas materias, pero Melanie siempre considera a su trabajo firmemente ligado y fusionado a lo espiritual.

Respetando a los Niños Indigo
Melanie Melvin, Ph.D.

Los Indigo vienen a esta vida con auto-respeto y un entendimiento inquebrantable de que ellos son niños de Dios. Su Indigo se mostrará un poco confundido y consternado si usted no tiene el mismo conocimiento de que usted, también, es un ser espiritual por encima de todo lo demás. En consecuencia, es crucial que se respete a sí mismo. Nada desanima a un Indigo más rápido que padres que no se ganan el respeto de sus hijos y en lugar de eso ceden su poder y su responsabilidad al mismo niño.

Cuando nuestro hijo, Scott, tenía dos años y medio, un día me encontraba lavando el piso de la cocina cuando entró corriendo. Todavía hincada, estiré los brazos para prevenir que se resbalara y cayera sobre el piso mojado. El se irguió completamente, me miró fijamente a los ojos y con gran dignidad y determinación me dijo: "No empujes a Scottie". Percibió que había sido tratado sin respeto y estaba parado por sí mismo. ¡Yo estaba impresionada ante el espíritu indómito de ese pequeño cuerpo!

Usted no puede fingir esta técnica con sus hijos. Su auto-respeto debe venir de su interior. Si usted simplemente está tratando de seguir las técnicas recomendadas por algún "experto", éstos niños lo percibirán. Debe ser sincero y ser quien verdaderamente es; todo lo que usted es. Debe ser un modelo para sus hijos. Los niños aprenden principalmente de imitar el modelo de sus padres, no de palabras. Si estos niños sienten que el ejemplo de sus padres no tiene integridad, se darán la vuelta. En cualquier caso, ellos no imitarán completamente a sus padres, porque claramente tienen su propia identidad.

Un ejemplo de una madre tratando de "fingir una técnica" con su hija, ocurrió cuando esta pequeña estaba jugando con la mía. La madre vino a recoger a su muy independiente, y voluntariosa niña de tres años. Ella estaba tratando de ser muy agradable y le decía repetidamente a la niña que era momento de irse. Sin embargo, le estaba dando todo el poder a su hija, quien sólo sentía desdén por la debilidad de su madre.

Mientras seguía así, la madre se comenzó a frustrar y a enojar, pero seguía hablándole en forma dulce y suplicante a la pequeña. Finalmente, cuando ya no pude soportarlo más, le dije a la niña. "Si no te vas a casa cuando tu madre lo indique, ella no te va a querer traer la próxima vez que quieras venir a visitar". La pequeña me miró, entendió y se fue con su mamá.

Si la mamá hubiera sido honesta y hubiera llegado con una actitud de respeto y fuerza, le hubiera dicho simplemente, "Necesito ir a casa, ¿qué tienes que hacer para estar lista y salir?" La situación entonces hubiera proseguido más suavemente. Cuando los Indigo sienten que usted los está manejando con integridad y respeto, como personas con derechos, están más dispuestos a cooperar y a manejarse honestamente con usted. Si sienten manipulación y culpa, se sacan de quicio.

Respétese a sí mismo, respete a sus hijos como otros seres espirituales y a cambio espere el respeto de ellos. En una ocasión, mientras observábamos a otros niños hablarles a sus padres en forma irrespetuosa, mis hijos me dijeron: "¡Mami, tú nunca nos permitirías hacer eso!" y ellos me respetan y aprecian por eso. Uno de los errores más comunes que observo en los padres modernos es el de doblegarse ante los hijos para nunca "herirlos o dañarlos" psicológicamente. ¿Pero qué hay acerca del daño que se les hace al darles un reino libre en un mundo que es demasiado grande para que lo puedan manejar sin el liderazgo de sus padres?

En el terreno espiritual, vea a sus hijos como iguales, pero encárguese de que tomen conciencia de que usted es el padre esta vez y por lo tanto el único en la posición de responsabilidad. Ellos no tienen autoridad, pero sí son respetados y se les da toda la elección y libertad que son capaces de manejar. Por ejemplo, se les permite escoger entre salir a cenar o que usted les prepare algo, o tal vez pueden ayudarle a escoger lo que va a cocinar. Sin embargo, usted no es una cocinera de restaurante preparando algo diferente para cada uno. He visto a madres acabar molidas tratando de complacer a cada uno de sus hijo en las comidas. Esto es una completa falta de respeto para esas madres. Si un miembro de la familia se sacrifica, los otros miembros no pueden beneficiarse. La situación familiar debe apoyar a cada miembro.

Los niños con más ira que he visto en mi papel de psicóloga y homeópata son aquellos a quienes los padres nunca les impusieron límites. He presenciado a niños empujando a sus padres al enojo sólo para que éstos les pongan límites a su comportamiento. Usted está abdicando su papel de padre si permite que su niño lo controle.

Cuando nuestro hijo tenía dos años, le dije que no tocara algo que estaba sobre la mesa de la sala. El lo tocó sólo para probarme. Yo sabía que era una prueba y le di una palmada en los dedos. El lo tocó una y otra vez y recibió un golpe en sus dedos cada vez que lo hizo. El estaba llorando y mi corazón roto, pero sabía que si me rendía él hubiera resultado aun más herido. Significaría que el le había ganado a la madre, quien se supone que debía ser más grande, más fuerte y más confiable y en condiciones de mantenerlo seguro, ¡y *eso es aterrador para un niño!* Después de ese incidente, nos abrazamos; el estaba feliz y nunca tuve necesidad de irme a ese extremo otra vez. Si yo hubiera cedido, hubiéramos tenido que repetir ese escenario muchas, muchas veces hasta aprender la lección de ser fuerte, no demasiado comprensivo y consciente de la realidad.

Cuando existe un patrón de desafio en un Niño Indigo, se debe generalmente a que siente que no se le da el respeto que merece o tal vez que usted mismo no se respeta al cederle su poder. Eventualmente, todo niño pone a prueba su autoridad. Respétese a usted mismo y a su hijo y no se equivocará. El respeto es la base del amor. Si ama verdaderamente a sus hijos y no está buscando en ellos satisfacer sus necesidades de ser amada y aceptada, el bien más alto para todos los involucrados se habrá cumplido.

Libertad de elección

La libertad es muy importante para los Niños Indigo. La verdadera libertad está acompañada de responsabilidad en las elecciones hechas. Estas elecciones deben ser adecuadas a la madurez del niño. Por ejemplo, como pre adolescente, nuestra hija Heather fue invitada a ir a Disneylandia con la familia de su mejor amiga. Sin embargo, ella tenía gripa y los padres de su amiga acostumbraban a fumar en el auto, lo cual siempre ponía enferma a Heather. Además, ella acababa de ir a Disneylandia y no estaba segura de querer gastar su dinero otra vez tan rápido. Sin embargo, es difícil para cualquier niño decir no a Disneylandia y no quería fallarle a su amiga.

Estaba confundida, agobiada por la decisión y no se sentía bien. Yo sabía que esto era una gran prueba para su nivel de sabiduría y ella realmente se quería quedar en casa pero no podía decir que no. De modo que yo le dije que se tenía que quedar en casa. Lloró de decepción, pero después se sintió aliviada y me dio las gracias por no dejarla ir.

En forma similar, a los 18, Heather se había recobrado de una infección viral justo a tiempo para ir a su fiesta de graduación un sábado por la noche para regresar el domingo por la mañana. Después el domingo por la noche tenía que manejar una hora para pasar por sus amigas e ir a bailar. Ella estaba pensando si debía ir porque el fin de semana tenía muchas actividades. Sabía que podría sufrir una recaída, pero también pensaba que valía la pena ante tanta diversión. Le dije que se podía quedar en casa si así lo deseaba y me contestó en forma decidida que iría, de modo que yo respeté su decisión.

En ambos casos, respeté sus deseos ocultos, intervine cuando sentí que necesitaba ayuda y me hice a un lado cuando ella tomó una decisión firme. En ambos casos se necesitó respeto y discernimiento y en ambas situaciones Heather ganó experiencia. Dado que el estar vivo se trata de ganar experiencia, no hay decisiones equivocadas, es decir, adquirimos sabiduría sin importar lo que elijamos. Como padres necesitamos guiar, educar y alentar pero permitir que consecuencias naturales y lógicas enseñen a nuestros hijos lo más frecuentemente posible. Los Indigo, especialmente, lo desafiarán si sienten que la voluntad de otro les está siendo impuesta.

Los Indigo se sienten diferentes de los demás. Los diagnósticos de Hiperactividad y DDAH los hacen creer que son diferentes en una forma negativa. Esto los lleva al desaliento, a la depresión y a un círculo vicioso de comportamiento negativo y malhumor, todo lo cual les roba su potencial y sus dones.

Hay un dolor emocional detrás de su inhabilidad para quedarse quietos o concentrarse. Cuando se les trata como si fueran malos, inicialmente se enojan ante el poco mérito de su propio valor. Sin embargo, como un lavado de cerebro, eventualmente asimilan la devaluación agobiante. Uno de estos Indigo era una criatura parecida a un ángel rubio de ojos azules. Una niña de cuatro años en la escuela Montessori. Solía hacer tan fuertes y ruidosos berrinches que atraían la atención de los vecinos de la escuela ¡quienes llamaban o iban a ver lo que las maestras le estaban haciendo a la pobre niña! Sin embargo, ¡era este "ángel" quien estaba pateando a las maestras y molestando a los otros niños, mientras miraba su propio comportamiento en un espejo con gran satisfacción!

Esta pequeña estaba enojada con su madre por que no la respetaba y le daba libertad. Al mismo tiempo, estaba enojada con sus maestras por darle tanta libertad que le permitía abusar de los demás. Esta pequeña Indigo no estaba muy impresionada con los adultos que formaban parte de su vida. Se sentía más capaz e inteligente a un nivel, pero muy inferior en otro, ¡de modo que ella misma disponía las cosas para probar quién era mejor! Tenía la esperanza secreta de que alguien se presentara con más capacidad e inteligencia. Siempre es más fácil para un profesional externo, quien no está emocionalmente involucrado, conservar la imparcialidad y la perspectiva. Así que durante nuestras sesiones, lo primero que hice fue establecer quién era la autoridad. Fui firme, amorosa, justa y respetuosa y esperé lo mismo de ella. Lo segundo fue darle un remedio homeopático. Esto hace mi trabajo como psicóloga mucho más fácil. El remedio estimula las células del cuerpo para restaurar el equilibrio y la armonía. Un día después de tomarse el remedio, las maestras llamaron para ver qué había pasado porque aparentemente había ocurrido un milagro. El ángel se estaba portando como un verdadero ángel, ¡sin berrinches, puntapiés o gritos a otros niños!

No obstante, yo sabía que el trabajo no estaba completo. Teníamos que trabajar con los adultos ahora que el ángel estaba más equilibrado; de otra manera el medio ambiente la sacaría de armonía otra vez y no respondería tan bien la próxima vez. Ella necesitaba que su madre y sus maestras fueran más fuertes, firmes y amorosas para que pudiera confiar en ellas y sentirse suficientemente segura para tranquilizarse y hacer su trabajo. Todos nosotros necesitamos un sentimiento básico de seguridad antes de que podamos cumplir nuestro propósito.

Mientras su coraje se apaciguaba, la herida oculta salía a la superficie, la pequeña comenzó a sentir que a los otros niños no les caía bien y que era diferente en una forma negativa. Otro remedio homeopático para el dolor emocional junto con apoyo psicológico ayudó a sanar las heridas emocionales. También nos enfocamos en enseñarle algunas habilidades sociales.

No queremos que los Indigo sean como todos los demás, pero es un camino difícil el ser diferente. Algunas veces ellos se sienten solitarios, no como parte del grupo, eso lastima. No obstante, no ayuda el decirles que no son diferentes; ellos saben que lo son. En lugar de eso, ayúdelos a ver que esa diferencia es valiosa. Pregúnteles si les gustaría ser simplemente como los demás, citando ejemplos específicos; son muy dados a decir no. Esto les recuerda su elección para ser quienes son.

Los Indigo independientes

Generalmente, los Indigo son seres independientes. De modo que cuando decidan seguir su propio camino, no se lo tome muy a pecho. La intensidad de su propósito es admirable, pero también puede sentir como si un tren de carga se le viniera encima.

Mi esposo y yo vimos a una madre con su pequeña hija en un restaurante. La madre pretendía que su hija esperara ociosamente mientras ella comía su desayuno. La madre debe haber estado pensando en su propia niñez cuando se acostumbraba que los niños se vieran pero no se escucharan. Es la naturaleza del niño mantenerse ocupado; tienen mucho que aprender. Con los Indigo, esto se magnifica; ellos tienen un fuerte sentido de sus propósitos.

Esta pequeña, probablemente de unos tres años, se encontraba sentada en una silla alta de bebé pero sin charola protectora porque estaba cerca de la mesa. Sin embargo, como la silla estaba muy alta para la mesa la madre la retiró como a un pie de distancia para que la pequeña no pudiera subirse a la mesa. La mamá nos dijo que ella esperaba que la niña se sentara ahí porque eso se le había ordenado. Mi esposo Sid y yo habíamos estado observando a la niña por algunos minutos, mirándonos uno al otro dijimos simultáneamente, "Indigo".

Habíamos observado su mirada intensa y totalmente impasible, la forma en la que se sentía igual que los adultos que se encontraban en el restaurante. No parecía tímida ni temerosa, o siquiera preocupada de que aprobáramos o no su conducta. Estaba parada en la silla de bebé. No lo estaba haciendo para desafiar a su madre, tampoco sentía que estuviera haciendo algo mal. Estaba parada por alguna motivación especial, y aunque ella estaba en lo alto, yo no tenía miedo de que pudiera caerse, ni tampoco ella; su equilibrio era perfecto. Tenía total confianza en sí misma y eso nos inspiraba confianza. Era la madre por la que yo estaba preocupada. Si ella esperaba manejar a esta niña con ideas anticuadas, iba a estar muy ocupada. Le dije a la madre con empatía, "¡Ella conoce su propia mente!" esperando que implicara que ese era un buen rasgo. Su madre respondió, "¡Así es!" con una mezcla de exasperación y orgullo.

La niña escuchó todo lo que estabamos diciendo, lo asumió bien y continuó pensando en ella misma, para hacer sus propias elecciones, siguiendo su propia intuición interna, valores, motivación y discernimiento. ¿Le había dado la madre algo que hacer a su hija y le había comunicado su preocupación acerca del peligro potencial de una caída? Ellas probablemente hubieran alcanzado un compromiso y ambas hubieran estado felices.

Siempre y cuando la independencia propia de los Indigo sea forjada con la preocupación de otros; es una ventaja no inculcarles la culpa, el miedo a la opinión de otros y la falta de confianza en su propia intuición que generaciones previas han tenido que enfrentar.

Ellos son lo que comen

Esta es otra área en donde los nuevos niños no tienen nuestro legado. El comer no es la gran cosa para ellos. Por lo tanto, no tienden a consumir grandes porciones de comida, una preocupación para muchos padres. Esto es irónico, ¡considerando lo ansiosos que somos la mayoría de nosotros acerca del peso! Ellos comerán lo que necesiten para mantener su cuerpo; no van as morirse de inanición.

Su hígado también está en condiciones de procesar más comida chatarra que lo que nosotros podemos, aunque muchos de ellos parecen preferir viviendo de verduras y frutas, lo mismo que de carne y pescado. Ellos tienden a comer porciones más pequeñas y no se preocupan acerca del siguiente alimento. Estos niños no responden a la culpa, trucos, miedo o manipulación, así que si usted recurre a tales técnicas solamente conseguirá que le pierdan el respeto. Si se siente preocupado o tiene alguna información de nutrición, compártala con ellos. Después, retírese y déjelos hacer sus propias decisiones. La sabiduría de su cuerpo les dirá lo que necesitan mucho más claramente si no están contaminados con las modas en los hábitos alimenticios y temores, con los debes y no debes.

En la década de 1970 se realizó un experimento con un gran número de niños menores de dos años y medio. Se les presentó una gran mesa llena de alimentos cada vez que comían. Ellos podían escoger cualquier cosa que les gustara sin ser reprendidos. Contrario a lo que los investigadores esperaban, los niños escogieron una variedad de alimentos nutritivos y no abusaron de las comidas dulces. Uno de los niños con raquitismo tomó aceite de hígado de bacalao hasta que el raquitismo se curó. Si los niños a mediados de los 70 hicieron esto, ¿por qué no confiar en los Indigo cuando eligen comer lo que su cuerpo necesita?

Desde el corazón

Estos niños tienen compasión por otras cosas vivientes: el planeta, los animales, las plantas, la gente, la vida en general. Ellos reaccionan ante la crueldad, la injusticia, la inhumanidad, la estupidez, la crueldad y la insensibilidad. Aunque quieren cosas, tienen una falta de materialismo (a menos que sean consentidos) y son generalmente generosos.

Investigaciones en el campo de la psicología consistentemente indican que los padres que son sensibles y se extienden para ayudar a sus hijos, a cambio tienen hijos sensibles y dispuestos a ayudar a otros. Resultados recientes mostraron que cuando un niño estaba ayudando a otro, los latidos del corazón de quien prestaba la ayuda disminuían. Aquellos que tendieron a no ayudar tuvieron un ritmo mayor de latidos. Además, quienes ayudaron (¡no co-dependientes!) lo hicieron incluso cuando podían haber abandonado la escena. Ayudaron porque así les nació del corazón.

Para ponerlo en forma simple, los niños que fueron compasivos también tuvieron una tendencia a ser asertivos y tener tasas de ritmo cardiaco más bajas. Fueron emocional, mental, social y físicamente más saludables. Aquellos con el menor altruismo fueron típicamente los más miserables con su vida. Los niños compasivos fueron también relativamente asertivos y no fueron vistos por otros como blanco fácil para una demanda excesiva de ayuda.

La investigación también indica que esos altos valores morales vienen de la compasión. La identificación con los demás se aprende al ser tratado en forma compasiva. Respete la habilidad inherente de sus niños para sobrevivir y llenar su potencial. Ellos han venido con problemas y habilidades particulares para la experiencia. No se moleste por lo que han escogido. En lugar de eso, confíe en la sabiduría del plan, ofrézcales orientación y apóyelos en su camino. Sea usted mismo y admita problemas y errores; después, ellos se sentirán libres de hacer lo mismo. Sea honesto acerca de sus emociones. Dígales cuanto los ama.

El ayudar a otros no sólo viene del corazón, sino que es bueno para el corazón. ¡Tenemos evidencia concreta de que el altruismo es saludable emocional y físicamente! Aún antes de que adquieran la habilidad para expresar con palabras o conceptos los principios morales, los niños mostrarán compasión.

Mi hijo Scott mostró esta característica a la edad de 17 meses. Sintiéndome enferma y al final de mi resistencia, comencé a llorar. Cuando Scottie vio mis lágrimas, traté de alejarme pero el me preguntó por qué lloraba, de modo que le dije que estaba preocupada. Me pidió que lo levantara y luego procedió a enseñarme las fotos que estaban colocadas en la pared y algunos juguetes en los que yo podía estar interesada. Esto es exactamente lo que yo hubiera hecho para ayudarlo a cambiar su enfoque cuando estuviera triste. ¡Estaba haciendo por mí lo que yo había hecho por él, ¡y dio resultado!

En otra ocasión cuando Heather quería mi atención, le

dije, "No puedes tener a mami ahora". Scottie estaba cerca y dijo con énfasis, "¡pero ella te necesita!" Tenía menos de tres años y Heather como 8 meses. Incluso los niños muy pequeños pueden leer las necesidades emocionales de otros. El desarrollo moral nace de la compasión. Un código de ética viene del corazón, no de un juego de reglas rígidas. En una crisis, es el corazón, no la cabeza, la que rige. La valentía y el coraje resultan de un sentimiento habitual de desinterés y una disposición para arriesgarse a sí mismo en beneficio de otro, no de un pensamiento lógico a través de los pros y los contras de la situación.

Al final, no es nuestro pensamiento el que determina si hacemos lo correcto, sino nuestro corazón.

Voluntad fuerte, alma fuerte

Estos niños están totalmente determinados a obtener lo que quieren. ¡La parte dura es cuando lo acosan a usted hasta salirse con la suya! Usted haría mejor diciendo, "Déjame pensarlo", en lugar de decir *no* de inmediato. Por lo general tienen buenas razones para conseguir lo que quieren, lo que lo obliga a usted a reconsiderar su respuesta y luego echarse para atrás.

Es mejor escuchar sus razones y luego considerar cuidadosamente antes de contestar. Si dice no y después cede, ellos aprenderán rápidamente a mantenerse dándole lata hasta conseguir lo que quieren. Esto no significa que usted deba complacerlos en todo, sino que cumpla lo que diga cuando responda si o no a su solicitud.

Un sentido de responsabilidad

La regla primaria es tener menos reglas y más directrices y principios de comportamiento. Si los Indigo tienen valores y principios, pueden pensar a través del mejor curso de acción. Ayúdelos a desarrollar un código de ética del corazón.

Cuando usted no esté ahí, sus interacciones y decisiones vendrán de un lugar lleno de amor, lo opuesto de tener que depender de una figura autoritaria para decirles lo que tienen que hacer, o esperar hasta que la figura de autoridad se vaya para hacer exactamente lo que quieren. La mayoría de los humanos no responden bien a las órdenes. Es mejor ser un confidente y consejero amoroso y de confianza que una persona a quien le gusta llevar una severa disciplina. El definir fronteras antes de que las refuerce. Adaptar las demandas al nivel del niño, permitir la irresponsabilidad infantil y las consecuencias naturales y lógicas para enseñarle. Hable sobre diferentes asuntos con sus hijos y permítales tener voz. Confíe en ellos y ellos serán dados a ser fiables.

El amor es la clave

Recuerde que este niño suyo ha tenido tantas (más o menos) vidas como usted y, en consecuencia, es un ser espiritual tal y como lo es usted, con experiencias particulares, talentos, karma y rasgos de su personalidad. Sus niños encarnaron para estar con usted. Ellos lo escogieron como padres para aprender ciertas lecciones, ganar experiencia, desarrollar ciertos aspectos de su carácter y trabajar en el fortalecimiento de sus áreas débiles de desarrollo espiritual.

Esto no lo absuelve a usted de su responsabilidad como padre, pero lo absuelve de ser totalmente responsable por lo que sus hijos decidan ser. Como seres espirituales, son iguales que usted. Han elegido ser hijos suyos en esta ocasión; quizá usted fue su hijo en alguna otra vida. Usted sabe cómo dicen los padres con frecuencia, "¡Nomás espera a que tengas tus hijos, ojalá y sean iguales a ti!" Bueno, quizá por esa razón sus hijos son ahora sus hijos!" Nos parecemos mucho a nuestros niños y ellos más a nosotros, de lo que nos cuesta admitirlo.

La mayor oportunidad de crecimiento que tenemos está en nuestra relación con otros. Es sólo cuando nos vemos a nosotros mismos reflejados en ellos que obtenemos retroalimentación sobre quiénes somos. Si usted es capaz de ver los asuntos de sus niños como oportunidades para el desarrollo del carácter de ambos, encontrará los problemas mucho menos agobiantes. Hacemos más grandes las dificultades cuando nos preocupamos, quejamos o tratamos de escapar a los desafíos que enfrentamos con nuestros hijos. Vea con qué le cuesta más trabajo lidiar; después vea cuál es la lección que puede aprender. Mientras maneja el asunto dejará de luchar con el niño y su relación mejorará. Recuerde que el humor es muy importante en cualquier situación o relación y sienta el amor que tiene por esa criatura tan especial para usted.

Siéntase honrado, porque ellos lo eligieron por una razón, acepte la tarea que tiene a la mano. Deles su tiempo, su atención y entréguese usted mismo; esto es amor. Los niños recuerdan los eventos importantes a su lado, pero no recuerdan con qué frecuencia ocurrieron. Así que entréguese completamente a ellos cada vez que pueda.

Ahora, **Robert Ocker** regresa a estas páginas. Como educador y "especialista del corazón", tiene más información.

Un viaje con el corazón centrado
Robert P. Ocker

Trabajando con un grupo de apoyo para niños en edad escolar sobre el manejo de la ira, les pedí a todos que escribiera una experiencia significativa en su vida. Posteriormente, el grupo compartió sus respuestas verbalmente. Era mi intención, como moderador, ayudar a los niños a enfocarse en su auto-estima. Un niño de octavo grado se puso de pie en confianza y preguntó "¿Usted sabe cuál fue la experiencia más significativa en los últimos cien años?" Los niños se miraron unos a otros, después voltearon hacia mí y dije, no. Este niño Indigo replicó con sincera intención, "¡Yo!"

El resto del grupo se echó a reír, como lo hacen generalmente los niños en la escuela cuando se sienten incómodos o no entienden. Yo percibí la energía en el cuarto cambiando a una vibración menor. Gentil y respetuosamente me acerqué y miré dentro de sus ojos confundidos pero con sabiduría. Dije con honor y respeto, "¡Ese eres tú! Estoy feliz de que estés aquí. Todos estamos contentos por tu orientación; tú le has enseñado al grupo que la risa y la paz superan al enojo. ¡Gracias!"

El niño Indigo contestó la sonrisa en mis ojos con su sonrisa cálida. Una vez más la energía cambió en el salón. Esta vez había una sensación de paz.

La confianza de los Indigo es un factor importante en la determinación de su éxito futuro. La preservación de la estima nativa de un niño es mucho más importante que la adquisición de habilidades técnicas. Comparta con ellos el conocimiento que necesitan, pero mantenga su confianza en ellos mismos inherente, porque así es como ellos muestran su confianza en Dios.

Como Ken Carey menciona en su libro The Third Millennium (El Tercer Milenio):

> Muchos de estos pequeños no han olvidado al Gran Ser que brilla a través del filtro de su individualidad. Su papel es ayudarlos a crecer en tal forma que no olviden. Asistir la encarnación de los espíritus eternos quienes danzan sobre sus vidas.
>
> Cuando vea por primera vez su belleza y perfección, cuando afirme su eterna realidad del ser, cuando vea sus ojos, usted no puede hacer nada sino atraerlo hacia usted. Saque lo mejor de ellos y de todos con los que se encuentre. No de energía a las ficciones de aquellos quienes no conocen su inmortalidad, en lugar de eso, vea al espíritu que busca encarnar ahí, dentro de esa individualidad. Reconozca a este Ser. Relaciónese con él. Atráigalo. Ayude a la otra

dimensión de eternidad a deslizarse suavemente dentro de su tiempo. Ayude a esta nueva generación a despertar.

El poder del juego: La entrada al universo

"Usted puede descubrir más acerca de una persona en una hora de juego que en un año de conversación".
— Platón

*Intento alcanzar al niño con palabras:
pero pasan junto a él sin ser escuchadas.*

*Intento alcanzar al niño con libros;
y sólo me da miradas de desconcierto.*

*Desesperadamente, volteo a los lados.
"¿Cómo puedo alcanzar a este niño?" grito.*

*Al oído me susurra.
"Ven", me dice, "¡Juega conmigo!"*
— Autor anónimo

Cuando jugamos con los Pequeños, los ángeles juegan con las estrellas. El poder del juego abre las puertas del universo en donde todos nosotros jugamos con el Creador, —un juego lleno de gozo—, un juego de amor, dando y recibiendo. Honre y aprenda del intento de juego de los Pequeños. Ellos nos enseñarán la inocencia de sus corazones que acogen al amor incondicional. Ellos deben heredar la tierra con su amor.

Dentro de la mente y el corazón de los niños está su imaginación y visión del planeta Tierra. Esta es la misión de los Indigo: preparar a la humanidad para la canción universal de amor. Estas visiones inspirarán al universo a una canción. Escuche estas visiones. Vea su esperanza y guíela, porque la visión del mañana radica en la imaginación de hoy.

Sienta el juego involucrado en esta imaginación. Es en

esta energía que podemos encontrar libre elección, la cual acelerará el universo. Es esta energía la que tocará para nosotros la canción de las estrellas y la canción del universo. Oír la imaginación de los Pequeños. Escuchar e inspirarlos. Los Pequeños están perdiendo su habilidad de soñar un universo dentro de sus corazones. Entendiendo sus intenciones y llevándolos a hacer elecciones que ayuden al planeta a crecer hacia la paz. Es paz lo que ellos conocen. A través de la paz ellos nos están enseñando una mejor manera de entender a la humanidad.

Ríase con los Pequeños

¡La risa es la clave! Escuche la risa de los Pequeños; mientras ríen, las estrellas irradian de alegría. Porque su risa es gozo y esperanza para la nueva luz que brilla en el planeta Tierra, el planeta de la libre elección, el planeta de la risa. ¿No son nuestros niños muy serios? ¿Qué pasa con los ancianos? ¿No están enseñando a los Pequeños con su ejemplo? Ríase con esto y entienda que los Pequeños lo necesitan también. Su corazón lo demanda. Las estrellas lo exigen. El universo lo exige. La risa es necesaria para que el planeta continúe vibrando con amor, gozo y paz. ¡La risa de los Pequeños!

Aquí está la última parte de la entrevista de Jan con Nancy Tappe.

La espiritualidad del Indigo
Nancy Ann Tappe, entrevistada
por Jan Tober (Parte III)

Nancy, ¿Algunos de estos Indigo están aquí por primera vez?

Sí, algunos lo están. Hay otros que ya han ido a través de la tercera dimensión y hay otros más, creo, que vienen de otro planeta. Esos son los Indigo interplanetarios, los que yo llamo interdimensionales. Pero los tipos Artista, Conceptual y Humanista (ver el capítulo II) han estado todos aquí y se han ido a través del sistema de color.

¿Vienen con Karma?

Sí, ya vienen con Karma. No están libres del karma. Si te fijas en los Indigo, entre el nacimiento y la edad de dos años, recuerdan otras vidas.

Esta es otra historia que me encantaría contar. Tengo tantas anécdotas acerca de mi nieto, Colin. Un día regresé a la casa del trabajo cuando mi hija Laura y él estaban ahí, porque vivieron conmigo los primeros cinco años.

Ella me dijo, "Ay mamá, te va a encantar esto. Deja que Colin te cuente lo que me dijo hoy", y Colin dijo, "No, yo no le quiero decir, no quiero hacerlo", Laura dijo, "Andale, dile a Mano; a ella le encantan estas historias", y rápidamente él dijo, "Nada más le dije a mi mamá cuando vivía en Land Magog y ella no era mi mamá entonces, era mi amiga y la historia se terminó y ya no estabamos más". Entonces yo le dije, "Eso es muy interesante". El me miró, se rió y dijo, "Tú sabes, yo nomás me lo inventé". Yo dije. "Sí, ya lo sé. Todos inventamos cosas de vez en cuando". Ahora bien, ¿de dónde un niño de dos años sacaría el nombre de *Magog*?

Me he dado cuenta a través de los años que muchos Indigo a esa temprana edad hablan acerca de otras épocas. Tenía unos clientes en Laguna Beach, California, quienes habían sido mis estudiantes por varios años. Un día, me llamaron y me dijeron, "Nancy, tenemos un gran problema. ¿Podemos ir y hablar contigo?", les dije "Por supuesto, vengan acá". Hice tiempo para ellos en mi hora de comida.

El problema era que su hija de dos años, tres días antes de su cumpleaños, ¡había despertado por la mañana y les había informado que estaba embarazada y tenía que regresar a Nueva York! Les dijo que era una actriz en escena y que tenía una hija en la guardería. Así que yo fui dentro de mi psique interior y le seguí la pista. Le dije, "Tú sabes, hasta donde puedo ver, que ella fue por cierto una actriz de escena y el teatro se incendió. Mientras todo el mundo intentaba escapar, ella se tropezó y le cayó encima una piedra; se quedó atrapada. Cuando los bomberos llegaron, ella no estaba quemada de muerte, pero se ahogó porque abrió la manguera sin saber que estaba ahí. Se ahogó". Ella había recordado y había estado llorando desde entonces hasta la histeria, repitiendo que ellos "tenían que llevarla a Nueva York".

Durante tres días se mantuvo en este estado y mis clientes dijeron que necesitaban hablarme porque ya no sabían que hacer. Yo les dije "Bueno, lo único que tienen que hacer es regresar a casa, sentarla y decirle, 'Ahora, Melanie, escucha: tu estás mirando hacia una vida pasada. Tu hija es ahora mayor que tú y alguien más la está cuidando. Tu no estás embarazada y no perteneces a Nueva York. Estás viendo hacia una vida pasada'. Hablen con ella como si fuera un adulto". Ellos lo hicieron y más tarde me informaron, "No hemos oído una sola palabra sobre eso desde entonces. Hasta hoy no lo ha vuelto a mencionar".

Historias Indigo

Nuestro hijo trajo a su novia embarazada a vivir con nosotros. Ellos estuvieron casados por muy poco tiempo y se separaron cuando todavía eran adolescentes. Ella se cambió de casa y planeaba dar al bebé en adopción. Esta fue probablemente la etapa más difícil de mi vida. ¡Nuestro primer nieto iba a ser criado por alguien desconocido! Afortunadamente, ellos tuvieron un cambio en sus sentimientos y regresaron juntos.

Una mañana, alrededor de seis semanas antes de que el bebé naciera, me levanté y comencé mi rutina regular antes del trabajo. Noté un pilar de luz brillante en la esquina de nuestra sala. Boquiabierta me le quedé mirando por un rato, después pareció desvanecerse. Concluí que fue la luz del sol o algo así. Al siguiente día ahí estaba la luz otra vez. Esta vez cerré todas las cortinas ¡y la luz seguía ahí! Se lo platiqué a mi esposo cuando vino a desayunar; no pareció creerme mucho.

El pilar de luz apareció ante mi cada mañana por una semana. Les dije a todos en la casa, pero nadie me hizo caso. El lunes por la mañana, a una semana de que había visto la luz por primera vez, apareció nuevamente. Esta vez, mi esposo estaba caminando afuera de la recámara y la vio. Ambos estabamos pasmados. Yo tenía la certeza en mi interior de que era un ángel enviado a nosotros en preparación para la llegada del bebé. La luz continuó apareciendo hasta que el bebé nació y después continué viéndola dos meses después de su nacimiento.

Sabía que cuando naciera iba a ser especial, ¡pero no estaba consciente de qué tan especial! Cuando la cargaba, podía sentir una gran familiaridad —no sólo por tratarse de mi nieta, era en realidad como si hubiera estado con ella antes. A veces, cuando la cargo, parece como si me estuviera abrazando. Cuando tenía unos tres meses, un día elevó sus brazos al techo y le pregunté si podía ver a un ángel. Sé que esto puede sonar extraño, pero casi podía ver el "sí" en sus pequeños ojos cafés.

Mientras el tiempo pasaba, era aparente que teníamos una niña especial en nuestras manos. Ella tenía su propia agenda, no importaba que, y tenía siempre los hábitos de sueño más erráticos. No le gusta quedarse dormida. Cuando tenía como 18 meses me dijo que no le gustaba soñar.

Cuando cumplió dos años, encontró algunas de las muñecas viejas de mi niñez. Ella tomó la más grande, la puso de pie y la llamó "Olivia". Para una niña de dos años el decir la palabra Olivia es suficientemente impresionante, pero lo es más cuando te das cuenta que el nombre de mi madre era Olivia y nosotros nunca hablamos realmente sobre mi madre enfrente de ella. Mi madre murió dos años antes de que Jasmine naciera.

Además, con frecuencia dice cosas como, "¡Andale, Ed!", el nombre de mi padre era Ed. Mis padres estuvieron juntos por 42 años antes de que él muriera.

Jasmine necesita por lo menos tres opciones para cualquier decisión importante. No nos deja que le leamos, excepto Goodnight Moon (Buenas Noches Luna). Prefiere jugar sola, ver películas de niños, ensuciarse en la tierra, aventarle besos a la luna, abrazar a los árboles y dar lo que ella llama "Baby Reiki" a la gente que está herida.

Ella recuerda la sangre en el vientre de su madre cuando vivía ahí antes de nacer. Ella dice que la sangre la lastimaba y no quería estar ahí. Acepta el hecho de que sus padres no vivan juntos y los ama a los dos y a la gente que forma parte de su vida. Ama a todos los niños y es una verdadera pacifista. Su nombre es Jasmine Brooke VanEtta y tiene tres años y medio ahora.

— Mary y Bill VanEtta

Soy el padre de Nicolás, un Niño Indigo de dos años de edad. Desde su nacimiento, la glándula tiroides de mi esposa Laura ha aumentado de tamaño. Un miércoles, se le informó que tenía que someterse a una biopsia, la cual estaba programada para el viernes.

En medio de todo esto, yo me encontraba estudiando el programa de equilibrio Dubro EMF Balancing program (ver capítulo 5). El descubrir y trabajar con esta energía que nos rodea a todos y a cada uno de nosotros fue una experiencia increíble. Pensé que esta sería una gran oportunidad para darle un buen uso a esta energía. Mientras rezaba por la curación de mi esposa, visualicé un collar verde curativo (apropiado dado que mi esposa es comerciante de joyería) alrededor de la tiroides de Laura y me mantuve dándole energía a lo largo de la semana mientras esperábamos los resultados del laboratorio. No soy particularmente sensible a esta energía y la verdad es que nunca estuve en condiciones de verla, pero confiaba en que estaba ahí y que funcionaría.

Una semana después de que Laura recibió la llamada inicial para someterse a la biopsia, estabamos en la mesa del desayunador cuando Nicolás apuntó la cara de mi esposa y dijo "verde". ¿Podía ver este niño la energía? A mi se me cayeron las quijadas. Yo no había mencionado mi experimento a nadie, ¡mucho menos a mi hijo de dos años! Y por supuesto tampoco le había dicho nada a mi esposa. Ella considera mi interés en la metafísica más como una farsa.

Mi esposa, por supuesto, inmediatamente asumió que Nicolás estaba señalando a su nariz y fue por un pañuelo. Después de una inspección a fondo en la que no encontró nada, Nicholas repitió, "Mami, tu cara está verde". Lo único que puedo asumir es que Nicolás estuvo en condiciones de ver la energía del collar verde que yo había creado para Laura. ¡Ahí estaba! ¿Pero, estaba funcionando? Ni qué decirlo, yo lo tomé como una buena señal.

Más tarde esa mañana, Laura recibió la llamada del doctor que

habíamos estado esperando. Los resultados de la biopsia habían llegado y eran negativos. No había nada.
— John Owen, padre de Nicolás, de dos años de edad

Había soñado que era posible atraer papel a mi mano, como si fuera un imán. El sueño fue tan vívido que me encontré tratando de dar la vuelta a las páginas de un libro sin tocarlo. Aja me vio y me preguntó qué estaba haciendo. Yo dije, "Nada", entonces ella me dijo, "¿Estás tratando de voltear las páginas del libro sin tocarlo? Repliqué que así era y entonces me dijo, "Todo lo que tienes que hacer es cerrar tus ojos, amar a Dios y ver la cosa realizada. Se realizará". Entonces me pidió que lo intentara y mientras tenía mis ojos cerrados y movía mi mano, ella volteó la página.
— Cheryl Royle, madre de Aja, de seis años de edad.

Mathew encaja perfectamente en la descripción de un Niño Indigo. Cuando me visitó durante la última Navidad, lo llevé a que mi curandera intuitiva, la Sra. Bobbi Harris, le diera un masaje. El no sólo dijo que vio "luces moviéndose por encima de su cabeza" en el cuarto medio iluminado, sino que también dijo, "Algunas veces la electricidad va a través de mi cerebro dos veces". El ha hablado de querer regresar con Dios e incluso de cremación.
— Sunny Greenberg, abuela de Mathew, de siete años de edad

Algunos de los libros más recientes de la **Dra. Doreen Virtue** son llamados *The Lightworker Way, Angel Therapy* y *Divine*

Guidance. Como puede verse en esos títulos, ella es una líder espiritual. Lo que realmente ofrece, sin embargo, es una maravillosa combinación entre información práctica del mundo real y espiritualidad. Lo que sigue es el corazón de su mensaje. Aunque en el capítulo 4 tendremos más de la Dra. Virtue acerca de los desórdenes llamados DDA y DDAH, es importante obtener sus puntos de vista sobre los aspectos espirituales de los Indigo que están relacionados con estos diagnósticos, por eso es que está presente aquí también.

Ser padres de un Niño Indigo
Dra. Doreen Virtue

Mis puntos de vista acerca de los niños vienen de un antecedente ecléctico. Soy madre de dos adolescentes, psicóloga y ex directora de un programa de dependencia química de adolescentes. También soy estudiante permanente de metafísica, curandera clarividente y trabajo con la corte angélica. Y, como usted, alguna vez fui niña y recuerdo la emoción del crecimiento.

¿No recuerda, durante su niñez, haberse sentido alguna vez como un adulto dentro del cuerpo de una persona pequeña? Prácticamente todos recordamos sentimientos de adulto cuando éramos niños. Yo creo que esto se deriva del ciclo de reencarnación. Todos somos almas ancianas, sin embargo, a menos que lleguemos caminando, debemos comenzar cada vida como niño.

De todos modos, los adultos con frecuencia tratan a los niños como si fueran . . . bueno, niños. Ellos olvidan que cuando le hablan a un niño, no es diferente de cuando le hablan a un adulto. Los niños esperan y merecen el mismo respeto y atención que corresponde a los adultos.

No es coincidencia que, en esta era precedente al cambio de milenio, el número de diagnósticos de DDAH o DDA se haya elevado en forma alarmante. El número de jóvenes que están tomando Ritalin (metilfenidato) para DDAH se ha duplicado entre 1990 y 1995, de acuerdo con un estudio de 1996 a cargo de la Escuela de Medicina de la Universidad John Hopkins. La Administración Federal contra las Drogas (DEA) reporta que las recetas para adquirir medicamentos han aumentado en 600 por ciento durante esta década. De acuerdo con la DEA, el Ritalin es tan popular que en algunas escuelas, el 20 por ciento de los estudiantes están medicados. El periodista John Lang los llama la "Generación Rx" agregando la estadística siniestra de que, si la actual tasa de crecimiento en estas prescripciones médicas continúa, para el año 2000 alrededor de ocho millones de niños americanos en edad escolar usarán esta droga.

El problema es que el Ritalin mejora el comportamiento en la escuela, pero no en la casa, de acuerdo con un estudio importante. También se considera tan insidioso que el ejército rechaza a reclutas potenciales cuando tienen en su historia médica haber tomado Ritalin después de la edad de 12 años. Claramente, las drogas no son la respuesta.

Este incremento en las medicinas psicotrópicas infantiles refleja nuestra incomodidad al cambio a nivel mundial. Estamos en los umbrales de una nueva era, a punto de dejar el viejo mundo, —basado en la competencia, los celos y la codicia—. La nueva era se basa en la cooperación, el amor y el conocimiento de nuestro propio ser. La vieja energía está dando paso a la nueva energía.

Parece que todos, incluso los individuos espiritualmente más densos, están conscientes de estos cambios. En mi práctica como consejera espiritual, ahora estoy recibiendo llamadas y dando consultas a hombres de traje y corbata. Estos hombres quieren saber, "¿Qué está pasando?" y "¿Cómo puedo llevar una vida con más significado?" Hace algunos años, estos hombres nunca se hubieran acercado a cualquier cosa que se relacionara con el fenómeno psicológico. Ahora, están listos para mirar hacia su interior en busca de respuestas, después de aprender que el mundo corporativo y las adquisiciones materiales no los hacen sentirse felices o seguros.

Sin embargo, incluso aunque el pueblo acoja —o por lo menos explore— los cambios que vienen, nosotros estamos todavía colectivamente suspendidos de viejas ataduras. Esto es, nos resistimos a hacer las cosas de diferente manera. Por ejemplo, todavía criticamos, competimos y creemos en suerte y en limitación. No somos completamente honestos con nosotros mismos o con otros, con frecuencia nos escondemos detrás de una manera educada o "correcta" de comportarnos.

Los niños que han encarnado recientemente son diferentes de las generaciones previas. Son llamados "Niños de la Luz", "Niños del Milenio" y "Niños Indigo" por una buena razón. Estos niños son altamente conscientes, sensibles y absolutamente psíquicos. También tienen cero tolerancia para la deshonestidad y la falta de autenticidad. Saben cuando alguien está mintiendo, ¡inmediatamente!

De modo que imagine qué tan difícil es para estos niños estar en el sistema educativo vigente, el cual tiene mucha falta de autenticidad, tal como "Vamos a pretender que nos gusta estar aquí. No discutamos qué tan infelices nos sentimos todos al ser enviados a este lugar a aprender/enseñar cosas que no estamos seguros de que tengan aplicación práctica en la vida real".

En el hogar, los adultos con frecuencia tratan a sus niños con deshonestidad. Por ejemplo, los padres les esconden cosas a sus hijos, que van desde sus verdaderos sentimientos hasta sus hábitos de beber. El problema es que estos niños son muy intuitivos y se dan cuenta cuando algo anda mal. Tal vez puedan preguntar a papá o a mamá para confirmar esos sentimientos. El negar la verdad, puede hacer que los niños se sientan frustrados. Ellos no saben cómo conciliar la disparidad entre lo que sienten en su interior (la verdad) y lo que los adultos están diciendo (mentiras).

Los Niños Indigo han encarnado esta vez por una razón sagrada: para acomodar, en una nueva sociedad basada en la honestidad, la cooperación y el amor. Para cuando alcancen la vida adulta, nuestro mundo será muy diferente a lo que es hoy. No tendremos más violencia ni competencia.

Recuperaremos nuestra habilidad para manifestar nuestras necesidades, de modo que no tengamos que competir con otros. Dado que nuestras habilidades telepáticas naturales serán reavivadas, el mentir será imposible y debido a que todos se darán cuenta de la unidad que existe entre todos los seres vivientes, la consideración será la base de la sociedad.

Incurrimos en una gran deuda kármica al interferir con los niños que tienen una misión Divina. Es de máxima importancia que ayudemos a preparar a estos niños para su éxito espiritual. Para hacer esto, debemos ser muy honestos con ellos. Cuando los pequeños le pregunten algo, incluso si eso lo hace sentirse incómodo, dígales la verdad. Con frecuencia rezo por orientación cuando hablo con mis propios niños, para que pueda hablarles con la verdad en una manera amorosa. Si usted se siente incómodo al decirles la verdad a sus hijos, hágaselos saber así. Usted no necesita convertir a sus hijos en confidentes, pero es importante el compartir honestamente sus sentimientos con ellos. De esta forma, usted se convierte en un modelo positivo que muestra a los niños cómo respetar sus emociones.

Sanar espiritualmente la relación padre-hijo

Detrás de cada petición que me hacen los padres acerca de, "¿Qué debo hacer con mi hijo?" hay una declaración entre líneas que dice, "Quiero que mi hijo cambie". La pregunta de los padres traiciona sus creencias en el sentido de que la meta es someter al niño.

Cada vez que intentamos obligar a alguien a hacer algo, estamos ejerciendo nuestra voluntad sobre ese individuo. Esto raramente funciona y casi siempre crea luchas de poder. Esto es especialmente cierto cuando tenemos que tratar con individuos altamente intuitivos tales como los Niños Indigo. Como los animales, ellos pueden presentir el miedo oculto en su deseo de controlarlos. Ellos se rebelan en contra de sus intentos de "ganar", porque su temor los asusta. Ellos quieren que usted tenga paz y seguridad. Cuando los empuja, se vuelven inseguros y temerosos.

En consecuencia, cada vez que se enoja por algún aspecto del comportamiento de su hijo, un primer paso es el de resistir al impulso de reaccionar inmediatamente. En lugar de eso, tome un receso de cinco o diez minutos. Retírese a su habitación, enciérrese en un baño o en alguna otro lugar privado, después cierre sus ojos y respire profundamente. Rece por la intervención espiritual de Dios, de sus ángeles y de los maestros ascendidos. Un método especialmente poderoso es el de visualizarse a usted mismo entregando toda la situación al Espíritu. Con frecuencia visualizo ángeles sosteniendo una cubeta gigante en la que pongo todo lo que me está molestando. Una vez que siento una sensación de paz, sé que las soluciones están próximas. Este método siempre resulta en milagros.

Segundo, mantenga sus prioridades en mente. Usted eligió venir a la Tierra como un trabajador de luz durante el cambio de milenio. Usted eligió ser padre de un Niño Indigo. Estas misiones son sus prioridades y todo lo demás es de menor importancia. Cuando usted revise su vida desde el plano después de la vida, se dará cuenta que los momentos en los cuales su amor fue un modelo para sus niños, fueron su mayor éxito. Porque no le importaba si su cocina estaba perfectamente limpia o si su niño obtenía buenas calificaciones. Sólo importaba el amor.

Tercero, visualice el tipo de relación que le gustaría tener con su hijo. Yo he aconsejado a padres en este método durante años, siempre con buenos resultados. Una madre se encontraba al borde de perder la razón con su hija. Se quejaba constantemente de lo "mal" que se portaba la niña. Detuve a la madre a mitad de la oración y le dije, "Usted está afirmando que su hija tiene muchas faltas. ¿Es esto lo que realmente quiere?"

Ella me miró como si yo estuviera loca y me dijo, "No, ¡Por supuesto que no!"

"Bueno", repliqué, "experimentamos todo lo que afirmamos como verdad. Usted está afirmando que su hija se porta mal y mientras se mantenga afirmando esto como la verdad, esto mismo será lo que experimente".

Mi cliente, una mujer con sentido común metafísico, supo instantáneamente lo que quería decir: Ella tenía que cambiar su pensamiento. La ayudé a visualizar a su hija como una criatura amorosa, atenta y todo lo demás que mi cliente deseaba. Ella visualizó con gran detalle, viéndose a sí misma y a su hija yendo al cine juntas, por ejemplo. En unos cuantos días, me reportó que su hija se estaba portando exactamente como la había visualizado. La curación fue instantánea y ha durado sobre el curso de varios años hasta ahora.

Algunas personas pueden sentirse mal y pensar, ¿Acaso no es esto el estar ejerciendo mi voluntad sobre el niño? En verdad, creo que este método de visualización es un producto derivado del conocimiento de que todos somos un sólo ser. No hay gente separada, sino sólo la ilusión de que los otros están separados de nosotros mismos. La visualización pone de relieve la verdad de que cada persona es un reflejo de nuestros propios pensamientos, sentimientos y expectativas.

Después de todo, ¿No se porta usted diferente con personas diferentes? ¿No es usted "más agradable" con la gente que obviamente le cae bien? ¿Acaso no está propenso a ponerse de malas cuando se encuentra cerca de gente "negativa"? Nuestros niños no son diferentes. Cuando los vemos como niños de Dios sagrados, felices, perfectos y hermosos, ellos naturalmente rebosan aquellas cualidades.

Cambiando frecuencias con su Niño Indigo

En las tiendas de productos naturistas y en las revistas de salud y nutrición, puede encontrar "remedios" herbales y esencias de flores para DDAH. Probablemente, estos métodos funcionen muy bien. De hecho, en lo que creamos que funciona, funcionará siempre.

No me gusta mucho la idea de usar ningún tratamiento externo, sin embargo. Estoy segura de que la gente que apoya las drogas y la terapia de aromas tiene las más puras intenciones, de modo que por favor no me mal interprete. Mis creencias se basan en la filosofía de que cada condición es una ilusión y que si nosotros diagnosticamos, nombramos, o tratamos la condición, la hacemos real. También la podemos empeorar. Es importante que no etiquetemos o juzguemos a nuestros niños como si estuvieran "rotos" en ninguna forma. Hay que usar precaución incluso con el término Niño Indigo y no permitir que este nombre nos haga pensar en nuestros hijos como especiales o diferentes. Cada hijo de Dios es idéntico, dado que todos somos un sólo ser. La única diferencia es esta: En este sueño del mundo material en donde parece ser separado, los Niños Indigo tienen una misión única que cumplir. Ellos son literalmente la gente del futuro, encarnados en un planeta que todavía tiene raíces en el pasado.

Así que comencemos a ver a nuestros Indigo desde el más alto de los planos. Honremos al ángel que habita dentro de ellos, tal y como lo dice el espiritista Kryon, así como honramos al ángel de nuestro interior y a otros. Con eso en mente, compartamos la paternidad de nuestros Niños Indigos con Dios.

He aprendido de mis conversaciones con Dios y con los ángeles que es vital tener un cuidado excelente de nuestro cuerpo. La razón no tiene nada que ver con vanidad o ascetismo; es puramente porque los cuerpos bien formados y bien nutridos son más receptivos a la guía Divina. La importancia espiritual de consumir una dieta natural baja en carne o completamente sin ella, es promovida por muchas de las orientaciones Orientales, al igual que la escuela de filosofía de Pitágoras (cuna de los modernos metafísicos y curanderos espirituales).

La razón de esto es que los alimentos contienen frecuencias vibratorias. Los alimentos de más alta frecuencia ayudan al cuerpo a resonar a una tasa más alta, de modo que una persona pueda permanecer más fácilmente centrada en su estado de verdadero-yo. Mientras más alta es su frecuencia, mayores serán sus habilidades intuitivas naturales para captar los mensajes de Dios, de sus espíritus guía y de los ángeles.

Vida: alimentos frescos tales como verduras, frutas y productos derivados de granos tienen las frecuencias vibratorias más alta. Muerte: alimentos congelados, deshidratados o demasiado cocinados tienen las frecuencias vibratorias más bajas. Las bajas vibraciones también se encuentran en azúcar, colorantes artificiales, conservantes y pesticidas (los cuales tienen la energía de la muerte) rociados sobre los alimentos no orgánicos.

Ayúdese a usted mismo y a su niño a alcanzar la más alta frecuencia espiritual, la cual es necesaria para la energía de la Nueva Era, mediante una dieta mayormente vegetariana, libre de químicos. De hecho, esta es la misma dieta que aconsejan los expertos en el tratamiento de DDAH.

Los medios de comunicación, —televisión, revistas, películas, radio, la red Internet y los periódicos— también conllevan frecuencias vibratorias. Estos medios basados en la negatividad, el miedo o la suerte, tienen las frecuencias más bajas. Aquellos que apoyan el verdadero amor espiritual tienen las frecuencias más altas. Es importante mantener su hogar con las frecuencias más altas posibles. De modo que limite la tendencia de estar escuchando las noticias en su casa y no tenga alrededor revistas y periódicos negativos. Rece por orientación espiritual y guía para mantener a sus hijos alejados de los temas negativos que manejan los medios de información. Sus oraciones funcionarán más rápido y en forma más efectiva que los regaños y reprimendas.

Finalmente recuerde el poder del perdón para efectuar milagros en todas las áreas de su vida, especialmente en sus relaciones. Como dice "Un Curso en Milagros", "No olvide hoy que no puede haber forma de sufrimiento que fracase en esconder un pensamiento implacable. Ni puede haber forma de doloroso perdón que no pueda sanarse".

He encontrado que los asuntos de paternidad de un Niño Indigo son exacerbados cuando los padres experimentan retos maritales o divorcios difíciles. De modo interesante, siguiendo un estudio de 18 meses sobre asuntos familiares relacionados con el DDAH, el Dr. Patrick J. Kilcarr y la Dra. Patricia O. Quinn, concluyeron lo siguiente:

Los dos factores críticos de mayor influencia parecen ser, la actitud del padre con respecto a su hijo y la creencia en él. Las madres, naturalmente y con frecuencia incondicionalmente expresan su amor hacia sus hijos, especialmente a aquellos que tienden a ser más dependientes y tienen más necesidad de cariño, como los diagnosticados con DDAH. Los padres, por su parte, si no entienden la forma en la que el DDAH se manifiesta por sí sólo en sus niños, pueden expresar enojo constante que resulta en un distanciamiento emocional.

Muchos de los padres entrevistados tuvieron dificultad para determinar cuáles comportamientos estaban relacionados con el DDAH y cuáles comportamientos negativos eran hechos a propósito por los niños. Con frecuencia esto lleva a experimentar un sentimiento de frustración entre los padres y una atención excesiva en el comportamiento problemático. Este patrón tiene el potencial para mantener al padre y al niño encerrados en un ciclo de interacción negativa. Los padres que reportaron un profundo entendimiento de los efectos del DDAH en sus niños generalmente estuvieron en condiciones de evitar este tipo de ciclo destructivo mediante el enfoque del comportamiento positivo.

Este no es un intento de culpar a los padres por cualquier situación. De hecho, he encontrado que si la madre del Niño Indigo culpa al padre del niño en forma alguna, la situación empeora. Es vital que todos los involucrados con el niño estén dispuestos a perdonarse ellos mismos, al otro padre, al niño, a los maestros, a los doctores y a todos en general.

Cuando mantenemos la energía del rencor en nuestra conciencia, literalmente nos colocamos en el centro de la vieja energía. Existimos, entonces, en el universo paralelo gobernado por el ego. En este mundo, los problemas reinan y el caos triunfa. Sin embargo, cuando estamos dispuestos a perdonarnos a nosotros mismos y al mundo, nos centramos nuevamente en el mundo verdadero de amor y Espíritu. En este mundo, todo sana armoniosamente. Afortunadamente, no necesitamos *tratar de* perdonar; simplemente necesitamos *estar dispuestos a* perdonar. Esta pequeña ventana de disposición es suficiente para que la luz del Espíritu nos sane de todas las falsas ilusiones que hay en nuestros pensamientos. El tener a un Niño Indigo es un verdadero regalo para el mundo y si usted enfoca la situación con Espíritu, es como un regalo para usted y para su hijo. Su niño está aquí para enseñarle y viceversa. Al tener discusiones de corazón a corazón aprenderá verdades espirituales maravillosas de su niño. Debemos recordar siempre que Dios es el verdadero padre y madre del Niño Indigo. Cuando continuamente volteamos hacia Dios para que nos ayude a ser mejores padres, el criar a un Niño Indigo se convierte en la parte más agradable y significativa de nuestro propósito Divino en la vida.

Evolución espiritual

Estamos aprendiendo de los metafísicos y sus fuentes que estos nuevos niños que están llegando al planeta son mucho más conscientes espiritualmente. Esto no significa que todos los Indigo van a ser ministros y gigantes espirituales cuando crezcan. Significa que han llegado con una conciencia diferente a la nuestra.

¿A qué se debe esto, en caso de ser totalmente cierto? Una vez más, de acuerdo con la mayoría de fuentes espirituales, no sólo se trata de los niños esperados, sino que son la prueba de una evolución en la conciencia humana, más allá de la "vieja energía" de generaciones previas. Ellos son promotores de paz, ancianas almas sabias y una esperanza suprema para cosas mejores en este planeta. En el hogar, están interesados en hacer las paces entre los padres. A ellos les importa, mucho más que a la norma esperada para niños, y están derramando sabiduría que nos deja sin palabras. Sus instintos humanitarios ya vienen "edificados" y se muestran en ellos desde el principio. Ellos saben que éste es su sitio. Representan un nuevo paso en la evolución de la humanidad.

No sabemos acerca de usted, ¡pero queremos nutrir a estos pacificadores! Queremos darles cada consideración para que sean exactamente lo que ellos vienen a ser —la esperanza de un planeta consciente, mucho mejor de lo que nunca hubiéramos creído posible—. Muchos historiadores espirituales y religiosos están tomando nota de este fenómeno planetario y creen que en realidad son un detonante para un cambio en la profecía completa. Habla de una oportunidad mucho más grande para la humanidad, más allá del cambio de milenio. Cancela algo del temor sobre el caos del final de los tiempos predicho en el Antiguo Testamento y refuerza otra información espiritual que dice que los humanos pueden hacer una gran diferencia en su propio destino, cambiar el futuro e ir más allá del temor y el odio. Nos da esperanza de que todas las predicciones terribles acerca del año 2000 son ahora simplemente tonterías en la era de los Indigo.

No podemos pensar en una forma mejor de pasar al próximo capítulo que la actual historia de **Laurie Joy Pinkham**. Laurie llega a ustedes en estas páginas como una madre; pero también es una profesionista en educación de la niñez temprana. Se graduó en la Universidad de New Hampshire y tiene un doctorado en Divinidad.

Laurie comparte sus experiencias y luchas con Niños Indigo. Aunque habla de cosas espirituales usted se va a dar cuenta de otra referencia más al DDA y DDAH. ¿Por qué este diagnóstico médico aparece en todo el libro? ¿Qué tiene que ver con los Niños Indigo?

Aquí está la historia de Laurie. Mientras lee el próximo capítulo, ponga atención al Ritalin, al diagnóstico DDA y a las alternativas de salud para todos los Indigo mal diagnosticados.

¡Mis queridos Niños Indigo!
Rev. Dra. Laure Joy Pinkham

He criado a dos Niños Indigo y mis tres nietas son también Indigo. Mis hijos nacieron en los '70s y mis nietas en esta década. El criarlos no ha sido una tarea fácil a lo largo de estos años. Siempre supe que había algo diferente con mis dos hijos; aunque cada uno tenía su propia individualidad, eran muy distintos de sus compañeros.

Mark, mi hijo mayor, siempre ha sido muy sensible y alejado de la mayoría de la gente. Cuando era un bebé, acostado, platicaba literalmente por horas con los juguetes móviles y los animales de peluche que estaban en su cuna. No le gustaba que lo cargaran o abrazaran, sino que prefería la comodidad de los guías "invisibles" y los confines de su cuna.

Las habilidades verbales de Mark pudieron percibirse claramente a muy temprana edad. Podía hablar con oraciones completas cuando tenía 18 meses. Cuando cumplió dos, era un genio con los Legos y los Lincoln Logs y amaba la música, particularmente Mozart, Chopin, Beethoven y toda la música Barroca.

Scott, mi hijo menor, era muy apegado y muy infeliz de estar aquí. Desde el momento en que respiró por primera vez, lloró y lloró. Parece como si eso hubiera durado tres años. Durante los primeros nueve meses de su vida durmió muy poco. De hecho pasó la mayor parte de ese tiempo en un canguro. La comodidad de los latidos de mi corazón y la calidez y cercanía de mi cuerpo parecían ser lo único que lo nutría y consolaba, permitiéndole un sentimiento de seguridad que lo dejaba dormir por breves períodos de tiempo.

La mayor dificultad al criar a estos niños fue que no tenía recursos para ayudarme. Veía a otros padres y me preguntaba qué les pasaba a mis hijos. ¿Por qué actuaban de ese modo? No teníamos amistades cercanas dado que nuestros hijos no caían dentro de "la norma" y en consecuencia la gente no nos invitaba a sus casas. Todos nos sentíamos aislados. Siempre he amado a los niños y siempre supe que tendría por lo menos dos. En un intento por entender mejor a mis hijos, me gradué en educación temprana y en 1980 estuve a cargo de un programa de guardería. Durante ese tiempo observé a niños de diferentes orígenes. Estos niños contaban las historias más salvajes sobre sus ángeles, guías y amigos imaginarios. Me encantaba escucharlos y era un gran consuelo el saber que algún día estos niños serían considerados la norma y que esas historias serían la realidad que acabaríamos por entender.

Mis dos niños han sido poco comunes en el sentido de sus experiencias. Scott solía despertarme a media noche para ir afuera y mirar las naves espaciales que aseguraba ver. Yo me levantaba, iba afuera y simplemente escuchaba su descripción de lo que estaba viendo. Por supuesto, ¡Yo no veía nada! Pero sabía que esto era importante para él y no era una buena idea dejarlo sólo afuera a mitad de la noche y a la edad de siete años. Durante este tiempo, el cual duró hasta que tenía 14, hablamos sobre todas las cosas de metafísica que el conocía.

Su hermano Mark me llamaba desde su cuarto en la noche y me preguntaba si podía ver al astronauta que estaba parado ahí, o a los platillos voladores. Por supuesto, una vez más, yo no podía verlos, pero realmente quería. Me sentaba pacientemente, con la esperanza de estar en condiciones de verlos. Mirando al pasado ahora me pregunto si todo ese tiempo realmente eran mis niños quienes me despertaban.

En 1984, luego de tremendas dificultades en la escuela, Scott fue diagnosticado con DDAH (en ese entonces tenía un nombre diferente). Yo no sabía nada sobre eso, pero me sumergí en el aprendizaje de ese desorden. Mientras leía, me daba cuenta que Mark también era DDA, pero sin el factor de hiperactividad. Así, comenzó un enfoque totalmente nuevo de asumir la paternidad, para entender y trabajar de modo que su vida y la nuestra fueran lo más pacíficas posibles. ¡Sin duda una tarea nada sencilla! No había recursos.

Nuestros niños practicaban todos los deportes comunes, lo cual permitía que nos mantuviéramos juntos. También les daba un sentimiento de estar en su sitio. Durante la mayor parte de su niñez, fueron marginados socialmente; los pleitos y un comportamiento reaccionario habían sido su única forma de arreglárselas. No podían entender por qué les pasaban estas cosas a ellos y ambos estaban tristes por la falta de comprensión entre sus compañeros.

Intentamos varias formas de medicamentos, cada uno por períodos prolongados de tiempo. El Ritalin y el Dexadrine eran las principales opciones en el campo médico en ese entonces. No había doctores homeopáticos en nuestra área y la medicina alternativa no era ampliamente aceptada o accesible en 1983.

Consultamos a varios especialistas en busca de respuestas para ayudar a nuestros hijos, la mayoría de las veces nos topamos con muros de ladrillo y el consejo dado era el de usar regímenes de comportamiento muy estrictos y controladores que, la verdad, nunca fueron acertados y creaban mucho odio dentro de la estructura familiar cuando los poníamos en práctica. Incluso, crearon más problemas de conducta.

Encontré que el aceptar sus diferencias fue el primer paso para poder ayudarlos. Después de todo estos niños iniciaron el camino que muchos otros niños DDA y DDAH seguirían. Ayudé a formar un grupo local de apoyo para padres cuyos niños tenían las mismas experiencias, mismo que llevó a la fundación de Niños con Desorden de Déficit de Atención, capítulo New Hampshire (CH.A.D.D.) lo bello de esto fue el poder compartir experiencias con todos los padres. Podíamos hablar de las frustraciones que estabamos experimentando colectivamente y de la solución a los problemas, mediante ensayo y error.

Mientras mis muchachos crecían y entraban a la adolescencia, se hizo más difícil el ayudarlos. El comportamiento usual de los adolescentes, aunado con su diagnóstico médico y su incapacidad para aprender, comenzó a derribarnos a todos. El sistema escolar estaba solamente estructurado para ser punitivo, no de apoyo, en su manera de tratar a los niños. Ellos no entendían estos despertares, sólo intentaban controlar su comportamiento.

Cuando Mark cumplió 15, nos dijo que quería irse a vivir con un amigo y decidimos dejar que lo intentara. Las cosas no estaban bien en la casa, de modo que esperábamos que la separación pudiera ayudar, pero en lugar de eso la situación empeoró.

Mark se metió en problemas que lo llevaron a ser internado en un centro para menores. Esto complicó los problemas de conducta. Había sido llevado a ese lugar debido a su comportamiento impulsivo y porque quería ser como todos los demás. Nunca podía ver las consecuencias de sus acciones intencionadas. El, literalmente no lo entendía. Después del hecho, su cara se ponía en blanco, como si no pudiera creer que hubiera hecho algo que lo hubiera metido en problemas. Esta primera serie de incidentes involucró el robo de un libro *The Book of Runes* y pocas semanas después, en un atrevimiento, robó el auto del padre de un amigo.

Cuando salió de ese centro, siguió metiéndose en dificultades por unos cuantos años más. Siempre se trataba de situaciones que involucraban la inhabilidad de ver las consecuencias de sus acciones intencionadas. Se convirtió en un muchacho triste y duro. Como madre me encontraba perdida, sin saber cómo ayudarlo sin que se activara su mal comportamiento. Sabía que su esencia era maravillosa, pero el luchar con los problemas de comportamiento de un niño DDA con desequilibrio hormonal iba más allá de mi experiencia.

Scott, mi hijo menor, fue siempre muy duro, también. Sobresalía en los deportes, particularmente en hockey, lo mismo que en música, arte y escritura de historias de ficción; sin embargo, tenía dificultades con el resto de las materias en la escuela. El nunca vio áreas grises. Su comportamiento social fue siempre competitivo. Quería ganar a toda costa, ya fuera en los juegos de mesa o en las discusiones.

Durante el solsticio de invierno de 1991, visité a Mark en el departamento que compartía con algunos amigos y le llevé un paquete de cosas personales y algo de comida. (La última vez que lo había visitado, ellos solamente tenían salchichas, mortadela y cerveza en el refrigerador) Mientras entraba por la puerta principal, noté con asombro una estatua de Cristo en lo alto de las escaleras. La identifiqué inmediatamente; la había visto en la iglesia de la misma calle.

Les dije a los muchachos, dado que ambos habían estado involucrados en el incidente, que tenían 48 horas para regresar el Cristo a la iglesia o yo personalmente llamaría a la policía y le diría dónde estaba la estatua. Cada día llamaba a la rectoría y cada día recibía la misma respuesta: "No, la estatua no ha sido devuelta".

Al tercer día, llamé a la policía local para reportar la ubicación de la estatua. Ellos fueron al departamento de Mark, recogieron la estatua y lo arrestaron. Mark ya no era menor de edad, de modo que lo encerraron en la cárcel del condado por un año.

Es interesante el mirar hacia esa época. Mark fue puesto en libertad bajo fianza con una audiencia pendiente. No se presentó a la audiencia y fue arrestado nuevamente el 11 de enero de 1992, esto fue el 11:11, una fecha metafisicamente significativa, durante la cual se activa la puerta del entendimiento espiritual.

Cinco meses después, los remordimientos obligaron a Scott a confesar que en realidad había sido él quien había robado la estatua; él la había llevado al departamento de Mark. Se fue a la Corte y le confesó a un juez que él era el único responsable del robo, de modo que fue puesto en una correccional por 90 días.

Mi matrimonio también se estaba terminando en ese entonces. Como padres, mi esposo y yo fuimos un fracaso en la forma en la que ayudamos a estos niños. Al mirar al pasado, sé que eso fue una apertura real en mi propia vida. Todo eso, —el haber reportado a mi hijo, el sentirme arrastrada fuera de mi matrimonio, la policía llegando durante la celebración 11:11 y mi despertar espiritual—, había pasado desde el momento en que me convertí en Maestra Reiki en 1988. Ahora sé que mi hijo Mark y yo teníamos un contrato. Ahora hablamos acerca de esto abiertamente y nos reímos. Hemos salido de una época muy difícil en nuestras vidas;

sabemos que lo hubiéramos podido haber hecho de diferente manera, pero esa fue la que elegimos.

En 1997, Mark cayó preso nuevamente por violaciones de tránsito, infracciones de velocidad, abandonar la escena en un accidente y no pagar multas. Durante ese tiempo yo me sentí inclinada a no ir a visitarlo. Se me "dijo" que esperara y que le diera un tiempo para que comprendiera las consecuencias de su comportamiento, que se trataba de un período de aprendizaje para él y su siguiente despertar.

Seis meses antes de su salida me sentí inclinada a comenzar a mandarle libros. Le envié todos los libros de Kryon, de Lee Carroll, lo mismo que los libros de *Conversaciones con Dios*. El leía toda esa literatura, es cierto que se trataba de una audiencia cautiva, ¡pero el comenzó a compartirlos con otros internos quienes leían el material y lo discutían! Yo sentía como si nuestros espíritus hubieran formado un círculo: desde el despertar temprano de mi ser, abierto a astronautas, guías y ángeles, a través de su despertar en una cárcel del condado, hasta el despertar de otros que lo escuchaban. ¡Un gran despertar!

Ahora, fuera de la prisión. Mark es un moderador Reiki, trabaja y cría a sus dos hijas, Kathryn y Emma y tiene un nuevo enfoque hacia la vida. Lucha con las diferencias dentro de él mismo, pero está abierto a un nuevo entendimiento sobre su verdadera persona. Yo estoy convencida de que este Niño Indigo prematuro está aquí para ayudar a otros y para ser un padre de dos jóvenes quienes a su vez están aquí para hacer una diferencia.

Scott está trabajando en el campo de la medicina y tiene una niña, Kayley, a quien yo llamo "Kibit". Cuando Kibit nació, lo supe, aunque me encontraba a varios estados de distancia y me apresuré a regresar para estar ahí a tiempo. No estaba sorprendida cuando revisé mis mensajes y escuché a Scott llamando desde el hospital. Estuve ahí y presencié el nacimiento de Kayley Isabel.

Esta niña me "habló" momentos después de haber nacido. Se encontraba con gran sufrimiento e iban a enviarla en helicóptero a un centro médico importante. Yo la cargué y le dije que si necesitaba regresar al mundo espiritual estaba bien. Fue entonces que ella me dijo que estaba aquí para verme y que pasarían cuatro meses antes de que volviéramos a estar juntas otra vez. Nos comunicamos todo eso mirándonos a los ojos.

Scott y yo tuvimos un desacuerdo y efectivamente pasaron cuatro meses antes de que volviera a tener a Kibit entre mis brazos. Scott comenzó a decirme cosas sobre la niña, como la manera en la que él sentía que ella podía ver todo acerca de él. Lo recuerdo diciéndome que pensaba que la pequeña podía leer sus pensamientos y que lo miraba fijamente todo el tiempo. Mientras crecía, sus habilidades al hablar y su independencia eran notables. A los 14 meses ya podía hablar con oraciones completas. Sabía de dónde venía y me lo decía. Se sentaba en su cuna mirándome fijamente y "hablándome" sin abrir su boca.

El mismo Scott había tenido siempre mucha suerte. Siempre sabía en forma innata cuándo iba a ganar o a perder y casi siempre tenía razón. Habla mucho conmigo sobre Kayley, porque sabe que ella también era diferente.

Hasta que más personas comenzaron a hablar acerca de los Niños Indigo, ninguno de nosotros tenía una referencia sobre quienes eran estos niños inusuales, algunas veces mal comprendidos y con frecuencia dotados. Siento una sensación de asombro al ver la futura generación de estos seres maravillosos. Ellos saben lo que quieren y quiénes son y no les da ninguna pena preguntar o decirle a usted esto. Hablan de estar aquí antes y saber quién era usted antes. Kayley habla de esto conmigo. Me platica de sus ángeles y guías y de lo que ellos le dicen. Scott escucha a su hija y ahora entiende por qué el luchó tanto creciendo.

Emma, la hija de Mark, es todavía muy joven, pero ya muestra signos de ser Indigo. Habla y tiene excelentes habilidades motoras. Su cuerpo es esbelto y flexible. Sus ojos siempre tienen chispas y apunta a cosas invisibles que yo todavía no puedo ver, pero sé que me está diciendo a quién está viendo a mi alrededor y que estos seres son mis guías y ángeles. Ella les sonríe, les habla . . . después me mira a los ojos y en silencio me dice quién soy yo.

La otra hija de Mark, Katryn Elizabeth, habla del ángel de la guarda que tiene. Sonríe y le da la mano y ambos caminan hacia la caja con arena para escarbar túneles, hacer pasteles de lodo y hablar sobre los días futuros.

Eso me ha ayudado a saber que mis hijos son, por cierto, regalos. Hemos hecho contratos juntos a través del tiempo y es de verdad una bendición el saber que continuará con mis nietas. Amo a mis hijos y sigo diciéndoles qué tan especialmente increíbles fueron. Les digo qué tan agradecida estoy de los tiempos difíciles que pasamos juntos y del viaje que hemos tenido que hacer todos juntos. Sé que mis hijos han mostrado el camino para muchos. Ellos han despertado mi alma en este viaje y han creado a mis nietas, quienes saben, por cierto, ¡exactamente quiénes son!

Más historias de Indigos

Cuando mi hija Marlyn apenas tenía tres años, estabamos haciendo juntas una oración en voz alta que comenzaba diciendo, "Ahora, me voy a acostar a dormir…" Al final, Marlyn me preguntó cuál era la oración que yo acostumbraba decir y me pidió que se la repitiera en voz alta. Comencé a rezar el Padre Nuestro y mi hija me siguió inmediatamente. Sé que ella no había estado expuesta a esta oración antes, por lo menos no en su actual cuerpo, de modo que le pregunté cómo sabía ella el Padre Nuestro tan bien. Ella simplemente me dijo que solía rezarlo "todo el tiempo" La felicité por recordarlo tan bien.

Hablamos un poco sobre lo fuertes que podían ser algunos de estos recuerdos y qué tan importante era respetarlos. Este tipo de conversación no era inusual y yo la consideraba como algo normal, no habiendo tenido hermanos ni muchas experiencias con niños pequeños. Sólo cuando nuestras amistades me hacían ver la manera adulta en la que hablábamos me di cuenta que esta no era la norma.

En una ocasión, la niña estaba sentada en su silla del automóvil en el asiento de atrás mientras una amiga se acomodaba en frente junto a mí. Mi amiga y yo estábamos discutiendo sobre algunas de las enseñanzas más esotéricas de un templo que habíamos visitado, cómo algunas parecían ser muy egocéntricas para el líder de la organización y sin embargo, la verdad subyacente estaba presente, sin duda. Marlyn brincó y dijo que nosotros debíamos hacer un esfuerzo por entendernos, lo mismo que a "la verdad" (refiriéndose obviamente a la persona de la que estábamos hablando). Mi amiga estaba espantada; sin embargo, yo reconocí como algo normal, que dado que Marlyn es un alma tan anciana, era natural para ella identificar esta necesidad

— Terry Smith, madre de Marlyn, ahora de 12 años

Mi hija de 15 años, Stef y yo vivimos en una comunidad holandesa religiosa tradicional. Sé que hay un lugar para nuestras palabras y rezo porque sean guiadas allá.

Estábamos hablando acerca de lo que los niños en la escuela piensan del cielo y ella dijo, "El cielo es otra palabra para describir el lugar posterior, pero es aún limitada".

Y hablando del cielo, agregó, "Dios no ha dejado de crear, el universo está cambiando. El está construyendo gente y cosas que aprendan a amarlo".

Al hablar sobre la predestinación, ella dijo, "Dios no sabe lo que tú vas a hacer. El te crea con amor y Su conocimiento. Tú tienes que hacer lo que creas que es correcto. Tienes un destino, ¿pero realmente lo quieres? Si golpeas a alguien, Dios no planeó eso para ti; es tu elección. Dios tuvo un pensamiento, El creó a la humanidad y la humanidad intentó obtener ese pensamiento. Yo soy ahora el pensamiento y soy humano. Soy tanto una parte de Dios y de la creación. Soy el Creador y la Creación".

— Laurie Werner, madre de Stef, de 15 años

Nuestro Niño Indigo

Te miro a los ojos y me sostengo en tu mirada fija.
Demasiado conocimiento, muy alerta y consciente.

Siento que te conozco, ¿Nos habíamos visto antes?
¿De dónde vienes? Quiero saber más.

¿Recuerdas un lugar muy lejano,
con un nombre diferente y una cara distinta?

No te sientas mal si no entendemos
el mensaje que traes a tu regreso a esta tierra.

Nosotros sabemos quién eres tú; sabemos por qué estás aquí.
Para contestar a nuestras preguntas tu propósito es claro.

Sé que sientes que no perteneces a este lugar.
No te frustres, siempre estaremos cerca.

Nuestra familia está cercana tanto en
lo espiritual como en lo mental.
Te entendemos y conocemos a los que son como tú.

Nos ofreces amor y nos unes.
Tu toque en nuestros corazones es tan suave como una pluma.

¿Por qué has elegido ser nuestra pequeña niña?
¿Cuál es el mensaje que traes al mundo?

Tu espíritu es gentil, pacífico y suave.
Tu espíritu es especial, nuestra Niña Indigo.

— por Mark Denny, escrito para su hija Savannah de dos años

Cuestiones de salud

Este capítulo no es específicamente sobre DDA (Desorden de Déficit de Atención) o sobre DDAH (Desorden de Déficit de Atención con Hiperactividad). Existe hoy en día una gran cantidad de información verdaderamente sobresaliente sobre esta materia por lo que no vamos a pretender ser autoridades en todo lo que involucra. Sin embargo, debido a que la droga llamada Ritalin está siendo usada tan ampliamente para tratar a niños quienes pueden ser simplemente Indigo, queremos que usted conozca la información más reciente disponible relacionada con esta droga.

Si usted lee este capítulo con la esperanza de encontrar alguna alternativa, es decir, tratamientos sin drogas para aquellos niños que son verdaderamente DDA o DDAH, podríamos tenerla también. Pero este capítulo está dedicado a aquellos quienes han sido mal diagnosticados con estos síndromes, ¡cuando en realidad se trata de Niños Indigo! En muchos casos, lo que funciona en un caso de DDA también funciona para la experiencia Indigo, especialmente en el área de nutrición y de sistemas alternativos de comportamiento.

Permítanos hacer énfasis en información que ha sido entretejida a lo largo de este libro:

1. ¡No todos los Niños Indigo son DDA o DDAH!

2. ¡No todos los niños DDA o DDAH son Indigo!

Antes de presentar nuestra pieza de crucigrama, deseamos honrar a aquellos quienes son líderes en la investigación de los trastornos DDA y DDAH y están ayudando al planeta con sus escritos. Son muchos, pero debajo hay sólo unas cuantas selecciones de las listas de los mejor vendidos (bestsellers) de las librerías; los libros de la corriente principal de DDA están ayudando literalmente a millones de padres. Quizá después de que este libro se publique, tendremos una lista mayor de obras destinadas específicamente a los Indigo. Si este fuera el caso, usted los podrá encontrar en nuestro página Internet, **www.Indigochild.com.**

Algunos de los libros recomendados sobre los desordenes de falta de atención, son los siguientes:

1. *Driven to Distraction,* por Edward Hallowell, M.D. Este libro está considerado por muchos como el mejor enfoque médico hacia el DDA.

2. *Helping Your Hyperactive* ADD Child, por John F. Taylor. Otro maravilloso libro, considerado como el escrito más comprensivo en el tema de los niños DDA y DDAH.

3. *Raising Your Spirited Chil,* por Mary Sheedy Kurcinka. Este libro cubre la forma en la que se pueden manejar ciertas características desde una perspectiva de los padres.

4. *The A.D.D. Book*, por William Sears, MD., y Linda Thompson, PhD. Este libro, escrito por un pediatra y una psicóloga infantil, plantea un enfoque libre de drogas para el tratamiento de niños con DDA.

5. *Running on Ritalin*, por Lawrence Diller. Usted realmente debe leer este libro si se encuentra usando Ritalin con sus niños actualmente.

6. *No More Ritalin: Treating ADHD Without Drugs*, por Mary Ann Block. Block's. En el libro de Block se encuentra en realidad todo lo que se incluye en este capítulo.

7. *Ritalin: Its Use and Abuse*, por Eileen Beal. (No se había publicado todavía cuando este libro se estaba escribiendo, pero fue revisado).

Hay también organizaciones que operan específicamente para ayudarle a *usted* con su niño DDA. La más destacada, al momento de escribir este libro, era **CH.A.D.D.** (Por sus siglas en inglés que significan, Niños con el desorden de Déficit de Atención). Esta organización le invita a llamarles y tiene información recopilada y organizada a nivel nacional. Considérelos una red de proveedores de información consolidada y actualizada. Vale la pena también visitar su sitio electrónico.

Otra magnífica organización es **Network of Hope**. Este grupo, con sede en Florida, es una corporación no lucrativa fundada por un grupo de ciudadanos preocupados. De su página Internet: "Todos estamos de acuerdo en que 'nuestros niños son nuestro más grandioso recurso'. Somos un grupo de personas unidas de corazón en Norteamérica quienes elegimos abrazar a otros y compartir esta *esperanza* con todas las familias". Su sitio electrónico es también otra buena fuente de valiosa información.

¿Se está curando o aturdiendo?

Hasta ahora, en este libro, usted ha escuchado a padres hablar acerca de estar al borde de la locura, por tener niños que parecen ser DDA, pero que no lo son. Algunos han tenido a sus hijos diagnosticados como DDA y han tenido que seguir la rutina de las drogas recetadas. Como lo mencioné anteriormente, esto parece ayudar, pero ¿ayuda a los padres o a los niños? Seguramente, algunos niños pueden haberse tranquilizado y pueden estar conformes, pero ¿acaso se debió a que su "conciencia desarrollada" fue aturdida?

Este capítulo es para aquellos de ustedes quienes se preguntan si su niño es DDA, o quizá uno de los nuevos Indigo. Vamos a presentar alguna información de la **Dra. Doreen Virtue** en el diagnóstico de DDA y de los Indigo; después, algunos tratamientos alternativos para el DDA con los que nos hemos encontrado en nuestros viajes, los cuales son también útiles para los Indigo que están experimentando problemas con el mundo a su alrededor.

Algunas de las alternativas pueden parecer raras, ¡pero no las incluiríamos aquí si no supiéramos que están *funcionando*!

¿Es saludable la obediencia?
Doreen Virtue, Ph.D.

Los Niños Indigo con frecuencia son diagnosticados como DDAH debido a que se rehusan a obedecer. Cuando vemos una película de Clint Eastwood aplaudimos su naturaleza rebelde. Sin embargo, cuando este mismo espíritu se hace evidente en los niños, les damos drogas.

El terapeuta Russell Barkley, autor del libro *Hyperactive Children: A Handbook for Diagnosis and Treatment*, escribe: "Aunque la falta de atención, la actividad excesiva y el pobre control de impulso son los síntomas más comunes citados por otros como principales en los niños hiperactivos, mi propio trabajo con estos muchachos sugiere que la desobediencia es también un problema importante.

He trabajado en el campo psiquiátrico por muchos años. Recuerdo, como consejero interno, haber trabajado para un psiquiatra prominente. Cada día, la sala de espera de su consultorio estaba repleta con docenas de personas quienes esperaban pacientemente sentadas mientras el doctor consistentemente estaba una hora tarde para sus citas. El veía a cada paciente por un máximo de diez minutos, escribía notas a máquina sobre su enorme escritorio mientras el paciente hablaba. Al final de cada sesión, escribía una receta.

Al principio, debo admitir que criticaba al doctor por recetar drogas en lugar de utilizar la terapia verbal. Entonces me di cuenta que simplemente estaba haciendo lo que todos los doctores hacen. Si usted le da a una persona un martillo, seguramente va a golpear cosas, si consulta a un doctor en medicina, invariablemente le va a recetar drogas como respuesta a cualquiera de sus males. Esto me recuerda un viejo axioma, "Nunca trates de enseñarle a un cerdo a cantar. Perderás tu tiempo y enfadarás al cerdo". En otras palabras, la gente es lo que es. De modo que no nos sorprende cuando los maestros se hartan de la desobediencia, mandan a los niños con el psicólogo infantil y con los doctores familiares y se les prescribe Ritalin.

No obstante, con toda justicia, hay algunos psiquiatras que públicamente condenan el uso del Ritalin. "El Ritalin no corrige desequilibrios bioquímicos, los provoca". Revela el Dr. Peter R. Breggin, director del Centro Internacional para el Estudio de la Psiquiatría y Psicología y profesor asociado del Departamento de Asesoría Psicológica de la Universidad de Johns Hopkins. El señala:

El DDAH es un diagnóstico polémico con muy poca o nula base médica científica. Un padre, maestro o doctor puede sentirse confiado cuando descarta completamente el diagnóstico y se rehusa a aplicarlo a los niños. No existe prueba de ninguna anormalidad física en el cerebro o cuerpo de los niños quienes rutinariamente son nombrados DDAH. No han tenido desequilibrios bioquímicos ni se les han "cruzado los cables".

El Dr. Breggin agrega que hay alguna evidencia de que el Ritalin puede causar daño en el cerebro del niño y en sus funciones. El Ritalin reduce el flujo sanguíneo al cerebro y rutinariamente provoca otros terribles desajustes en el desarrollo del cerebro de un niño. Y continúa:

Los niños no tienen desórdenes; viven en un mundo desordenado... Cuando los adultos les provean un medio ambiente mejor, los pequeños tenderán a mejorar rápidamente su perspectiva y comportamiento. Pero los niños y los adolescentes pueden eventualmente sentirse tan trastornados, confundidos y auto destruidos que interiorizan el dolor o se vuelven rebeldes compulsivos. Nunca se les debe dar la idea de que, la causa primaria de sus conflictos en la escuela y con su familia, se debe a que están enfermos o defectuosos.

Los niños pueden beneficiarse de la orientación sobre como aprender a ser responsables de su propia conducta; pero no ganan nada cuando se les culpa por el trauma y la tensión a la que están expuestos en el medio ambiente que los rodea. Ellos necesitan ser capacitados, no recibir diagnósticos humillantes y drogas que los aturdan. Lo más importante de todo, ellos prosperan cuando los adultos muestran su preocupación y atienden sus necesidades básicas de niños.

Un enfoque diferente a los Niños Indigo

La tarea principal para todos nosotros es la de sobre-protegernos a nosotros mismos y a nuestros niños del final de la vieja energía en la que ahora nos encontramos. En lugar de drogar a nuestros niños, o forzarlos a cumplir con los estándares de la antigua energía, hay formas alternativas de crear armonía dentro de los hogares de los Niños Indigo. Por ejemplo, Mary Ann Block, D.O., autora del libro, *No More Ritalin: Treating ADHD Without Drugs*, trata a los niños diagnosticados con DDAH mediante el entendimiento de su forma única de pensamiento. Ella ha observado que estos niños están dominados principalmente por el lado derecho del cerebro. Esto es, están orientados a ser visuales, creativos, artísticos, físicos y espaciales. Nuestro sistema educativo, el cual demanda un enfoque de bibliotecario regido por el lado izquierdo del cerebro, no va bien con el estilo natural de pensamiento del lado derecho dominante del cerebro de estos niños.

De acuerdo con la Dra. Block, "Los niños también tienden a aprender en forma táctil". Esto significa que aprenden mejor con sus manos. Durante los primeros años de escuela, debido a que son con frecuencia muy inteligentes, están en condiciones de compensar su necesidad. Pero para el cuarto o quinto grado, el maestro se para frente a la clase, da una lectura y escribe asignaciones en el pizarrón. Se espera que los niños tomen apuntes y escriban correctamente sus asignaciones. Pero estos niños tienen dificultad para aprender en un salón de clases. Ella señala:

> Aunque ven y oyen, el cerebro no procesa esta información a través de los sentidos auditivo y visual de igual manera. Estos niños tratan de aprender, pero debido a que son de aprendizaje táctil, pueden tomar el lápiz y jugar con él, poner sus manos en los bolsillos o sobre la persona que está enfrente de ellos. Luego se meten en problemas, cuando todo lo que estaban tratando de hacer era aprender de la mejor forma en la que saben hacerlo, a través del tacto. De modo que aunque sean muy brillantes con frecuencia se les

cataloga como niños con problema de aprendizaje o traviesos.

Cuando la Dra. Block dice que estos niños son táctiles y sentimentales, ella se está refiriendo a sus habilidades clarisensitivas. Esto significa que los Niños Indigo reciben y envían información a través de sus sentimientos emocionales y físicos. La clarisensación es una forma de comunicación psíquica que con frecuencia se le llama intuición o telepatía. Yo creo que todos somos naturalmente telepáticos y que, en el nuevo mundo, vamos a retomar esta habilidad. ¡No castiguemos a los Niños Indigo por retener una habilidad de la que todos nos podemos beneficiar! La Dra. Block continúa:

> Debido a su aprendizaje táctil algunas veces tienen problemas al aprender a través de sus sentidos auditivo y visual, con frecuencia necesitan estimulación táctil para ayudarles a aprender a través de otros sentidos. Esto significa que pueden tener la necesidad de tocar algo mientras están viendo o escuchando. Nosotros les proporcionamos una pequeña pelota flexible y suave. Usted debe permitirle a su hijo jugar con esta pelota o con algún otro objeto con una mano mientras escucha, lee o escribe, ya sea en la escuela o en la casa. El invocar los sentidos táctiles mientras se intenta aprender puede mejorar su aprendizaje auditivo y visual. Esto también puede ayudarle a reducir el comportamiento activo e inaceptable en el salón de clases.
>
> Los niños de aprendizaje táctil pueden no escuchar a los padres cuando les hablan. Llámelos por su nombre primero para intentar llamar su atención antes de darles una orden verbal. Si usted es cercano a su hijo, toque suavemente su hombro o brazo para ayudarle a "aterrizar" y después de las instrucciones verbalmente.

¿Qué hacer?

De acuerdo, un niño puede ser DDA o Indigo o ambos. De cualquier forma, sabemos que usted, como padre, tiene que luchar con el desequilibrio en su casa día y noche. ¿Qué puede hacer sobre esto? El sentarse y preguntarse qué está pasando ¡no le ayuda ni a usted ni a su niño! Quizá usted ya ha tomado alguna acción. Quizá antes de haber empezado a tratar a su niño, estudió el DDA, se reunió con otros padres y consultó doctores. Lo respetamos por eso y esperábamos esa clase de cuidados. ¡Pero ahora le estamos diciendo que hay algo más todavía! Nuestra intención es darle esperanza, no aumentar su confusión.

Deseamos establecer algo ahora mismo: Ninguno de estos colaboradores o autores está tratando de hacer a ningún padre sentirse culpable por poner a su hijo bajo una droga. No estamos aquí para señalar con el dedo y decir que todos están equivocados. Simplemente queremos presentarle un argumento acerca de lo que es el Ritalin y también hacerlo consciente de tratamientos alternativos. También queremos que considere que quizá su niño no es DDA o DDAH después de todo. Si parte de la información que hemos proporcionado hasta ahora coincide con su niño, seguramente querrá aprender algo de lo que otros están haciendo.

Curanderos, educadores y trabajadores de la industria infantil han llenado este capítulo con reportes acerca de soluciones a problemas que parecen tener síntomas DDA y DDAH (los cuales, como se estableció, también coinciden con los de muchos Indigo). Estos métodos no son todos aceptados, pero, como sabemos, ¡las curas revolucionarias son generalmente desdeñadas al principio! La historia reciente está llena de ejemplos de esto. Se nos ha recordado la revelación acerca de la cura para las úlceras, el descubrimiento de que son provocadas por bacteria. La industria médica gritó e hizo escándalo hasta el último minuto. No fue, hasta que el doctor que lo descubrió casi se mata a sí mismo probándolo en su propio cuerpo, que las compañías farmacéuticas finalmente "se pusieron de acuerdo". Este libro podría estar presentando un caso similar; sólo el tiempo lo dirá. Deseamos presentar algunos reportes y datos acerca del Ritalin. Una parte es información nueva, algunas cosas son viejas, pero en conjunto, es importante que usted lo sepa. La revista *Time* recientemente dedicó su sección principal al Ritalin diciendo:

> El ritmo al cual ha venido creciendo el Ritalin ha provocado alarma entre los críticos desde hace algún tiempo. Algunos doctores se encuentran a sí mismos luchando con padres ansiosos quienes, preocupados porque sus hijos van a desperdiciar su futuro, demandan la droga y si se rehusan se van con otro médico que esté dispuesto a cooperar. Algunos padres se sienten presionados a medicar a sus hijos sólo para que de esta manera su comportamiento sea más parecido al de otros niños, incluso si ellos están más o menos conformes con la actitud de su hijo, con todo y caprichos y berrinches.
>
> La producción de Ritalin se ha septuplicado durante los pasados ocho años y el 90% se consume en los Estados Unidos. Dichas cifras invitan a los distritos escolares, a las compañías aseguradoras y a las familias angustiadas a volverse hacia la medicación como una solución rápida a problemas complicados que podrían ser mejor atendidos mediante clases más pequeñas, psicoterapia o ayuda psicológica familiar, lo mismo que mediante cambios básicos en el medio ambiente ajetreado en el que viven día con día muchos niños en este país.
>
> Incluso los doctores que han visto los efectos positivos y algunas veces milagrosos del Ritalin advierten que la droga no es un sustituto para mejores escuelas, enseñanza creativa ni mayor dedicación de padres a hijos. A menos que el niño desarrolle habilidades propias que le ayuden en su comportamiento, los beneficios de la medicina desaparecen pronto. La tendencia de los últimos años ha sido clara; el porcentaje de niños que salen de un consultorio médico con un diagnóstico DDAH (o DDA) y una prescripción, ha aumentado de 55% en 1989 a 75% en 1996.

Entre la corriente principal de la ciencia y la medicina, estamos comenzando a ver "alarma con el Ritalin", así como algo de sentido común y enfoques alternativos para los niños diagnosticados con los trastornos DDA o DDAH. Las preguntas técnicas básicas acerca de esta droga comúnmente usada están comenzando a plantearse: ¿Cuál es la verdadera historia sobre la forma en la que funciona el Ritalin? ¿Tiene efectos secundarios? ¿Qué dicen los expertos?

Esto es lo que J. Zink, Ph.D., un terapeuta familiar de California y autor de varios libros sobre la crianza de los niños, tuvo que decir, de acuerdo con una declaración textual publicada en el mismo número de la revista *Time*: "No hay que negar que el Ritalin funciona. ¿Pero por qué funciona y cuáles son las consecuencias de recetarlo en exceso? La realidad es que no lo sabemos".

El siguiente párrafo, escrito en 1984, es un eco del mismo sentimiento. Es parte de *How to Raise a Healthy Child...in Spite of Your Doctor*, por el Dr. Robert Mendelsohn.

> Nadie ha sido capaz de demostrar que drogas como Cylert y Ritalin mejoran el desempeño académico de los niños que lo toman. El principal efecto del Ritalin y otras drogas similares se encuentra en la facilidad de manejar el comportamiento hiperquinético en el corto plazo. El alumno es drogado para hacerle la vida más fácil al maestro, no para que el pequeño sea mejor o más productivo. Si su hijo es la víctima, el riesgo potencial de estas drogas es el de pagar un precio muy alto por la comodidad de su maestro.

Con esto en mente, considere la siguiente cita textual de una junta de los Institutos Nacionales de Salud, celebrada en 1998, tomada del mismo número de la revista *Time*. ¡Ha habido muy pocos cambios con relación al Ritalin en los últimos 15 años!

> El Ritalin funciona claramente en el corto plazo para reducir los síntomas de DDAH. Pero más y más niños han estado con-

sumiendo la droga por años y no se han llevado a cabo estudios suficientemente amplios para ver si tiene un efecto duradero en el desempeño académico o en el comportamiento social.

El Ritalin puede interferir con la tasa de crecimiento del niño, aunque las investigaciones más reciente sugieren que sólo retrasa, en lugar de atrofiar, el desarrollo del joven. A pesar de que ha habido un incremento en el número de prescripciones estimulantes para niños menores de cinco años, no hay evidencia de que estas drogas sean seguras o utilizadas efectivamente en niños pequeños.

Efectos secundarios del Ritalin

Es posible que lo que vamos a discutir a continuación sea completamente nuevo para usted, normalmente sólo los doctores lo ven. Podría darle escalofrío, esperamos que así sea. De acuerdo con el Dr. Robert Mendelsohn, en su libro *How to Raise a Healthy Child...in Spite of Your Doctor,* la siguiente definición es tomada palabra por palabra del llamado *The Physician's Desk Reference.* La definición es proporcionada por el fabricante de Ritalin, Ciba-Geigy, como lo requiere la ley.

Mientras lee el siguiente reporte, observe que la compañía reconoce que no sabe cómo funciona el Ritalin, o cómo sus efectos están relacionados a la condición del sistema nervioso central. Admite que su seguridad a largo plazo es desconocida. Mientras lee, observe también que los comentarios entre paréntesis son proporcionados por el Dr. Mendelsohn.

El nerviosismo e insomnio son las reacciones adversas más comunes, pero son generalmente controladas reduciendo la dosis y omitiendo la droga por la tarde y noche. Otras reacciones incluyen: hipersensibilidad (con salpullido en la piel), urticaria (hinchazón, comezón en algunas partes de la piel), fiebre, artralgia, dermatitis con descamación, eritema multiforme (una enfermedad que produce inflamación aguda en la piel), con resultados histopatológicos de necrosis vascular (destrucción de los vasos sanguíneos) y trombocitopenia púrpura (un serio desorden de coagulación sanguínea), anorexia, náusea, mareos, palpitaciones, dolores de cabeza, disquinecia (inhabilidad de realizar movimientos musculares voluntarios), somnolencia, cambios en la presión sanguínea y en el pulso, hacia arriba o hacia abajo; taquicardia (ritmo cardiaco acelerado), angina (ataques espasmódicos de dolor intenso en el corazón), arritmia cardíaca (latidos irregulares del corazón), dolor abdominal, pérdida de peso durante períodos de terapia prolongados.

Ha habido reportes aislados de síndrome de Tourette, así como algunos de psicosis tóxica en pacientes que toman esta droga; leucopenia (número anormalmente bajo de glóbulos blancos) y/o anemia; hay otros casos aislados de pérdida de pelo. En niños, pérdida de apetito, dolor abdominal, pérdida de peso durante períodos de terapia prolongados, insomnio y taquicardia pueden ocurrir con mayor frecuencia; sin embargo, también puede ocurrir cualquiera de las otras reacciones adversas mencionadas arriba.

Y ahora vamos a hablar de nuevas substancias, formas de terapia raras e información útil sobre nutrición. Comenzamos con un reporte de Keith Smith, un iridólogo y médico naturista de California quien ha estado teniendo un éxito fenomenal con el uso de métodos no ortodoxos, algunos de los cuales difícilmente alguien puede estar al tanto. Parte de su reporte es técnico para aquellos que lo desean así, pero también le hemos pedido relatos de casos, los cuales creemos que todos pueden entender.

Le pedimos a Keith que presente sus métodos y también que hable sobre el enigma de los Indigo y los DDA específicamente. Una vez más, ¡no presentaríamos ninguna información sin haberla visto funcionar primero! Las teorías "raras" de hoy son con frecuencia la ciencia del mañana.

Polaridad inversa crónica en los niños especiales de hoy
Keith R. Smith

Para todos los niños, nuestro objetivo debe ser curar más que tratar. Mientras revisábamos información sobre DDA, DDAH y discapacidades en el aprendizaje (LD abreviatura por su nombre en inglés, learning disabilities), estaba escandalizada al encontrar un reporte sobre los esfuerzos del Instituto Nacional de Salud Infantil y Desarrollo Humano (National Institute of Child Health and Human development, NICHD). Esta organización reporta en su resumen que "el apoyo para proyectos relacionados con las discapacidades de aprendizaje y lenguaje se ha incrementado de 1.75 millones en 1975, a más de 15 millones en 1973". Un total acumulado de aproximadamente 80 millones de dólares en investigaciones solamente.

Bajo el título Futuras Indicaciones en la Investigación de Discapacidades en el Aprendizaje (Future Research Directions in LD) y el subtítulo "tratamiento/Intervención". se encuentra esta cita textual:

> Al revisar la bibliografía relacionada con discapacidades en la lectura y en el aprendizaje se pone de manifiesto que ninguna forma o método de tratamiento/intervención parece obtener clínicamente logros terapéuticos significativos y de largo plazo con niños diagnosticados con LD. Desafortunadamente, a la fecha, existe escaso apoyo científico para el uso de intervenciones particulares o combinaciones de intervenciones con diferentes tipos de discapacidades en el aprendizaje.

De acuerdo con mis estimaciones, esta organización ha financiado $155 millones en investigación sin remedio. Otro documento de Internet (mediconsult.com) estima que hay de tres a cinco millones de niños con DDAH. Si le sumamos aquellos con discapacidades en el aprendizaje, la cifra aumenta a 10 millones de niños o más. En este documento, el Instituto Nacional de Salud Mental (NIMH, por sus siglas en inglés) la agencia federal que apoya las investigaciones nacionales sobre el cerebro, enfermedades mentales y salud mental, señala:

> El DDAH se ha convertido en una prioridad nacional. Durante la década de 1990, —misma que fue declarada como la "Década del Cerebro" por el Presidente y el Congreso—, es posible que los científicos estén en condiciones de precisar las bases biológicas del DDAH y aprender a prevenirlo o a tratarlo aún más efectivamente.

Si una organización gasta $155 millones y hay otras agencias gubernamentales gastando millones, me pregunto simplemente cuánto dinero y tiempo en investigación ha sido invertido sin lograr siquiera una cura visible.

Yo soy un herbolario y un practicante de la medicina holística. La razón por la que me encuentro conmocionado con toda la información mencionada anteriormente es porque en mi profesión, el DDA o el DDAH están generalmente considerados como unas de las condiciones más fáciles de mejorar o aliviar. (No somos doctores en medicina; en consecuencia, no *curamos*, pero se nos permite mejorar el bienestar y aliviar síntomas dentro del rango de nuestra práctica). En este reporte, he incluido tres casos de estudio; sin embargo, no sería difícil presentar de 300 a 3,000 casos similares. No puedo recordar un caso de DDA o DDAH que no haya producido resultados positivos tales como los incluidos, a menos que los remedios recomendados no fueran tomados por el paciente.

Polaridad inversa crónica

Hace muchos años, por "accidente", descubrí la polaridad inversa crónica (CRP por sus siglas en inglés), como un remedio para el síndrome de fatiga crónica. Desde entonces, Me he dado cuenta que muchos de los síntomas de DDAH en los niños eran idénticos a los síntomas de CRP tal y como ocurren en los adultos. Cuando comencé a hacer pruebas con los niños DDAH, se confirmaron mis sospechas. Casi todos los niños con este desorden que han venido a mi consultorio tienen polaridad inversa crónica. Una vez que añadí el remedio herbolario básico para esta condición a mi plan de nutrición previo, comenzaron a ocurrir cosas maravillosas en los niños. Comenzaron a responder al proceso y a mejorar. La mayoría de ellos se puso "bien".

Cada sistema y proceso del cuerpo físico es eléctrico. Nuestros procesos mentales, el sistema inmunológico, y el corazón son parte de un sistema vasto que funciona eléctricamente. El cuerpo humano es un sistema que contiene y genera electricidad por sí sólo. En cualquier parte que la electricidad esté en operación, se crean campos magnéticos. Los campos magnéticos tienen *polaridad*: Esto es, tienen un polo norte y uno sur. Si usted pone un imán bajo presión, éste invertirá su polaridad; en esencia, los polos norte y sur cambian posiciones.

Dado que el cuerpo humano es eléctrico y tiene un campo magnético sutil, ciertas condiciones tales como la tensión nerviosa revierte sus polos norte y sur, su polaridad, muy parecida a un imán. Esto puede ser temporal y se trata como tal por la vasta mayoría de profesionales de la medicina holística/alternativa. En mi práctica, sin embargo, he encontrado que la polaridad inversa es con frecuencia duradera y puede ser difícil sanarla sin un pleno entendimiento de la variedad de sus manifestaciones.

Fui llevado a descubrir que la polaridad inversa con frecuencia se hace crónica y aparece como un factor importante en la causa del síndrome de fatiga crónica, depresión, ansiedad, fibromialgia, enfermedades del sistema inmunológico, cáncer, DDAH y muchas otras condiciones que no parecen tener "cura" con los tratamientos tradicionales. La variedad de procesos de enfermedades y síntomas crean confusión en la forma de tratar estos problemas, los cuales generalmente no son detectados hasta que los síntomas son evidentes.

El sistema eléctrico del cuerpo

La condición de polaridad inversa debilita la "fuerza eléctrica" del cuerpo. La tensión prolongada es una de las causa principales. Al debilitarse la carga eléctrica del cuerpo, ocurren síntomas como señales de alerta. Si la carga del cuerpo cae por debajo de 42 hertz, el sistema inmunológico no puede resistir la enfermedad. En las etapas iniciales de CRP, las señales de alerta del cuerpo pueden incluir dolor de espalda, músculos tensos, o dolor de cabeza; si no escuchamos estos síntomas y reducimos nuestro ritmo acelerado para permitir que se "recargue" nuestra energía eléctrica, los síntomas empeoran y entonces se convierten en fatiga extrema, depresión, ansiedad, migrañas, fibromialgia, entumecimiento o dolor crónico en un área débil.

Con polaridad inversa, el sistema normal de auto conservación se queda inactivo. Las señales eléctricas comunes al sistema inmunológico parecen destruir en lugar de proteger.

Nota del autor a los curanderos: En enfermedades tales como ITP (abreviación en inglés de trombocitopenia púrpura intersticial), la descripción del manual de Merck señala: Una enfermedad en donde el bazo misteriosamente comienza a destruir los glóbulos rojos. Para reducir la evolución de esta condición con frecuencia incurable, se remueve el bazo. Una cita textual sobre esta descripción dice: "Pareciera que los glóbulos rojos tomaran una carga eléctrica opuesta..."

¿Podría ser que el revertir nuestra carga eléctrica en las áreas débiles del cuerpo es, en realidad, un último intento para corregir las condiciones destructivas de la tensión nerviosa que nos obligan a ir a estados de mayor descanso, tales como sillas de ruedas, hogares y camas de hospital?

Algunos de los principales síntomas del síndrome CRP son exactamente paralelos a los síntomas del DDAH; por ejemplo, mala memoria de corto plazo y falta de concentración.

Generalmente obtengo una respuesta positiva a la descripción de sentirse "con el cerebro nublado". Otro diagnóstico útil es pedir al paciente que imagine que su cerebro es un foco de luz y que nombre el lugar que usa la mayor parte de energía y en donde la luz es más brillante. Después le pregunto si ha experimentado alguna vez un "apagón" o podría imaginar de qué forma se sentiría si su luz se debilitara. La respuesta normal de un adulto es, "¡Así es exactamente como me siento!"

Imagine la discapacidad que tendría un niño en edad escolar con un "cerebro débil" si consideramos que el trabajo de la escuela requiere principalmente concentración y una buena memoria de corto plazo.

Nueve síntomas necesarios para el diagnóstico

De acuerdo con la guía de diagnóstico de la Asociación Americana de Pediatría, un diagnóstico de DDA o DDAH requiere nueve síntomas de falta de atención o nueve síntomas de hiperactividad / impulsividad, la cual se ha desarrollado antes de la edad de siete años, ha persistido por lo menos seis meses y es suficientemente severa para interferir con las actividades normales sociales o en la escuela. Los síntomas específicos son:

Falta de atención

1. Presta poca atención a detalles y comete errores por descuido.
2. Tiene dificultad para poner atención.
3. No parece escuchar cuando se le habla directamente.
4. Tiene dificultad para seguir o terminar una tarea.
5. Tiene dificultad para organizarse.
6. Evita tareas que requieren esfuerzo mental sostenido o concentración.

7. Con frecuencia pierde cosas que necesita para la escuela o para trabajar en casa.
8. Se distrae ante estímulos sin importancia.
9. Olvida fácilmente sus actividades cotidianas.

Hiperactividad/Impulsividad

1. Con frecuencia se pone inquieto o se retuerce.
2. Con frecuencia deja su asiento cuando se espera que permanezca sentado.
3. Corre por todos lados o se sube a las cosas en lugares inapropiados.
4. Tiene dificultad para participar en un juego o en alguna actividad en silencio.
5. Está constantemente en movimiento o parece ser manejado por un motor.
6. Habla en forma excesiva.
7. Grita las respuestas en forma prematura.
8. Tiene dificultad para esperar su turno.
9. Con frecuencia interrumpe o se entromete con otros.

El análisis del iris: Los tipos denominados Flor y Joya

La técnica Rayid de análisis del iris del ojo es muy detallada para ser completamente descrita aquí, pero brevemente, el tipo de iris conocido como Flor, o tipo emocional, podría relacionarse más comúnmente con la falta de atención en un niño y la depresión en un adulto. El tipo de iris conocido como Joya podría estar más relacionado comúnmente con la hiperactividad o impulsividad en un niño y con la ansiedad en un adulto.

Al utilizar la polaridad inversa, el análisis de nutrición, Rayid y otras técnicas a cargo de médicos alternativos, nuestros niños, únicos y especiales, pueden recibir un diagnóstico preciso. El tomar en cuenta caso por caso y utilizar síntomas individuales con frecuencia produce resultados exitosos, como se muestra en los siguientes casos de estudio.

Primer caso de estudio

Paciente: Niña de cuatro años de edad, con síntomas típicos de DDA/DDAH.

Historial clínico: Esta niña fue prematura, nació siete semanas antes de tiempo y pasó cinco días aislada en una unidad de cuidado intensivo neonatal. Su madre dijo que la pequeña siempre había sido "enfermiza y angustiada", rara vez dormía más de tres horas seguidas. Además, era muy sentimental y durante nuestra visita inicial parecía tener los síntomas clásicos de DDAH. Su madre también nos informó que su hija tenía frecuentes episodios de vómito y sudores nocturnos.

Tratamiento médico: Después de una serie de pruebas y de haber recibido un diagnóstico de hiperactividad y DDA, se sugirió el Ritalin si los síntomas continuaban cuando la niña tuviera que ingresar a la escuela. Sus padres decidieron buscar alternativas para evitar la terapia a base de drogas.

Tratamiento alternativo: Esta niña especial se les apareció en sueños a sus padres antes de nacer. Durante el sueño ella les había dado su hermoso y raro nombre. Tenía el tipo de ojo llamado *Riachuelo/Flor*, en consecuencia, un tipo de personalidad sensible/sentimental.

La investigación mostró polaridad inversa crónica y, de acuerdo con lo que informaron sus padres, una sensibilidad extrema al azúcar. Una exploración adicional dentro de los factores de tensión nerviosa que la rodeaban, reveló que el trauma de un nacimiento prematuro fue agravado por el hecho de que ambos padres tenían dos trabajos y se habían cambiado tres veces antes de su llegada a este mundo. Su madre informó un malestar constante de náusea y vómito durante su embarazo, además de ser tratada varias veces en emergencias por deshidratación.

Fue obvio, desde el primer examen médico y con los antecedentes, que ambos padres llevaban una vida muy agitada y llena de tensión. La niña había sido bombardeada con estos síntomas y emociones durante el embarazo y después de su nacimiento los eventos llenos de estrés continuaron. Se descubrió que la niña había adoptado el sistema de vómito de la madre para aliviar el estómago, su centro emocional.

Se usó el programa regular CRP de nutrición herbolaria. Se quitó el azúcar de su dieta lo más posible, reservada sólo para ocasiones especiales. Se les sugirió a los padres pasar más tiempo con su hija en forma individual y darle más abrazos y muestras de cariño para cubrir las necesidades de su tipo de personalidad sensible/sentimental.

Resultados: Esta niña se adaptó bien a la a la escuela preescolar. Todos los síntomas de su comportamiento hiperactivo han desaparecido. Ahora duerme normalmente durante toda la noche, los sudores nocturnos se han terminado y ya no vomita. Un psicólogo que la examinó recientemente, comentó que la pequeña tiene un "asombroso y excelente vocabulario para una niña de cuatro años".

Discusión: Hay investigaciones que indican que padres que fueron hiperactivos, con frecuencia con posibles problemas neurológicos o psicológicos, son más susceptibles a tener niños con trastornos DDA / DDAH. También se ha puesto de manifiesto que el tener un niño hiperactivo aumenta el riesgo de que los hermanos sean también afectados. De este modo, los científicos concluyen en que hay una predisposición genética a este desorden que continúa eludiendo un tratamiento efectivo por parte de la comunidad médica.

En mi experiencia, la polaridad inversa crónica es contagiosa, no mediante gérmenes, sino por medio de la proximidad. Si usted coloca una batería nueva junto a una gastada, la carga de la batería nueva se bajará. Los niños rodeados de padres (CRP) agobiados, o en el útero de una madre que vive llena de tensión, cambian su polaridad mientras los padres, sin saberlo, jalan a la baja la carga eléctrica del niño. Esto ocurre frecuentemente antes del nacimiento y por lo general continúa mientras el niño prosigue con su desarrollo sin intervención para romper el ciclo. Predigo que las investigaciones eventualmente probarán que esta situación crea desequilibrios químicos en el cerebro y los desórdenes nerviosos continuos crean estos síntomas.

Segundo caso de estudio

Paciente: niño de siete años de edad diagnosticado con DDA / DDAH y distrofia muscular.

Historial clínico: La distrofia muscular fue descubierta después del nacimiento, aunada a limitaciones físicas. Los síntomas de DDAH estuvieron presentes y fueron severos desde el principio. El pequeño tenía problemas para sentarse quieto, aprender, enfocarse y seguir indicaciones. En la escuela, no podía escribir su nombre, nunca pudo completar su clase de ortografía y tampoco podía con matemáticas, incluso en los exámenes más sencillos.

Tratamiento médico: Este niño está actualmente recibiendo tratamiento permanente por parte de un hospital infantil, así como terapia física. Un psiquiatra le recetó Ritalin después de un examen médico somero de diez minutos. Esto provocó que su mamá buscara una terapia diferente, sin drogas.

Medicina alternativa: Una investigación y los antecedentes indicaron que este niño fue el producto de un matrimonio extremadamente tenso y hubo dificultades durante el parto. Yo había tratado previamente a su madre por CRP y cabe destacar que ella está ahora divorciada e involucrada en una relación menos difícil. Los cambios en el estilo de vida con frecuencia ayudan en la recuperación, tanto de los padres como de los niños con CRP.

Este niño también resultó positivo en la prueba de polaridad inversa crónica y se le dio el tratamiento regular a base de hierbas para que el pequeño lograra revertir esta condición. Para esta criatura, quien no podía tragar pastillas, se le daban las hierbas mezcladas con puré de manzana, jugo, bebida de proteína o incluso con Ovaltine para ayudarle en la digestión. Se continuó con este tratamiento hasta que el niño cambió su polaridad y se mantuvieron dosis mínimas de remedios herbolarios para ayudarlo en el proceso continuo de curación.

Resultados: Este joven ha tenido un año milagroso en la escuela. No sólo está en condiciones de escribir su nombre, sino que obtiene calificaciones perfectas en sus exámenes de ortografía. Todavía tiene dificultades mentales con las matemáticas, pero lo inscribieron en un nuevo tipo de matemáticas táctiles y casi alcanza el nivel de su grado, mismo que espera completar este año.

Un especialista realizó unas pruebas de inteligencia a este niño, llamadas, cree su madre, pruebas de Woodcock-Johnson. Los resultados fueron entre 128 y 135 en varias categorías (superior al rango más alto). Este pediatra del hospital infantil lo llamaba "Albert" por Albert Einstein, quien, como sabemos, había sido tildado de mal estudiante por sus maestros.

La distrofia muscular de este joven parece haberse detenido al momento de este escrito y muchos de los síntomas progresivos que generalmente ocurren con esta enfermedad no se han manifestado. Su médico lo examina y permanece alerta, con frecuencia diciéndole a la madre, "No se qué es lo que está haciendo, ¡pero manténgase haciéndolo!" El terapeuta físico de este niño informó que se está convirtiendo en un caso completamente diferente al de otros pacientes con distrofia muscular que él ha tratado.

Discusión: Un estudio genético reveló que la madre de este niño no tenía el gen asociado con este tipo de distrofia muscular. Su doctor sostenía la teoría de que debido a los niveles de tensión de la madre durante la concepción, se produjo un cambio en la fertilización del huevo, como ocurre algunas veces.

He comprobado en mi propia práctica que la vasta mayoría de casos de DDAH tienen CRP. Al corregir esta condición, con hierbas, con frecuencia se producen resultados extraordinarios, de acuerdo con la experiencia de este joven.

La información intuitiva que he recibido indica que la distrofia muscular, parálisis cerebral y muchos otros defectos de nacimiento son causados por CRP y ocurren en varias etapas de desarrollo del sistema nervioso del feto.

Tercer caso de estudio

Paciente: Adolescente de 15 años de edad, estudiante de preparatoria con síntomas resistentes poco comunes para confirmar un diagnóstico.

Historia clínica: Este joven tenía una inteligencia muy alta pero se estaba consumiendo. Con una estatura de 5'8" bajó de peso misteriosamente hasta llegar a 88 libras. Estaba pálido, con ojeras obscuras, sus compañeros se burlaban de él llamándolo Drácula. Los brazos y piernas de este adolescente parecían varas secas debido a que había perdido la mayoría de sus músculos. Su espalda se estaba poniendo rígida y tenía una curvatura muy obvia en la parte superior. Se quejaba de calambres en las piernas, sudores nocturnos y una tendencia a usar palabras inadecuadas ocasionalmente al hablar. También exhibía una sensibilidad gastrointestinal extrema.

Tratamiento médico: La prueba de resonancia magnética, IRM y la tomografía, así como otras pruebas médicas no revelaron ningún problema. El único resultado significativo que se encontró en los análisis de sangre fue una deficiencia de hierro. Cinco médicos en forma separada recomendaron sulfato ferroso (un substituto de hierro), mismo que sólo pareció empeorar su condición. La siguiente consideración fue la posibilidad de que tuviera la enfermedad de Crohn, una inflamación del intestino delgado que puede causar dolor y falta de absorción de substancias nutritivas. Evaluaciones más a fondo, sin embargo, descartaron esta posibilidad.

Medicina alternativa: Luego de un examen general, se encontró que este joven tenía todos los signos evidentes de CRP, lo cual se comprobó rápidamente. Los síntomas parecían más cercanos a espondilitis reumatoide (inflamación de una o más vértebras), la cual está con frecuencia acompañada de enfermedades que producen inflamación intestinal, tales como colitis ulcerada o la enfermedad de Crohn. Como en la mayoría de las enfermedades de origen desconocido, los médicos tienen dificultad para hacer un diagnóstico hasta que los síntomas han progresado y son muy claros. Para entonces, con frecuencia es muy tarde para detener o dar marcha atrás en el daño físico.

Se le administró el programa regular de nutrición a base de hierbas para CRP. Debido a su sensibilidad gastrointestinal, al principio se usaron dosis menores a lo normal.

La mayoría de los desequilibrios en pacientes con CRP no se corrigen hasta que se corrige la polaridad. En consecuencia, el tratamiento CRP es continuo hasta alcanzar la polaridad normal. Sólo entonces se usó la hierba menos fuerte para proporcionar hierro y corregir la anemia, misma que también alivió el tracto intestinal.

Resultados: Después de tres meses, el paciente ha subido 37 libras. La rigidez de la espalda y la joroba han desaparecido completamente. Los brazos y piernas han vuelto a ganar músculo y parecen más normales. Las ojeras se han disipado y ya no está pálido. Recientemente se graduó de preparatoria y ha concluido un trabajo especial de diseño en computadora. Me informaron que recientemente terminó de escribir una novela de espionaje, aun no publicada. En cualquier forma, este niño genio especial ha regresado a una vida *normal*, ¡si el término "normal" puede aplicarse a un joven tan capaz!

Discusión: En este caso, con dichos síntomas físicos tan severos y dada la inteligencia del paciente, no fue llevado con un psiquiatra, de modo que hiperactividad / DDA no fue considerada. Sin embargo, Si hubiera sido evaluado correctamente, hubiera sido diagnosticado como DDAH.

En mi experiencia, he aprendido que el estrés es una de las causas principales del CRP. Mientras conocía a este joven, descubrí a una familia bien intencionada pero con estrés de naturaleza espiritual. Este estudiante también era un triunfador intelectual. La consecución de varios logros académicos lo habían llenado de tanta tensión que su polaridad se invirtió y dio inicio el proceso de la enfermedad.

Creo que este caso tipifica los posibles problemas extremos de los Niños Indigo. Medicamentos para la hiperactividad no hubieran sido una solución, tampoco el prednisone u otras drogas para reducir la inflamación hubieran ayudado a mejorar esta condición.

En resumen

El agrupar a la gente dentro de diagnósticos generales, tales como DDA o DDAH, y recomendando inmediatamente una terapia a base de drogas no es la respuesta. Tanto en el caso del DDAH como en el de la depresión, estudios recientes demuestran que pueden derivarse condiciones más serias posteriormente. El sistema tradicional no funciona, ¡especialmente con nuestros Niños Indigo! Las investigación continúan; nuevos avances y un mayor entendimiento está comenzando a sentirse dentro de la comunidad médica. Hay, sin embargo, muy poca comprensión acerca de la magnitud de los problemas causados por el tenso mundo en que vivimos. Las soluciones perfectas están aún por llegar.

Cada padre debe conocer las opciones disponibles para entender a estos niños. No podemos tener niños saludables, felices y equilibrados cuando nosotros mismos estamos en desequilibrio, llenos de estrés y desesperanza, o sufriendo de polaridad inversa crónica. Muchos padres de Niños Indigo encuentran que, mientras atienden a sus hijos, ellos también resultan sanados.

Una importante investigación concluye que ningún tratamiento, intervención o método actual funciona en niños diagnosticados con DDA, DDAH o con discapacidades de aprendizaje.

Otro estudio de la Universidad de Yale concluye que el 74 por ciento de los niños cuyas discapacidades de aprendizaje fueron descubiertas en tercer grado, permanecen discapacitados en el noveno grado y otro estudio muestra que el uso del Ritalin se ha duplicado entre 1990 y 1995 a 1.5 millones de niños. Esta cifra podría estar acercándose a los 2.5 millones al momento de escribir este capítulo.

La terapia a base de drogas está siendo utilizada principalmente para hacer a estos niños más *manejables*, no para curarlos. En otro estudio, los adultos tratados por DDAH en la niñez exhibieron una tendencia tres veces mayor al abuso de drogas.

Varios estudios indican un alto porcentaje inusual de internos de prisiones que fueron tratados por desórdenes DDA / DDAH cuando niños. Estas cifras son alarmantes sobre todo si tomamos en cuenta que más y más niños están llegando a nuestro mundo con mayores factores de estrés que nunca.

Recomiendo la búsqueda de alternativas para estas hermosas criaturas. La terapia a base de drogas puede ayudar con los síntomas actuales pero muy rara vez cura la raíz de la causa. Las investigaciones continúan mientras los científicos tratan de encontrar mejores métodos de tratamiento. En muchos casos, la familia entera necesita ser evaluada y se tienen que entender los factores que producen la tensión nerviosa. Sólo entonces podemos estar en condiciones de crear un medio ambiente saludable para que florezcan estas almas sensibles.

Hay mucho más por descubrirse acerca de nosotros mismos y de nuestros niños mientras nos encaminamos hacia esta nueva era. Hay muchos, como yo, quienes servirán a estos niños. Ellos no pueden continuar siendo colocados bajo una clasificación general y tratados como tal. Cada uno es muy diferente y necesita ser tratado y comprendido como corresponde. Depende de usted. Puede elegir el aceptar la terapia tradicional como la mejor de entre un mal grupo de alternativas, o puede buscar otros métodos para encontrar lo que funcione para su hijo y su familia.

Padres y amigos de los Niños Indigo: Consideren bien las necesidades individuales de estos nuevos maestros. Ustedes deben ser modelos especiales. Respetar su individualidad. Buscar la verdad y alternativas al statu quo. Pero sobre todo, ¡nunca se rindan!

Como lo mencionamos, toda la información aquí presentada fue previamente investigada, y creemos que la mejor investigación se basa en historias reales acerca de niños reales. Poco después de haber recibido el reporte anterior, nos llegó la siguiente carta de **Bella Richards** acerca de su hija, Norine. Queremos compartirla con ustedes:

Mi hija tiene 15 años y actualmente está siendo atendida por Keith Smith, iridólogo y naturista en Escondido, California. Creemos que ella es una Niña Indigo y bajo el tratamiento de Keith ha mostrado una mejoría impresionante. Está en su segundo año de preparatoria y estaba teniendo muchas dificultades, mostrando signos de DDA y sin poderse concentrar o mantenerse atenta en la escuela. La llevamos con su doctor y con un neurólogo, pero ninguno pudo encontrar nada malo en ella.

Me sentí verdaderamente desalentada cuando esta pobre niña reprobó el décimo grado. Quería sacarla de la escuela regular y ponerla en una escuela continua. Discutí intensamente con el subdirector y traté desesperadamente de descubrir qué era lo que estaba mal en ella. Es una niña extremadamente brillante y sabia pero se le hace muy difícil relacionarse con sus compañeros. Parece ser una inadaptada en su época y edad.

Cuando finalmente llevamos a esta pobre niña con Keith, él supo exactamente cuál era el problema con el simple hecho de verla y escuchar lo que le dijo. Ha sido una verdadera bendición. ¡No puedo explicar que frustrante es cuando nadie puede comprender!

No podemos dejar a un lado los suplementos de nutrición como parte de la solución para los Indigo o incluso para los muchachos con DDA. Lo siguiente, sin embargo, va mucho más allá de la mera nutrición. ¿Puede la nutrición ser un substituto de Ritain?

Esto puede ser cómico, pero aquí hay dos citas textuales con puntos de vista contrarios, ambos de muy buena fuente:

"'Es una mínima dosis de droga, fija y estable'. Los críticos que aseguran que la dieta, el ejercicio u otros tratamientos funcionan tan bien como el Ritalin, deben estar bromeando".
— Sr. Philip Berent, psiquiatra consejero en el Centro Arlington para Desórdenes de Déficit de Atención, en Arlington Heights. IL

"Ha habido un trabajo muy interesante que sugiere que por lo menos algunos niños con DDAH pueden responder a tratamientos de nutrición, incluyendo la incorporación de ciertos aceites grasos, o la eliminación de otros alimentos de su dieta . . . se necesita más investigación".
— Instituto Nacional de Salud, 1998

¿Acaso esto sugiere que el jurado todavía está deliberando? No se deje llevar por el pensamiento de que la nutrición no es importante. ¡Porque sí lo es! Los siguientes tres reportes son acerca de suplementos de nutrición que han tenido un efecto profundo en niños DDA e Indigo.

Karen Eck es de Oregon. Además de ser asesora independiente en educación y distribuidora de programas educativos para computadora, ha pasado su vida en una constante búsqueda de curación sin drogas. Esto la ha llevado justo a la nutrición, entre otras cosas. En la actualidad, Karen trabaja con una compañía llamada Insight USA, que fabrica un suplemento de nutrición conocido en inglés como Smart Start. Esta compañía está teniendo buenos resultados con adultos, así como con muchos niños DDA (y también con Indigos mal diagnosticados con DDA). No estamos aquí para promover productos o compañías, pero algunas veces esta es la única manera de obtener resultados de investigaciones cuidadosas sobre lo que necesitamos exactamente. Si usted conoce otras compañías con otros productos de salud probados y con resultados positivos para ayudar a los Indigo o a los niños DDA, entonces escríbanos. Definitivamente lo revisaremos y pondremos la información en nuestro sitio electrónico Indigo, **www.Indigochild.com.**

Una respuesta de nutrición
Karen Eck

La historia de Smart Start es sobre bloques de construcción. Su niño comienza jugando con sencillas combinaciones de bloques y eventualmente aprende a construir figuras complejas y funcionales. En la misma forma, su cuerpo comienza con sencillos bloques y más tarde está en condiciones de construir sistemas físicos complejos y funcionales, incluyendo los centros de aprendizaje del cerebro.

Debemos obtener estos bloques nutritivos de construcción de los alimentos que consumimos. Desafortunadamente, muchos de estos bloques nutritivos de construcción están fuera de nuestra dieta debido a la abundancia de productos refinados, dejándonos con un cuerpo que algunas veces carece del espectro completo de nutrientes que añaden individualidad y creatividad a nuestra vida. De modo que cuando Smart Start comenzó a desarrollarse, la piedra angular del concepto era la de asegurarse que el producto contuviera los bloques de nutrición esenciales. Los investigadores han enfocado la meta de Smart Start en el desempeño mental.

Los micro minerales son por lo general inexistentes en los alimentos refinados, sin embargo constituyen la base de la mayoría de las enzimas en el cuerpo. Las enzimas aceleran las funciones del cuerpo, desde la vista hasta los impulsos nerviosos. Los minerales en los productos Smart Start, tan únicos que están patentados por los Laboratorios Albion, son formulados para ser rápidamente absorbidos por el cuerpo. Esto significa que su cuerpo no tiene que hacer un gran esfuerzo para absorber sus bloques de nutrición.

Las vitaminas son, por su mera definición, bloques de nutrición que su cuerpo no puede producir por sí sólo. Estas deben ser proporcionadas diariamente para darle energía y protegerlo.

Los otros componentes son igualmente vitales para un óptimo bienestar. La lecitina, por ejemplo, conforma hasta el 75 por ciento de su cerebro. Otros bloques de construcción no se pueden ver tan fácilmente, pero con frecuencia son muy importantes.

El gingko biloba, por ejemplo, es un árbol de sombra común, nativo de China, con flavonoides de sabor amargo que incrementan el flujo sanguíneo al cerebro al tiempo que estabilizan la barrera de sangre en el cerebro. Esta barrera es el filtro más discriminatorio en el cuerpo. Regula el monto de los azúcares que producen la energía y el oxígeno que recibe el cerebro y actúa como una protección contra substancias dañinas

Algunos estudios han demostrado que antioxidantes como el *pycnogenol*, un extracto de la corteza del pino, mejora la vista de la persona. Las hierbas son bien conocidas por aumentar la longevidad y mezcladas con vitaminas y minerales, le dan a *Smart Start* un espectro completo de bloques nutritivos de construcción.

Smart Start es un suplemento alimenticio único formulado con énfasis en importantes nutrientes indispensables para el desempeño óptimo del aprendizaje. Estos ingredientes han sido llamados "smart nutrients" (nutrientes inteligentes).

Este suplemento combina importantes minerales formulados, vitaminas antioxidantes y hierbas en pastillas masticables de muy buen sabor, ideales para los niños. Sin embargo, no se trata solamente de "cosas para niños", sino para todos los miembros de la familia.

Cada botella contiene 90 tabletas, suficientes para un mes.

Componentes de Smart Start:

Cada 3 tabletas contienen:	Monto:	% consumo diario recomendado:
Vitamina A (beta carotina)	5,000 UI	100
Vitamina C (ácido ascórbico)	60 mg	100
Vitamina D (colecalciferol)	400 UI	100
Vitamina E (min. tocoferoles)	30 UI	100
Vitamina B1 (tiamina mononitrato)	1.5 mg	100
Vitamina B2 (riboflavina)	2.0 mg	100
Vitamina B6 (cianocobalamina)	6 mcg	100
Vitamina B12 (piridoxina HCL)	200 mcg	100
Acido fólico	400 mcg	100
Biotina	300 mcg	100
Niacinamida	20 mcg	100
Acido pantoténico (pantotenato de calcio)	10 mcg	100
Hierro*	4.5 mg	25
Zinc*	3.75 mg	25
Manganeso*	1 mg	–
Cobre*	0.5 mg	25
Cromo*	410 mcg	–
Lecitina	80 mcg	–
Yodo (potasio de iodo)	37.5 mcg	25
Molibdeno*	18 mcg	25
Selenio*	10 mcg	–

Los seis minerales con asterisco constituyen la marca de aminoácido formulada y patentada por los Laboratorios Albion, misma que contiene también un mezcla única de patente de las siguientes hierbas que han sido asociadas con la función mental:

Hoja de gingko biloba	40 mg
Arándano (concentrado de antocinanadina)	20 mg

Planta laminaria (kelp)	12 mg
Vaina de nogal negro	12 mg
Raíz de ginseng de Siberia	12 mg
Picnogenol	400 mg

* También contiene: fructosa, dextrosa, glicina, ácido cítrico, sabor y ácido estearico.

Como puede ver, los componentes de Smart Start son muchos y muy variados. Tienen un rango muy amplio de beneficios, como se describe en las tres secciones siguientes.

Vitaminas

Las vitaminas se encuentran, con frecuencia, mermadas en los alimentos que consumimos, especialmente en los alimentos fritos. Dado que el cuerpo humano no tienen la capacidad de producir vitaminas, éstas deben ser aportadas por los alimentos y suplementos que comemos. Constituyen la base para nuestra producción de energía, respuesta al estrés e inmunidad.

Beta carotina (vitamina A): antioxidante (no almacenado por el hígado; relativamente no tóxico)

Vitamina C y E: antioxidantes

Vitamina D: necesaria para la absorción de calcio

Vitaminas B_1, B_2, B_6, B_{12}, y Niacinamida: cada una es necesaria para la producción de energía y respuesta al estrés

Acido fólico: necesario para la producción de energía

Biotina: factor esencial para el crecimiento de todas las células del cuerpo

Acido Pantoténico: fortalece la capacidad de respuesta del sistema inmunológico

Micro minerales

Dado que los micro minerales son sacados de muchos de los alimentos que consumimos, Smart Start les da un lugar prominente en su formulación. Los minerales que se encuentran en la corteza de la tierra, mejor conocidos como microminerales son los catalizadores de cientos de reacciones de enzimas en el cuerpo. Estas reacciones controlan las funciones de casi todo el cuerpo desde los impulsos nerviosos hasta los niveles de azúcar. Todas estas acciones son críticas para vivir y aprender.

Hierro y molibdeno: componente de los glóbulos rojos

Zinc: componente de más de 60 enzimas, incluyendo aquellas esenciales para la producción de antioxidantes naturales del cuerpo.

Manganeso: esencial para las enzimas necesarias para el crecimiento de los huesos, producción de energía e inmunidad.

Cobre: particularmente importante para las enzimas relacionadas con la inmunidad y la salud cardiovascular

Cromo: esencial para el metabolismo adecuado de azúcar y grasa

Yodo: esencial para producir las enzimas de la tiroides

Selenio: componente de las enzimas esenciales del sistema inmunológico

Componentes naturales

Las hierbas en los productos Smart Start están diseñadas para maximizar la habilidad natural de aprendizaje.

Gingko biloba: contiene componentes de sabor amargo que estabilizan la barrera de sangre del cerebro y mantienen las substancias no deseadas fuera del cerebro

Arándano: provee proantocinadinas (antioxidantes) que protegen las células individuales

Nogal negro: fuente natural de yodo (regulador metabólico; provee energía al cuerpo)

Ginseng de Siberia: contiene adaptógenos que mejoran la respuesta al estrés

Picnogenol: antioxidante extraído de la corteza de pino

Lecitina: el cerebro está compuesto primariamente de fosfolípidos (componentes en forma de lecitina)

Resumen

Después de usar Smart Start, algunos padres han hecho comentarios, tales como, "¡Es como si hubiera alguien en casa ahora y las luces están encendidas!" Un padre fue de vacaciones sin sus productos de nutrición y los extrañó enormemente, al notar que el comportamiento del niño se volvía errático otra vez. Muchas veces los padres están tan apurados que no notan los cambios tan positivos que se operan, hasta que los pierden; ¡después llaman con urgencia y pánico para surtirse de provisiones!

Nuestro software interactivo educacional también está ayudando a que se operen grandes cambios en la vida de los niños con DDA y DDAH. Los pequeños disfrutan de la relación frente a frente con la computadora, la cual también les proporciona respuestas instantáneas. Había un niño que solía tomar sus lecciones de pie sin dejar de moverse alrededor de la computadora, pero le encantaba obtener las respuestas correctas. Era maravilloso verlo. Estos niños entonces toman conciencia de que son inteligentes y pueden aprender. ¡Aumenta su auto-estima y se reducen los problemas de conducta!

Deborah Grossman es madre de un Niño Indigo. Homeópata de profesión y enfermera registrada. Ha desarrollado un programa de nutrición que funciona y desea compartirlo. Es importante destacar que dentro de su lista de productos hay algo que se llama **alga verdeazulada.** Esta es quizá una de las mayores sorpresas y se discute luego de conocer la opinión de Deborah.

Fórmula de suplemento alimenticio para su niño DDAH
Deborah Grossman, RN

No tengo la menor duda de que mi hijo me escogió porque sabía que yo no lo dejaría ser víctima del sistema médico mientras el antiguo paradigma se disuelve. He estado involucrada con medicina holística desde hace varios años y estoy acostumbrada a luchar con sistemas que se desmoronan fácilmente. Uno de estos sistemas al que actualmente estoy tratando de influenciar es el educativo. Mi percepción es que estos Niños Indigo están operando a un nivel en donde con frecuencia les es dificil enfrentarse a tareas tediosas, particularmente aquellas que involucran pluma, papel y memorización aburrida.

La fórmula que utilizo con mi hijo incluye alga verdeazulada del Lago Klamath, con algunas incorporaciones.

Esta fórmula ha sido desarrollada utilizando a mi hijo como el proverbial cochinillo de indias; he descubierto que ciertas cosas funcionan muy bien juntas. Esta es una dosis diaria:

- Multivitamina "Source of Life"
- (3) Cápsulas de "Super Choline"
- (2) Cápsulas 5-H-T-P, fabricadas por Biochem
- (1) Cápsula de 1,000 mg de lecitina
- (1) Cápsula de 50 mg de ácido lipoico fabricadas por Biochem
- (1) Cápsula de Rododendron Caucásico + (con frecuencia se obtiene únicamente si se ordena por correo)
- (3) Restauradores (compilación de aminoácido, pedida por correo)
- (2) Cápsulas de Omega Gold (combinación de alga verdeazulada ordenada por correo)
- (1) cápsula DHA fabricada por Solray
- (2) cápsulas de Efalex Focus
- Micro Lyte agregado a agua tratada por ósmosis

Me siento muy afortunada de que mi hijo coopere al ingerir esta larga lista de suplementos. Mi hijo pesa alrededor de 105 libras, de modo que ajusto la dosis como corresponde. Para niños que no pueden tomar pastillas, hay un aerosol llamado Pedi Active que puede ser usado para los primeros dos suplementos.

Una compañía canadiense llamada Nutrichem distribuye productos que contienen la mayoría de los ingredientes de mi fórmula, con menos pastillas porque no tienen relleno. El costo también puede ser menor.

Opciones alternativas

Nos gustaría presentarles algunos métodos alternativos de salud y equilibrio que pueden parecer raros, pero que funcionan. Mencionamos con anterioridad que las extravagancias de hoy son con frecuencia la ciencia del mañana. Esto es verdad. Con el aumento de la popularidad y la validez de muchos métodos de curación no ortodoxos, la ciencia médica está finalmente dispuesta a mirar lo extraño y lo raro con nuevos ojos. El pensamiento nuevo parece ser, *Si funciona, es posible que tenga algo de valor. Luego descubriremos por qué funciona.* Este es un gran avance sobre los viejos días cuando el pensamiento era, *No es posible que funcione, dado que no sabemos por qué.* Algunas ideas que fueron catalogadas como "tontas" en nuestra cultura hace apenas algunos años hoy están siendo prescritas por la misma gente que las criticó.

Las alas de la medicina alternativa están levantando el vuelo en hospitales a lo largo de toda América, con mucha gente que está siendo ayudada hasta ahora por métodos no probados de equilibrio y curación. Para muchos profesionales los métodos no han sido todavía probados, pero funcionan. La acupuntura forma parte ahora de algunos planes de seguro de HMO, finalmente se comienza a reconocer como la ciencia anciana de otra cultura que tiene mérito, una que fue despreciada por la medicina establecida durante décadas.

Incluso algunos remedios muy ancianos que parecían realmente raros se están incorporando ahora a la ciencia real. Pongan atención a este reporte de la agencia informativa Prensa Asociada, de noviembre de 1988:

> Es un remedio chino anciano que muchos doctores de E.U. encontrarán raro: calienten la hierba mugwort cerca del dedo pequeño del pie de una mujer embarazada para ayudar al bebé a colocarse en la posición adecuada justo antes del parto para evitar riesgos a la madre.
>
> Pero cuando miles de doctores esta semana abran el Periódico de la Asociación Médica Americana, encontrarán un estudio científico que dice que la terapia china realmente funciona y que las mujeres de Occidente deben probarla.

De acuerdo con un estudio de 1997 publicado en la revista médica *New England Journal of Medicine*, un sorprendente 46 por ciento de americanos han usado algún tipo de tratamiento médico alternativo, tal como la acupuntura o el quiropráctico. De acuerdo con el mismo reporte, en una lista de las alternativas usadas más comúnmente, "la sanación espiritual" ¡se encuentra en el número cinco!

Lea con atención lo siguiente. ¡Es posible que encuentre algo para usted!

El milagro del Lago Klamath: un alga verdeazulada

Al inicio de este capítulo le recomendamos el libro de Edwars Hallowell sobre DDA. El es una autoridad en discapacidades en el aprendizaje, particularmente DDA. Escribió uno de los libros más vendidos del *New York Times*, *Driven to Distraction*. Como lo mencionamos, está considerado el libro más comprensivo en el tema de los niños DDA y DDAH.

El Dr. Hallowell fue el orador principal en la Conferencia sobre Tratamiento a base de Drogas para Discapacidades en el Aprendizaje de la Región del Pacífico en 1998, realizada en Honolulu, Hawaii. El especialista dedicó una parte de su ponencia a tratamientos alternativos para el DDA. Encabezaba la lista el alga verdeazulada, un alimento silvestre extraído del Lago Upper Klamath en la parte sur de Oregon por una compañía llamada Cell Tech.

El alga verdeazulada del Lago Klamath está siendo revendida como un "alimento superior" debido a los efectos que está teniendo en muchas personas que lo han descubierto. Es un alimento natural que se recolecta, en lugar de manufacturarse y es poco probable que sea unido a conservantes, tinturas artificiales o modificadores de sabor.

Otro psicólogo, John F. Taylor, es autor de *Helping your Hyperactive ADD Child* y del video *Answers to ADD: The School Success Tool Kit*. Una cita textual suya apareció publicada en la edición de nutrición del boletín informativo *Network of Hope*.

> Aunque no tengo relación con ninguna compañía relacionada con la recolección, fabricación o mercadeo de alimentos, medicinas o productos de nutrición, he estado en la posición de hablar con miles de padres y profesionales en una manera muy franca acerca del DDA y DDAH y el alga verdeazulada es mencionada consistentemente por padres de niños DDA y DDAH quienes han resultado beneficiados.

Es importante recordar que no todos los niños DDA son Indigo, pero muchos Indigo parecen tener aparentemente algunos de los mismos atributos; algunas veces provocados por las situaciones a las que son sometidos en las estructuras de una familia que no acepta el fenómeno Indigo. Por consiguiente, hemos descubierto que muchos padres de Niños Indigo están teniendo mucho éxito al utilizar el alga verdeazulada del Lago Klamath como un suplemento de nutrición ¡y lo juran! Aseguran que estabiliza el azúcar en la sangre, es libre de toxinas, contiene vitaminas críticas (especialmente una fuente concentrada de beta-carotina y vitamina B12), y tiene otras características de "alimentos superiores".

De todas las substancias que hemos escuchado en nuestros viajes, esta sobresale por ser la más mencionada y la más efectiva por sí sola. ¿Puede ayudar en casos de DDA? ¿Ayuda a equilibrar los atributos de los Indigo? Existen aquellos quienes realmente lo creen y la prueba parece estar en todas partes. Muchos consideran que el alga verdeazulada debe ser incluida ¡en la dieta de cada persona!

Si a usted le interesa probarla, póngase en contacto con Cell Tech. Si le gustaría leer tres estudios científicos sobre el alga verdeazulada relacionados con niños, le invitamos a ir al Internet, **www.the-peoples.net/celltech.**

A continuación se encuentran varios sistemas y métodos que están funcionando con niños DDA (y con algunos Indigo). Aunque no son tradicionales, gente con credibilidad y estudios válidos los respaldan.

La conexión magnética

Nosotros pensamos que la conexión entre el magnetismo y el cuerpo humano es profunda. Esto se debe a nuestras relaciones cercanas con varios investigadores que realizan trabajo de curación magnética. La mayoría de este trabajo está relacionado con las áreas de cáncer y el control de enfermedades, de modo que no queda muy bien dentro de este libro. En forma adicional, parte de este trabajo se encuentra en una etapa muy temprana y no puede ser validado todavía, a pesar de los sorprendentes resultados de laboratorio que nosotros conocemos. Vamos a dejarlo a un lado hasta que obtengamos una carta de **Patti McCann-Para**, mostrando que hay doctores en medicina que están teniendo resultados específicamente con DDA e imanes. Patti señala en su carta:

Acabo de terminar de leer un libro que menciona el uso de imanes estáticos en los niños con problemas de atención. Se titula *Terapia magnética*, por Ron Lawrence, M.D., Ph.D., Paul Rosch, M.D., F.A.C.P. y Judith Plowden. En la página 167, del capítulo 8, se menciona al Dr. Bernard Margolis de Harrisburg, PA, quien está teniendo un éxito maravilloso con los imanes estáticos en estos niños. El habla de problemas de auto-estima y otros similares. El Dr. Margolis informa de un estudio sencillo con 28 niños, entre las edades de 5 y 18 años, en donde todos, con excepción de dos pacientes, eran varones. El mencionó un estudio en la Conferencia de la Academia Norteamericana de Terapia Magnética realizada en Los Angeles en 1998. El Dr. Margolis usó imanes estáticos (o permanentes) en su estudio y los jurados encargados de evaluar los efectos de la terapia magnética eran los mejores: ¡los padres de los niños! Ellos informaron que los imanes o "magnetos", como se les conoce popularmente, ayudaron a sus hijos inmensamente. Algunos dijeron que la diferencia "era como noche y día. (El niño) adorable con la terapia de imanes y sin ella . . . como para darlo en adopción".

No podemos pasar a otra área hasta darle un consejo general de parte de aquellos que están estudiando los imanes y el cuerpo humano, aunque esto no tiene nada que ver con los Niños Indigo específicamente: Por favor, por favor, no use colchones o sillas magnéticas por varios meses ininterrumpidamente como dispositivos de salud/bienestar. Esta práctica expone a su cuerpo a un potencial constante que puede llegar incluso a afectar su producción celular. Use estos dispositivos por temporadas, ¡nunca en forma permanente! Creemos que eventualmente habrá investigaciones que demuestren los efectos dañinos. La terapia de imanes permanentes puede sanar a la gente cuando es usada por expertos y en forma cuidadosa y delicada, pero piense acerca de lo que un despliegue de cientos de imanes usados con crudeza e ignorancia, pueden hacer.

Retroalimentación biológica y neuroterapia

Si usted estuviera interesado en el sistema conocido en inglés como HeartMath, hablamos de él en el capítulo 2, entonces lo siguiente en esta breve discusión de retroalimentación biológica le va a parecer similar. Hablemos entonces de las medidas del cerebro que muestran caos o júbilo, coraje o amor, y un sistema para ayudar a los humanos a equilibrar su comportamiento. Aquí se encuentra un enfoque más cercano a la medicina, uno que ha estado vigente por algún tiempo, pero que no debe ser pasado por alto.

Donna King es una terapeuta en neurología certificada y

profesora asociada de un Instituto llamado Biofeedback Certification Institute of America. Es directora de educación profesional para los Institutos de Fisiología del Comportamiento (Behavioral Physiology Institutes), una escuela superior en medicina del comportamiento en el estado de Washington. Ella escribió una nota breve pero muy convincente acerca de los resultados en sus investigaciones:

> Estoy escribiendo porque he tenido el gran placer de trabajar con muchos niños que han sido diagnosticados con DDA o DDAH. Utilizo un electroencefalograma (EEG) para medir sus ondas cerebrales hasta que sienten que pueden funcionar cómodamente. Estos niños están en condiciones de reducir o eliminar su medicamento. El sueño mejora, se acaba el problema de mojar la cama y los arranques de ira desaparecen. Estos métodos de tratamiento de retroalimentación neurológica (EEG Neuro-feedback) o de retroalimentación biológica (EEG Biofeedback), proporcionan a los niños la habilidad de elegir su comportamiento, en lugar de ser forzados dentro de él a través de drogas o de la necesidad de ajustarse.

La retroalimentación biológica y la neuroterapia no son nuevas o extrañas. En realidad Donna proporcionó muchas páginas de documentación relacionadas con estudios intensivos que justifican estos trabajos, lo mismo que algunos estudios relacionados con niños en general. Como lo mencionó, ella trabaja con niños todos los días y habla mucho acerca de toda la ayuda que pueden recibir. Esto es una ciencia acreditada ¡y está funcionando con muchos jóvenes!

Probablemente hay docenas de organizaciones de retroalimentación neurológica y neuroterapia así como otras disciplinas que no le estamos mostrando. Aquí hay una que parece sincronizada con la aportación de Donna. Una organización llamada The Focus Neuro-Feedback Training Center ha surgido con énfasis específico en DDA y DDAH. Norberto Goigelman, Ph.D., fundó este centro, el cual involucra el estudio de la regulación de neuronas (SSNR, por sus siglas en inglés) y está certificado en retroalimentación neurológica. Tiene un doctorado en ingeniería eléctrica lo mismo que un doctorado en psicología y se especializa en ayudar a aquellos con DDA y DDAH usando esta técnica de la rama de neurología. Esto es lo que su centro de entrenamiento tiene que decir:

> Con las computadoras tan sofisticadas de hoy, quienes padecen DDA y DDAH son proveídos de una maravillosa alternativa sin drogas. El EEG de retroalimentación neurológica es un procedimiento seguro, no invasivo ni doloroso, mediante el cual se coloca un sensor en el cuero cabelludo del paciente (de 6 años o mayor).
>
> Este sensor proporciona información a una computadora acerca de la actividad de las ondas cerebrales de la persona. La información aparece en una pantalla de color. Mientras la gente ve esta representación de su propia actividad cerebral, toma conciencia de sus patrones y puede aprender a cambiar. El progreso es recompensado a través de retroalimentación visual y auditiva.
>
> El Entrenamiento EEG de Retroalimentación neurológica (EEG Neuro-Feedback Training) ha sido comparado a un juego de video en el cual la recompensa es el aumento de destreza en la escuela o en el trabajo, mayor auto estima y la realización del potencial sin explorar. Después del curso inicial de entrenamiento, la gente rara vez necesita consultas posteriores, entrenamiento o medicamentos.

Integración Neuromuscular

¿Qué le parecería un sistema que trabajara con el cerebro tal y como lo hace el de retroalimentación neurológica, pero que además integrara la estructura del cuerpo dentro de un sistema de curación? **Karen Bolesky, M.A., C.M.H.C., L.M.P.,** es una consejera certificada en medicina. Ha sido entrenada en psicoterapia y es asistente y maestra en el Instituto Soma de Integración Neuromuscular (Soma Institute of Neuromuscular Integracion), de donde también es directora adjunta.

Este sistema, como otros, está siendo usado en la actualidad con niños DDA y DDAH con mucho éxito. La Integración Neuromuscular Soma es un tipo de terapia de cuerpo y mente que cambia a la gente física y psicológicamente. Este cambio es el resultado del equilibrio estructural del cuerpo mientras trabaja simultáneamente con el sistema nervioso. La técnica consta de diez sesiones básicas que utilizan manipulación profunda del tejido, movimiento, diálogo entre el cliente y el médico, seguimiento por escrito y otras herramientas de aprendizaje que progresivamente realinean el cuerpo entero y reacondicionan el sistema nervioso.

¡Suena como una orden mayor! El sistema Soma es similar a otros sistemas disponibles, pero es uno de los pocos que hemos visto que combina trabajo miofacial con terapia neurológica. Por curación general, Jan y yo hemos experimentado el trabajo de nuestro amigo el Dr. Sid Wolf (quien trabaja con una de las colaboradoras de este libro, la Dra. Melanie Melvin). El se enfoca puramente en estimulación miofacial ¡y obtiene resultados positivos e inmediatos! Esta es una de las razones por las que decidimos indagar el método Soma para usted, parece una extensión del exitoso trabajo del Dr. Wolf.

El sistema Soma fue desarrollado por el Dr. Bill Williams, su equipo llama a este sistema "modelo tri-cerebral", término que es simplemente una metáfora que describe cómo funciona. De acuerdo con Karen Bolesky, "La meta del Soma al trabajar con un paciente, utilizando el modelo tri-cerebral, es la de crear un medio ambiente en el cual el paciente comience a experimentar y ha tener voluntad sobre el "cerebro" que sea más efectivo en el momento o en la tarea presente". Ella explica que puede ser más efectivo para acceder a otro "cerebro" además del hemisferio izquierdo, el más dominante. Soma, en teoría lo mismo que en su aplicación práctica, está diseñado para reintegrar los tres cerebros de modo que uno pueda funcionar más óptimamente y experimentar mayor bienestar, integración y alivio, de acuerdo con Karen.

Con relación al DDA y DDAH en particular, ella informa:

> Todos los clientes diagnosticados con DDA o DDAH . . . muestran predominio en el hemisferio izquierdo a tal grado que se convierte en una anomalía. Esto mantiene al paciente en una actitud de supervivencia del hemisferio izquierdo, en este esquema de supervivencia la gente tiene miedo de alejarse del hemisferio izquierdo; por lo tanto, se sienten abrumados por un lapso de concentración, el cual es limitado a dieciséis latidos por segundo. Para mencionarlo en los términos del Soma: ¡sus dieciséis latidos son completos! El Soma trabaja con cada paciente para encontrar formas de acceso a los tres "cerebros", permitiendo en consecuencia mayor facilidad personal y expansión. Considero al DDA y DDAH como un estado de "fijación en el predominio del hemisferio izquierdo, más que una condición". El trabajo del cuerpo del Soma es muy efectivo para expandir la experiencia interna de la persona a un estado de mayor integración. La integración permite mayor intercambio de energía entre el cuerpo y la mente, lo cual libera el estado abrumador.

El trabajo Soma: Un caso de estudio
Por Karen Bolesky

Un niño muy brillante de ocho años de edad, fue referido a mi consultorio por su doctor general, tenía un perfil psicológico completo y fue diagnosticado como DDA. El niño había estado siendo atendido por consejeros escolares y privados. Su familia llegó a mi, llena de estrés, por su comportamiento en la casa y en la escuela. Estaban a punto de perder la razón y sentían que Soma era "su último recurso". El no estaba en condiciones de obedecer órdenes, trabajar en calma, demostrar buenas maneras, completar su trabajo, mantener pulcritud o aceptar responsabilidad por su comportamiento. Lo más difícil era su comportamiento agresivo en la escuela y sus constantes discusiones con sus hermanos en la casa.

Jugaba mucho Nintendo y juegos de computadora, acciones que son el resultado del dominio del hemisferio izquierdo. Le molestaba mucho equivocarse y prefería estar a solas cuando se ponía nervioso. En la escuela, la mayoría de su agresividad era sobre el uso de la computadora. Me dijo que cuando se sentía angustiado, quería jugar en la computadora. Estaba consciente de su cuerpo pero se sentía incómodo en él la mayoría del tiempo. Mencionó que su "cerebro estaba nervioso, su estómago revuelto, sus manos enojadas, sus rodillas nerviosas, sus ojos nerviosos y su espina desordenada". Esto me permitió descubrir que el muchacho tenía una conciencia aguda interna de su cuerpo y no fue difícil ver por qué no quería estar continuamente consciente de estos sentimientos.

Tuve cuatro sesiones semanales con él y los resultados fueron progresivos. La primera sesión fue difícil de realizar y de alcanzar resultados, debido a su poco rango de atención. Sin embargo, respondió inmediata y positivamente al trabajo Soma. Fue difícil traer su conciencia dentro de su cuerpo; sólo quería reír a lo tonto, resistir y distraerse a sí mismo en cualquier forma para alejarse de su "sentimiento del yo". Lo dejé que me guiara. Debido a su escasa atención, tuve que trabajar eficientemente. Le pedí que me detuviera si sentía que el trabajo era muy invasivo. Esto exigía que él pusiera atención y le permitía una sensación de control. Después de apenas una sesión, me anunció orgullosamente que "no había tenido peleas esa semana".

Al cabo de cuatro sesiones me informó que ya no quería hacer más trabajo corporal. Dijo, "Me siento mucho mejor desde que empecé que ya no necesito más. Voy a seguir mejorándome yo sólo, ahora". Le creí. Desde la primera sesión nunca ha vuelto a demostrar una actitud agresiva. Le está yendo bien tanto en la escuela como en la casa y se ha convertido incluso en un ávido jugador de fútbol.

Mi evaluación es la siguiente: cuando él entregó el control del hemisferio izquierdo y sintió su centro cerebral (la parte del modelo tri-cerebral que gobierna y en donde experimentamos sensación corporal y energía), se le recordó que el cuerpo era un lugar seguro. En su centro cerebral sintió la energía de su cuerpo, la cual redujo la sensación abrumadora. El entonces inició el proceso de integración que le permitió una gran expansión de energía con menor esfuerzo. La salud regresó cuando reclamó su centro. Han pasado 19 meses desde que concluyeron las sesiones.

En resumen: Si mi teoría es correcta y el DDA y el DDAH resultan de un predominio fijo en el hemisferio izquierdo, entonces una mayor integración permitirá un mayor lapso de atención expandida con más facilidad. Casi todos los niños diagnosticados con DDA o DDAH quienes han pasado por las sesiones del sistema Soma han mejorado bastante, por lo general muestran cambios notables en su conducta, están en condiciones de arreglárselas con menor esfuerzo y muestran también mayor facilidad al enfocar su atención.

Tecnología del Ojo Rápido

Ranae Johnson, Ph.D., es la fundadora del Instituto del Ojo Rápido (Rapid Eye Institute) en Oregon y autora de dos libros, *Rapid Eye Technology* y *Winter's Flower*. La técnica del ojo rápido fue en realidad desarrollada ¡al intentar encontrar tratamientos alternativos para el autismo! *Winter's Flower* es la conmovedora historia de lo que ocurrió cuando Ranae trataba de encontrar ayuda para su hijo autista. En el proceso, descubrió métodos para ayudar no sólo a su hijo, sino también a los niños y adultos DDA y DDAH. Aquí hay algunos comentarios de la organización.

La tecnología del Ojo Rápido (RET) atiende los aspectos físico, emocional, mental y espiritual del ser. A nivel físico, se aprende a tener acceso a la información relacionada con el estrés almacenado en el cuerpo y libera estrés a nivel celular. El cuerpo aprende una nueva habilidad para liberar estrés conscientemente, lo cual puede entonces ayudar a manejar todos los incidentes tensos en la vida. El estado natural de salud del cuerpo puede entonces equilibrar la bioquímica y promover mayor salud.

A nivel emocional, RET facilita la liberación de energía emocional negativa (la energía negativa está asociada con enfermedad). Los clientes aprenden a liberar energía negativa o la utilizan positivamente para crear diferentes resultados en su vida.

A nivel mental, los médicos educan a los pacientes para estar en condiciones de usar las habilidades vitales. Las habilidades vitales son principios espirituales que ayudan al cliente a alcanzar una perspectiva diferente de la vida. Se ha dicho que si siempre hace lo que siempre ha hecho, siempre obtendrá lo que siempre ha obtenido. La porción cognitiva de RET da a los pacientes una forma de hacer las cosas de diferente manera a la que habían estado haciéndolas en el pasado. El paciente puede tener acceso a estos principios espirituales y darse cuenta de su auto potencial en la creación de la vida.

A nivel espiritual, la Tecnología del Ojo Rápido, recuerda a la gente su perfección. Al liberar la tensión, los clientes se abren a su naturaleza espiritual. Esto les permite determinar el sentido de su propósito en la vida y evitan el "vacío existencial" que puede resultar en enfermedad.

La Tecnología del Ojo Rápido entra al sistema límbico a través de los ojos y los oídos. El sistema límbico es la parte del cerebro responsable de procesar las emociones. Los ojos están conectados al sistema límbico a través de una parte del cuerpo llamada núcleo geniculado lateral (lateral geniculate nuclei) y los oídos están conectados al sistema límbico a través del núcleo geniculado medio. Esta conexión hace posible que el paciente pueda procesar el estrés a nivel celular a través de la glándula pituitaria, la cual regula las funciones bioquímicas celulares

del cuerpo. A través del hipocampo (otra parte del sistema límbico) y otras áreas relacionadas con la memoria, el cliente tiene
la habilidad de entrar y liberar el estrés relacionado con eventos pasados.

Mientras estabamos evaluando muchos procesos para este libro,
recibimos una carta del equipo de entrenamiento del Instituto del Ojo
Rápido. En forma conjunta expresaron lo siguiente:

> Con 12 niños entre nosotros, cuyas edades van de 6 a 30,
> definitivamente sentimos que tenemos una porción de lo que
> ustedes describen como Niños Indigo. Hemos experimentado
> directamente problemas de DDA, DDAH, autismo y otros
> trastornos. Enseñamos una forma de enfocar la paternidad basada
> en los principios universales (programa de Habilidades Vitales),
> con excelentes resultados.

Del fundador:

> La técnica del Ojo Rápido y nuestro programa de Habilidades
> Vitales han ayudado a mis hijos y nietos, junto con los miles de
> otros técnicos que han venido a realizar su entrenamiento y todos
> sus clientes, para magnificar su ruta y permitir que sean co-
> creadores de su propia vida. Es muy emocionante presenciar las
> muchas modalidades de curación alternativa que vienen junto con
> nuestro modelo médico para formar un modelo de curación ecléc-
> tica holística.

La Técnica de Equilibrio EMF

La Técnica de Equilibrio EMF es una de las más novedosas (y
quizá la más abierta para poner los ojos en blanco) que han surgido
en los círculos metafísicos. Se parece mucho a la curación "con las
manos", pero ha tenido resultados tan sorprendentes ¡que incluso la

NASA quiso estudiarla alguna vez! Si desea saber más acerca de esta técnica que "no es completamente explicable, pero funciona" entonces tome nota. **Peggy y Steve Dubro** la han desarrollado y están trabajando en todo el mundo para entrenar a otros en su uso. De su página de Internet obtuvimos esta cita textual:

> La Técnica de Equilibrio EMF es el sistema de energía diseñado para funcionar con la Celosía de Calibración Universal (Universal Calibration Lattice), un modelo de la anatomía de la energía humana. Se trata de un simple procedimiento sistemático que cualquiera puede aprender. El sistema utiliza el efecto humano-a-humano sobre el campo electromagnético.... (Integra) espíritu (Dios-yo) y biología. Hay cuatro fases, cada una diseñada para fortalecer los patrones de EMF necesarios para co-crear exitosamente su realidad en la nueva energía.

¿Y el interés de la NASA? Evidentemente una compañía llamada Sonalysts propuso un fondo para estudiar este trabajo. La parte EMF del experimento era la de proveer el entrenamiento y los ejercicios para probar el efecto de la conciencia del campo de energía electromagnético con el propósito de obtener una "mejor actuación en equipo" y " fortalecer el proceso de conservación de la salud humana"; dicho en otras palabras, ¡para estimular la conciencia colectiva mediante la integración del espíritu y la biología!

¿Nuestro consejo? Siga adelante y ponga los ojos en blanco, después envíe a sus Indigos, porque ellos no lo harán.

capítulo cinco

Mensajes de los Niños Indigo

En este capítulo, vamos a conocer lo que piensan algunos Indigo, quienes ahora son adultos, o casi adultos. Una de las cosas más difíciles para encontrar a Indigo mayores y pedirles que escribieran algo para nosotros fue el hecho de que el término Indigo es realmente nuevo. Si no fuera por un pequeño capítulo sobre la experiencia Indigo que incluí en mi último libro, *Partnering with God*, no tendríamos estas historias para nada. Las recibimos el año pasado, la mayoría debido a una pequeña mención. Una vez que este libro se publique, sin embargo, habrá muchos que se den cuenta que ellos mismos son Indigo o que tienen hijos, parientes o amigos Indigo. Sabemos esto porque miles de personas que han atendido nuestros seminarios en varias partes del mundo y han oído este mensaje, se sorprenden por lo relevante que es lo que está ocurriendo en su vida.

Ryan Maluski tiene alrededor de 25 años. Los Indigo de esta edad son generalmente predecesores, los primeros en llegar. Casi podemos garantizar que ellos han sido diagnosticados con problemas, aunque el DDA no era un término tan utilizado como lo es hoy en día, probablemente fueron diagnosticados con trastornos mentales o con cualquier otro nombre que tuviera la connotación de "inadaptado". Además, muchos adultos Indigo mencionan aspectos espirituales.

Parece ser parte del tema. Mientras lee el relato de Ryan, trate de identificar algunas de las características Indigo que ha aprendido en este libro.

Creciendo como Indigo
Ryan Maluski

El describir mis sentimientos al crecer como Indigo no es una tarea fácil porque sencillamente hay mucho que decir. Además, yo no sé lo que significa no crecer como Indigo, de modo que usted puede entender mi dilema. Permítanme comenzar diciendo esto: Siempre supe que pertenecía aquí, a la Tierra y siempre tuve un profundo conocimiento universal de cómo las cosas realmente funcionan y de quién era yo. Sin embargo, con gran sentido del humor, elegí crecer con gente en situaciones y lugares que no reflejan absolutamente nada de mi yo interior. ¿Pueden comenzar a ver la infinidad de posibilidades de diversión en este drama al que decidí entrar? Fue un gran reto; me sentía muy diferente y solo. Rodeado de extraterrestres quienes, habiendo invadido mi hogar, trataban de moldearme a la forma que ellos sentían que yo debía ser. Para decirlo sin rodeos, me sentía como un rey trabajando para sus vasallos, visto como un esclavo.

Crecí en una familia católica de clase media en los suburbios de Westchester County, en Nueva York. Escogí ser bendecido con dos padres amorosos y una hermana cinco años menor que yo. En mi infancia, algunas veces tenía fiebres muy altas que acababan en convulsiones por lo que tenían que llevarme al hospital y ponerme en hielo. Duré dos años tomando un medicamento que se llamaba Phenobarbitol que me ayudaba a controlar las convulsiones. Mi madre se dio cuenta que me enfermaba con facilidad estando en grupos grandes de personas, de modo que trataba de mantenerme al margen de multitudes o de lugares con mucha gente, cuando era posible. Sus amistades y parientes nunca lo entendieron y la criticaban, pero ella sabía que lo tenía que hacer. Mis padres me dieron todo lo que pudieron dentro de sus posibilidades. Se me dio mucha atención y se me llenó de amor. Me llevaban al zoológico infantil casi todos los días. Recuerdo a todos los animales de ese lugar; sentía que eran míos, incluso dejaba salir a los chivos fuera de su área, lo cual me resultaba muy divertido. La primera vez que fui a un circo fue muy interesante y mi madre cuenta esta historia:

Ryan tenía dos años cuando fuimos a un circo de tres pistas. El tenía su propio asiento, pero yo estaba tan emocionada que no quería que se perdiera nada, de modo que lo senté en mis piernas. Yo estaba tan contenta de ver sus ojos llenos de felicidad que me mantenía diciéndole, "¡Ryan, mira esto! ¡Ryan, mira aquello! ¡Ryan, mira a los payasos, y a los elefantes! Cuando de repente volteó ¡y me dio una bofetada! Después se volteó tranquilamente a seguir mirando el espectáculo. El doctor dijo que yo lo sobre estimulé y que sólo tenía que dejarlo solo, dejarlo en paz y que disfrutara por su cuenta.

Cuando tenía alrededor de siete, me di cuenta que hacía algunas cosas diferentes. Por ejemplo, si íbamos a una dulcería y me decían que escogiera todo lo que quisiera, sólo podía aceptar lo que se me antojaba en ese momento. No podía arrasar con el lugar. La cajera señalaba lo diferente que era. La mayoría de los niños hubiera cargado con todo lo que hubiera podido, pero yo solamente tomaba un monto pequeño o un caramelo, sólo lo que necesitaba o quería en ese momento.

Para Navidad, recibía muchos regalos, pero cuando abría el primero, me instalaba a jugar con él por un buen rato, hasta que mi madre me alentaba a seguir abriendo los otros regalos. Me sentía simplemente muy agradecido por ese regalo y realmente quería disfrutarlo en ese momento. Hubiera podido mantenerme jugando con aquel regalo todo el día.

Cuando era más joven, tenía una gran capacidad de asombro, me embelesaba con algún objeto y podía sentir todo mi ser moverse hacia él, —incluso como si abandonara mi cuerpo—, lo observaba y lo estudiaba desde cada ángulo y todos mis sentidos se engrandecían y se intensificaban dramáticamente. Se los platicaba a mis amigos y no podían entenderlo, no tenían la menor idea de lo que les estaba hablando. Me sentía muy raro, incomprendido y "equivocado".

La preparatoria fue la época más dura y dolorosa de mi vida, cuando los niños se comparan a sí mismos y el sentirse adaptado y aceptado es lo más importante. Cualquier actitud rara en mi comportamiento resultaba muy obvia para los demás. Y definitivamente me sentía raro. Al principio, tenía muchos amigos y me llevaba bien con cualquier grupo, pero con el paso del tiempo me sentía alejado de todos. Estaba en mi propio mundo; muy solitario. Esto me enfurecía. Todo lo que quería era ser "normal".

Cuando tenía alrededor de 15, les dije a mis padres cómo me sentía, deprimido, paranoico y diferente. Tenía ataques de ansiedad y actuaba muy raro, con rituales obsesivos-compulsivos que no venían al caso, pero que necesitaba hacer para sentirme seguro. También escuchaba voces degradantes, negativas y manipuladoras en mi mente. Mi mente y mis emociones corrían desenfrenadamente. Era muy difícil concentrarme siquiera por un corto lapso. También resultaba difícil controlarme a mí mismo, me sentía como un resorte de cama, compacto y tenso. Sentía que tenía 10,000 voltios de energía en un cuerpo que sólo podía contener la mitad de eso. Era como un cable de energía sin tierra. También tenía tics nerviosos, el llamado síndrome de Tourette. Mis padres me llevaron con doctores, muchos doctores.

Yo trataba de equilibrar mi caos interior con humor, convirtiéndome en el payaso de la clase. Aceptaba gustosamente mis castigos para obtener algo de atención. Era muy importante para mí el hacer algo que pudiera hacer reír a la gente. Cuando lo lograba, me estaba por fin interrelacionando con ellos en el planeta, ¡notaban mi presencia!

Entonces, había ocasiones en las que podía simplemente sentarme solo y pensar en un escenario completo en mi mente, una clase de drama en el que podía actuar los personajes que elegía, haciendo lo que quería hacer. Algunas veces me comenzaba a reír de repente histéricamente y cuando me preguntaban la razón, daba explicaciones que no tenía lógica para los otros.

El ser chistoso me ayudaba a olvidar mis "broncas"; la risa se siente bien. Sin embargo, era también muy impredecible, cambiaba de estado de ánimo con mucha facilidad y en forma repentina. Me llamaban psicópata, lunático y cosas por el estilo y yo lo creía. Así es como realmente me sentía. Pensaba que nunca escaparía de la prisión en la que estaba. Hubo muchos medicamentos que me ayudaron con algunos retos, por un cierto período de tiempo, pero después de un rato, algo diferente salía a relucir. Cuando tenía como 15 años, uno de los doctores más reconocidos a nivel mundial, especialista en el síndrome de Tourette, nos dijo a mis padres y a mí que yo era un caso único: "Parece que cuando arreglo una cosa, surge otra. El tiene todos estos pequeños cajones llenos de problemas. Nunca me había sentido tan desconcertado en mi vida".

En ese momento, incluso me sentí orgulloso de que nadie me entendiera, porque eso significaba que todavía tenía esperanza. Los medicamentos no quitaban o controlaban todo el dolor y la confusión, pero descubrí que el alcohol lo podía hacer. Lo llevaba a mi habitación, en la intimidad, casi todos los días y me bebía todos los problemas. El beber me adormecía y me ponía en un mundo seguro, familiar y siempre accesible. Los cigarros también me ayudaron a adaptarme y a sentirme por lo menos un poco normal.

A los 16, era hiperactivo y comencé con un nuevo medicamento. Una noche estaba tan nervioso que mi madre y yo llamamos al doctor; el dio instrucciones de que tomara otra pastilla para tranquilizarme. Así que tomé otra y me puse doblemente nervioso. Después llamé a otra doctora para confirmar que había hecho lo correcto y ella me dijo que eran las pastillas las que me hacían sentir de ese modo. Estaba listo para saltar fuera de mi piel y le rogaba a mi mamá que me comprara alcohol para adormecerme. Era una sensación insoportable; el morir era un pensamiento placentero, como si con ello pudiera terminar ese infierno. Me sentía atrapado en mi cuerpo.

Al concluir la preparatoria estaba desesperado, de modo que me ofrecí voluntariamente a internarme en un hospital psiquiátrico. Mi terapeuta lo recomendó y yo estuve de acuerdo, sin la menor idea de lo que estaba haciendo. Estuve ahí con otros 25 niños entre las edades de 10 y 18. La verdad es que me sentía bien en ese lugar, viendo el despliegue de retos y problemas que cada uno tenía. La primera vez, estuve ahí por espacio de un mes. Después de unos días, me di cuenta cómo casi todos los niños se acercaban a mi cuando estaban angustiados. Todos se abrían conmigo y tomaban en cuenta cualquier consejo que les daba. El personal del hospital no estaba muy contento con esto, se preguntaban cómo yo, otro "paciente loco" podía ayudar a alguien. Ellos reflejaban la prisión creada por mí mismo en mi interior. Ahora era real y espantoso.

Una noche, me golpeó repentinamente la realidad del lugar donde me encontraba y me derrumbé en mi cuarto, llorando, preguntándome ¿por qué yo? una y otra vez. El primer día presencié cuatro restricciones, en las que el personal tomaba a los pacientes que estaban fuera de control, luchaba con ellos hasta tirarlos en el suelo, les inyectaba Torazina y los aventaban en una cama dentro de una habitación en silencio hasta que se calmaban. Después venía un periodo de "prueba". sin llamadas telefónicas, ni visitas o televisión, tampoco se podía abandonar el cuarto pero había que mantener "la puerta abierta" para que las enfermeras pudieran estar vigilando las 24 horas. Yo amaba mi libertad, de modo que me aseguré que eso nunca me pasara.

La parte más frustrante de todas las reglas del hospital era que éstas eran ejecutadas por personas ¡que tenían muchos problemas también! Pude ver esto claramente, estando dotado con la habilidad de "leer" a la gente. Mi familia y amigos de la escuela solían visitarme, dándome gran apoyo. Pase mi cumpleaños número 18 en el hospital y todavía lamento haberme perdido mi fiesta de graduación de preparatoria, no me sentía como un hombre. Tenía muchas razones para sentir compasión por mí mismo. Recuerdo haber dicho "Voy a superar todo esto y después les voy a enseñar a los otros niños cómo hacer lo mismo. Sé que hay una manera".

Cuando me gradué de la preparatoria y decidí no ir al colegio, mis padres lo entendieron perfectamente. Me eduqué como autodidacta, sintiendo al principio gran atracción por los libros de brujería y magia, después seguí con los de autoayuda y espiritismo. ¡Era la conciencia que había necesitado por largo tiempo! Me llené de esperanzas y supe que todo iba a estar bien.

Incluso cuando estaba solo en mi cuarto o en la casa, sentía que estaba siendo observado, que cada movimiento y cada momento estaban siendo juzgados y registrados en un cuaderno de notas. De modo que el simple hecho de "ser", solo en el bosque, era agradable. Esta fue una de las mejores técnicas para equilibrar e integrar todo lo que sentía y ayudarme a encontrarme a mí mismo cuando me sentía perdido acerca de mi identidad.

Otra característica Indigo fue la de sentir un monto increíble de coraje y rabia mientras crecía, porque sin importar en qué lugar expresaba mis sentimientos y sensaciones, nadie podía entenderme. Esto fue creciendo hasta que finalmente dejé de expresarme. Sentía que estaba en una frecuencia diferente y listo para explotar. Aventaba una silla, agredía o maldecía a alguien o simplemente embriagaba mi coraje con alcohol.

Como ven, me estaba "expandiendo" y debido a que estaba desviándome de lo normal, me daban una pastilla para tratar de contenerme. Pero yo iba en expansión y nunca podía ser controlado o contenido. Estaba y sigo estando en constante expansión. *Así es como se siente ser un Indigo.*

Una de las experiencias más increíbles que he tenido en mi vida, fue la de la Técnica de Equilibrio EMF de Peggy Dubro, —el reinstalar la electricidad del cuerpo en algún nivel—. Después de la primera fase, sentí una diferencia enorme dentro de mí mismo, era como haber pasado de la noche al día. Sentía que cada circuito de mi cuerpo estaba completo. Todos los pequeños caminos de mi cuerpo y mis campos que todavía tenían caminos sin concluir, quedaron completamente terminados. Me sentí con los pies en la tierra, con mucho más control y equilibrio.

También me sentí en paz y en condiciones de contenerme a mí mismo y entender mis emociones. Estuve en condiciones de liberar emociones negativas. El mal carácter simplemente se fue y supe que todo estaría bien. El equilibrio EMF tiene mucho sentido común para mí y siento que todos los Indigo deberían aprender esta técnica. De hecho, cada persona en la Tierra debería hacerlo si quiere sentir que su vida es un poco más fácil y si desea tener mayor control sobre ella.

Tuve otro gran adelanto cuando me dieron un alimento esencial para la vida llamado alga verdeazulada superior. Después de comer esto por tres días, mi vida entera comenzó a cambiar. Sentí como si los circuitos de mi cuerpo se hubieran conectado ¡y yo me expandía para contener todo mi ser! Me sentí calmado y en control; mis niveles de concentración, energía y memoria aumentaron considerablemente. Tenía un nuevo sentido de fuerza interior y me sentí más equilibrado que nunca. Este alimento realmente salvó mi vida. *Lo recomiendo ampliamente a todos los otros Indigo.*

Para mí es muy importante pasar tiempo conmigo mismo. A solas, me vuelvo más abierto, como una flor. Mi lugar especial para estar solo es un espacio natural cerca de mi casa. Cuando voy temprano por la mañana, me despido de la vida diaria y la puedo revisar en una forma desconectada, como si fuera una película. Sin este tiempo a solas, nada más puedo ver lo que está a mi alrededor y me confundo y me siento frustrado. En mi quietud, puedo ver mi vida como un todo más claramente. Puedo ver más fácilmente cuando estoy experimentando alguna dificultad en cierta área. También puedo ver mi camino a través del bosque y hacia dónde me llevará si lo recorro. Puedo ver los caminos sin salida y las partes en donde el follaje y los arbustos necesitan podarse.

También recibo más vibraciones acerca de todo, especialmente acerca de mí mismo. Si algo me irrita, puedo verlo objetivamente, sin juzgar. Cuando estoy con gente, me relaciono bien con todos, pero cuando estoy solo ocurre algo mágico; mi intuición aumenta. Siento que tengo mayor control de mi vida. Después, regreso a la rutina diaria con una conciencia más amplia, en condiciones de enfrentarme a las situaciones de la vida.

Siento que es muy importante respetar el espacio de las personas y considero el tiempo privado como algo sagrado. Cuando estoy a solas en el bosque, simplemente puedo ser yo mismo, y eso es todo. Puedo hablar con los árboles y con todo lo que me rodea y ellos simplemente escuchan y me aman por lo que soy. Es muy agradable estar en un lugar en donde simplemente puedo "ser", en donde sé que no hay oportunidad de ser criticado por nadie. Crecí sintiéndome muy criticado, muy diferente.

Si tuviera un hijo Indigo, lo trataría diferente. Inmediatamente lo pondría en una dieta de alimentos superiores con esencia vital y altas vibraciones, especialmente le daría el alga verdeazulada, le enseñaría métodos de concentración y tuviera a este niño equilibrado con el método EMF. Me aseguraría que la gente tomara conciencia de su singularidad, la cual es un regalo no algo equivocado, malo o diabólico.

Probablemente no lo pondría en la escuela. En lugar de ello, hablaría con otros padres y formaría un grupo para enseñar a los niños las cosas que realmente deben saber; acerca de espiritualidad, quiénes son en realidad, cómo pueden expresarse ellos mismos, cómo liberar el coraje y cómo aprender a valorarse, crecer y amarse a sí mismos y al prójimo, también les enseñaría a desarrollar su intuición. Yo personalmente me aburrí terriblemente en la escuela. Nada en ella tenía sentido para mí, el aprender acerca del pasado, por ejemplo. A mi no me interesaba nada del pasado, estaba experimentando problemas en el presente y el futuro parecía muy obscuro.

El sistema escolar necesita definitivamente ser reestructurado, es ridículo que un ser humano en evolución deba ser tratado como un pequeño punk. Necesitamos asegurarnos que los profesores estén propiamente entrenados y que sean personas equilibradas. Existen muchos maestros que utilizan a los niños para expresar sus frustraciones. El mismo problema ocurre en los hospitales psiquiátricos. A los pacientes se les debe permitir conectarse con la tierra en lugar de simplemente darles pastillas y mantenerlos separados unos de otros. Los Indigo tienen muchas más herramientas para usar en la vida. Un niño no-Indigo puede tener una pala para escarbar un hoyo, mientras que un Indigo tiene un tractor. De modo que puede excavar más rápido, pero también más profundo y caerse adentro; si no está equilibrado, no dispondrá de una escalera para volver a salir a la superficie. Puede decirse que, en cierta forma, los Indigo pueden usar sus dones en contra de sí mismos.

Permítanos hacer énfasis en que Ryan no tuvo un adelanto de este libro. Le pedimos su comentario porque habíamos oído su historia, pero no fue aconsejado. Su historia es real. El platica acerca de su "expansión" y la forma en la que nadie podía entenderlo, aún cuando trataba de explicar lo que estaba pasando. Este es un Indigo clásico. Además, ¿se dio cuenta de su humanitarismo? En el hospital psiquiátrico se involucró con los problemas de otros niños y se convirtió en su consejero, sin proponérselo. El también señala, "Voy a superar todo esto y después les voy a enseñar a los otros niños cómo hacer lo mismo. Sé que hay una manera". Su preocupación es la de *identificar* de modo que otros también pueda ayudarse a sí mismos. Intuitivamente sabe que hay otros como él.

El estaba constantemente en el "ahora". Unicamente enfocado en lo que "es" no en lo que va a ser. Esto también es típico en los Indigo y es una de las razones por las que no pueden ver las consecuencias de sus acciones. El escenario de los regalos de Navidad; el de la tienda de dulces; el deseo de simplemente "ser"; la agobiante necesidad de estar a solas, todo esto habla de vivir en el "ahora". Esta es una conciencia expandida para un niño, algo que con frecuencia no se presenta hasta mucho más tarde en la vida. El lo tuvo inmediatamente y por ello fue catalogado como "raro". Ryan dice, "Estaba y todavía estoy constantemente en expansión". *Así es como se siente ser un Indigo.*

Ryan podía "leer" a la gente. No habla mucho sobre ese don, probablemente porque todavía es visto como algo raro. Para nosotros, es simplemente la habilidad de sentir la energía que rodea a la gente y tomar decisiones inteligentes basadas en eso. Algunos adultos lo llaman intuición. El tuvo una buena dosis de ella temprano y se sentía frustrado ¡porque podía "ver" que sus maestros y doctores estaban desequilibrados! Qué don . . . pero que peso más grande para el niño no poder entenderlo.

Ryan se sentía evolucionado, pero sentía que nadie lo sabía. ¿Recuerdan que al principio les dije que los Niños Indigo se sienten como miembros de la realeza? Ryan dice que se "sentía como un rey trabajando para sus vasallos, visto como esclavo" También está amargado con relación a la escuela. ¿Qué clase de parodia es esa de tener maestros que no reconocen quién eres?

Las referencias al alga verdezulada y a la Técnica de Equilibrio EMF ¡fueron revelaciones para nosotros! No teníamos idea de que Ryan había utilizado estos recursos. Sus comentarios parecían comerciales, deben haberlo ayudado bastante.

Seguramente le interesará saber que los padres de Ryan sobrevivieron a todo esto y hoy tienen a un hijo amoroso quien está equilibrado, feliz, tranquilo y es su mejor amigo. Honestamente. Lo único que nos queda por decirle es que siempre hay una esperanza para cualquier persona en su vida que esté desesperada. ¡Nunca se rinda!

Recibimos la siguiente carta, breve y dulce, de **Cathy Reiter**, otra joven Indigo:

> Tengo 16 años. Creo que tengo un gran entendimiento espiritual y lo encuentro muy frustrante al tratar de comprender las acciones, pensamientos y sentimientos de otros jóvenes de mi edad. Acabo de conocer a una persona que comparte mis pensamientos y también tiene un gran entendimiento espiritual. Estoy fascinada de haber encontrado a alguien a quien había estado buscando durante toda mi vida, alguien que puede compartir mis experiencias.
>
> Acabo de leer el capítulo acerca de los Niños Indigo y me sentí profundamente aliviada por el hecho de saber que hay otros niños y adolescentes tan frustrados como yo.
>
> El simple hecho de escribir esto y ser escuchada me inspira a creer que puede ocurrir algo extraordinario. ¿Qué respuesta han obtenido de la gente de mi edad? No sé a dónde ir después. Supongo que sólo debo seguir con mi vida y ver hacia dónde me lleva mi camino.

Como en el caso de Ryan, esta nota fue recibida debido a una breve mención sobre los Niños Indigo en *Partnering with God*, mi (Lee Carroll) último libro. Cathy no dice que es inteligente. Ella menciona "entendimiento espiritual". También encontró la información de los Indigo por sí misma ¡mientras leía un libro de metafísica para adultos! y quiere saber si alguien está "ahí". Finalmente, está muy contenta de haber encontrado a otra persona Indigo de su edad quien la comprende, dado que la mayoría de sus contemporáneos no puede hacerlo. Si Cathy es una Niña Indigo (pensamos que sí lo es), entonces debe sentirse muy sola. La mayoría de los Indigo tienen entre seis y diez años. Cathy es otra predecesora, tal como la siguiente colaboradora Indigo, **Candice Creelman**.

Todo lo que necesitas es amor
La experiencia Indigo
Candice Creelman

Desde el principio supe que había algo diferente conmigo, aunque no sabía exactamente qué. Recuerdo claramente mi primer día en el jardín de niños, caminando hacia un grupo que había sido puesto alrededor de nuestra maestra. Me dirigí hacia ellos e inmediatamente supe que había algo muy extraño y que yo no pertenecía a ese lugar. Desde el primer día, los otros niños comenzaron a tratarme como si hubiera sido una extraterrestre o algo parecido. No me acuerdo específicamente que decían pero sí tengo presente la forma en la que me dejaban sentir que no merecía estar en ese grupo y que estaba fuera de lugar. Esto continuó a lo largo de toda mi educación, hasta el colegio y después dentro del mundo "real".

La escuela significó una constante lucha para mí, no sólo porque se me marginaba y consideraba "diferente", sino porque sabía que la mayoría de los cursos eran pura basura y no tenían nada que ver con el mundo verdadero. Siempre supe que nunca usaría nada de lo que ellos me enseñaban y no importaba qué tan duro tratara la gente de convencerme de lo contrario, sabía que lo que las escuelas enseñaban era relativamente inservible. Fuera de las clases de lectura básica, escritura, matemáticas y el tener una idea de lo que había ahí, los maestros simplemente daban información inservible. Aunque no sabía exactamente lo que esto significaba en ese entonces, resultó básicamente cierto para mi. Algo que siempre me molestaba mientras se acercaba mi graduación era el saber que la única cosa que realmente nos habían enseñado era la de responder a los maestros sin pensar en lo que habíamos aprendido; era una instrucción sin ningún proceso de razonamiento ni de pensamiento individual, ¿Cómo iba eso a ayudarnos en el mundo real?

De modo que, dada mi frustración con la escuela y el hecho de estar aburrida con ella, no me iba bien. En realidad, tuve suerte de haberla terminado. Me gradué de la preparatoria con un promedio apenas superior al mínimo para poder irme de ahí; de modo que no tenía que seguir soportando el que mis compañeros me condenaran al ostracismo. Sin embargo, eso continuaría hasta mis años de colegio y, para ser exactos, todavía continúa hoy.

Mis padres, aunque me quieren mucho, simplemente no tenían la menor idea de lo que yo estaba pasando. Mi mamá me decía cosas como, "A todos los molestan de vez en cuando", y "Los niños pueden ser muy crueles", pero aquí les va la mejor, misma que ahora me hace reír, "Simplemente ignóralos y te dejarán en paz". Mentira y mucho más fácil decir que hacer. No sólo no me dejaban en paz, sino que me molestaban más si recurría a un rincón y me sentaba amilanada.

En lugar de pasar mi niñez haciendo cosas regulares como jugar con otros niños, pasaba mucho tiempo en el sótano de mis papás con mi música, la cual me ayudó a sobrellevar mi infancia. En realidad resultó ser algo muy positivo para mi, dado que la música se ha convertido en mi carrera. No necesito decir que terminé con una auto estima muy baja hasta este día, todavía peleo con aquellas voces en mi cabeza que me decían que era una fracasada y demás. Recientemente asistí a un retiro en donde no me sentí a gusto, y de repente, me encontraba de vuelta en la escuela. De modo que estos temores todavía están ahí. Afortunadamente he desarrollado formas de sobrellevarlos para saber lo que ocurre y poder sanarlos apropiadamente ahora.

Un día, poco después de terminar la preparatoria, me arme de valor y decidí investigar por qué me habían tratado de esa manera. Me encontraba afuera de la escuela en un pequeño pueblo llamado Alberta, en las afueras de Edmonton, cuando vi a una niña con la que había ido a la escuela desde el primer día. La miré y como caído del cielo me llegó el valor para reclamarle. Antes de que supiera que estaba pasando, las palabras salieron de mi boca, "¿Tú sabes que me han tratado muy mal durante todos estos años, verdad?" Me miró fija e inexpresivamente, pretendiendo no saber de lo que estaba hablando. Cuando la presioné, asintió tarta-mudeando. "¿Y por qué?" Le pregunté "¿Qué fue lo que les hice a ustedes para merecer eso? ¿Qué pude haber hecho para merecer ese trato horrible?"

Ella miró a su alrededor, tratando de encontrar una respuesta a mis preguntas. Cuando se dio cuenta que no podía, comenzó a pensar. Con lo único que salió fue, "Porque eres diferente". En ese momento, todo lo que pude decir o pensar fue, "¿De qué estas hablando? ¿Qué quieres decir con diferente? e incluso si lo fuera, ¿Por qué eso provoca que la gente haga y diga cosas hirientes como las que me han dicho todos estos años?"

En ese momento, no tenía idea de cómo o por qué era diferente, pero en los últimos meses he comenzado a ganar perspicacia. Estoy contenta ahora porque estas experiencias me han fortalecido, aunque en ese momento estaba horrorizada. Pasé mi niñez y mi adolescencia sintiéndome completamente sola. No tenía a nadie con quien pudiera realmente comunicarme. Por tanto me fui a vivir a Toronto, al otro lado del país, por dos años y medio. Sin embargo, durante el último verano, me vi "obligada" a regresar a casa —a Edmonton— porque mi mamá se enfermó. Terminó siendo el verano más feliz de mi vida, ya que finalmente estuve en condiciones de dejar atrás el pasado.

Por lo menos, me dio la habilidad de conocerme a mi misma. También encontré a un grupo de personas con las cuales finalmente me sentí a gusto. Nunca antes había tenido la sensación de pertenecer a algún lugar. Mis amigos me brindaron esta oportunidad, lo cual a su vez me dio un nuevo sentido de propósito y confianza. Ahora estoy aprendiendo a no esconder mi verdadera persona; mi verdadera persona es muy hermosa. Ahora que estoy de vuelta en Toronto, me siento mucho más completa en mi interior y con mayor potencial que nunca antes.

Fue en realidad una decisión difícil la de regresar, porque nunca antes había tenido este fuerte sentimiento de pertenecer a algún lugar. Sin embargo, también sentí intensamente que tenía que hacer algunas cosas aquí en Toronto.

He aprendido que no puedes correr para alejarte de tus fantasmas. Tarde o temprano tienes que enfrentarte contigo mismo, tal y como yo lo hice ese verano en Edmonton. Aprendí mucho acerca de mi pasado y de lo que realmente significó.

El hacerme consciente del fenómeno Indigo también me explicó mucho sobre mi persona y me ha ayudado a entender mejor quién y qué soy yo y por qué estoy aquí en este momento. Esto me ha dado la fuerza para sanar las viejas heridas de modo que puedo moverme como un ser humano con gran potencial y confianza. He elegido poner toda esta energía sin explotar en mi música escribiendo sobre las cosas importantes de la vida.

Muchas veces he encontrado resistencia cuando comparto con otros la forma en la que me siento "más adelantada" que la mayoría de la gente, adelantada a mi tiempo, copiando una frase. Lo que he aprendido, experimentado y sentido va mucho más allá de lo que la mayoría de la gente pudiera ni remotamente comprender. Esto ha sido muy frustrante y algunas veces devastador para mí, principalmente porque cuando he cometido el error de hablar acerca de este "conocimiento" a otros quienes no entienden, la respuesta que he obtenido es la de que yo soy la única que no entiende, que soy muy joven para tener esa clase de sabiduría y que soy muy egoísta al decir que estoy "más adelantada" que alguien con más experiencia en estos asuntos.

Bueno, yo estoy aquí para decir que la experiencia física no tiene nada que ver con la sabiduría. Cada individuo, sin importar la edad, tiene acceso a la sabiduría; depende de si estás lo suficientemente abierto para permitirte ir a través de ella, no de cuántos años tienes.

El mismo verano, crecí espiritualmente en muchas formas. En mi curso de Reiki a nivel superior, sabía que estaba mucho más avanzada que la mayoría de los participantes, incluyendo a aquellos que habían estado practicando por muchos años. Incluso antes de que me diera cuenta, había terminado todo el curso en un año. Mi error (¿acaso lo fue?) fue el decirle a mucha gente sobre ello. Sabía que la mayoría

de ellos estaban completamente enojados conmigo por decirles qué tan avanzada me sentía y cómo el retiro sobre la técnica Reiki había sido como un recreo para mí. Algunas personas trataron de decirme que me había perdido las sutilezas
del retiro, pero sabia que eso no era cierto. Había disfrutado
a solas la mayor parte. Lo que pasó es que, para mí, las cosas
sobre las que hablamos fueron muy básicas.

Por supuesto, cuando hablo así, la gente automáticamente asume que esto procede puramente del ego. Tuve la
misma experiencia con otro maestro este verano quien me dijo
que era muy egocéntrica. Fue muy duro conmigo y realmente afectó mi confianza. Sin embargo, todo lo que sé, es
que lo sé, y no hay forma de probarlo. Simplemente lo sé.

No siento que esté haciendo mucho escándalo por ser
Indigo, sólo lo estoy haciendo ahora con el propósito de este
libro para ayudar a la gente a entender de qué se trata. El
asunto Indigo me ayuda a entender todo lo que he pasado —
y continúo pasando—. En el pasado, lo consideraba una
carga; odiaba ser diferente. Ahora me regocijo en ello porque
lo entiendo y lo podría llamar una aventura. Despierto cada
mañana sintiéndome como una niña en Navidad —y nunca
pensé que podía experimentar ese sentimiento otra vez—. Pero
aquí estoy, amando cada día. Estoy viva y me regocijo en lo
maravilloso de todo. Todos y cada uno tenemos acceso a lo
que está ahí afuera, aunque los Indigo parecen "obtenerlo"
mucho más rápido que la mayoría.

Así que, debido a mi experiencia, mi mejor consejo para
aquellos preocupados por los Indigo es el de ser comprensivos.
Los Indigo simple y verdaderamente necesitan su amor y
apoyo, pero no podemos estar saludables si ustedes propician
sentimientos de separación en nosotros. Necesitamos saber
que somos amados, apoyados e importantes. Sabiendo esto,
tendremos el poder de ser quienes realmente somos, sin
sentirnos avergonzados de ser "diferentes". No sé cuántas
veces desee una sola cosa: alguien que me dijera que me
amaba y que era especial. No en una forma condescendiente,
sino en una forma estimulante que me dejara sentir que
tenía un gran propósito aquí, tal y como todos lo tenemos.

233

No se nos puede ayudar cuando los otros nos señalan y dicen "Oh, es uno de esos Indigo. ¡Vaya! Pongámoslo en exhibición". Por favor, en lugar de eso déjennos saber que en realidad está bien el ser como somos y simplemente ámennos por eso, por lo que realmente somos, eso es todo. Para ponerlo más claro, la canción que describe mejor esto es "All you need is love" (Todo lo que necesitas es amor) y esto es verdadero para todos, no sólo para los Indigo. Esta canción debe ser el tema del planeta en la actualidad, porque el amor es la meta que venimos a alcanzar aquí, —el Cielo en la Tierra es más que un simple sueño infantil o imaginación— la imaginación es en donde todo comienza. El Cielo en la Tierra es una realidad, aunque no todos puedan verla todavía. Los Indigo son parte del grupo que puede verla. Ya está aquí, de modo que ¡créanlo y así será!

Candice tiene algunas cosas muy básicas en común con Ryan y con la mayoría de los Indigo. Ella también tiene alrededor de 25 años. ¿Se dio cuenta de lo mal que se siente al saberse "diferente"? Realmente la marcó el haber sido hecha a un lado. Usted pudo haber notado también una actitud de amargura hacia la escuela. Créannos, esto va a hacerse cada vez más grande, esta rebelión contra la forma en la que se presenta la educación está ocurriendo ahora, de acuerdo con muchos educadores. La diferencia de Candice fue en realidad su "conocimiento", su forma de ser más sabia que la mayoría, misma que propiciaba que se sintiera inadaptada.

El otro tema en común fue el conocimiento absoluto de que tenía gran entendimiento espiritual. Ella "sabía" cosas que estudiantes mayores y con más experiencia estaban tratando de aprender. Ella se movía con facilidad a través de las clases sobre técnicas de sabiduría antigua. como si siempre hubiera sabido de ellas. Este es otro atributo de los Niños Indigo. Cuando apenas está tratando de enseñarles algo, expresan aburrimiento y quieren ir a un nivel más avanzado o retirarse completamente. Esto puede parecerle obstinación, pero probablemente ellos ya han captado la idea, de modo que ¿para qué continuar? No se trata sólo de inteligencia, su sabiduría rebasa su edad. El artículo de Candice está lleno de esta evidencia y cada vez que ella trata de decirnos que no es ego, simplemente "es". Al igual que Ryan, su consuelo era estar a solas. A solas estaba en control y podía hacer lo que quería a su propio ritmo acelerado. Al mismo tiempo se protegía de aquellos que la evitaban. Aunque ella sentía que era especial, sus compañeros y maestros la atacaban verbalmente de modo que su propia valía se ponía realmente a prueba. A pesar de que los Indigo vienen con un sentimiento "expandido", tal y como lo dijo Ryan, con el tiempo esa parte básica de su personalidad puede esfumarse. Este fue el caso de Ryan y Candice. Ambos celebran el hecho de que con equilibrio, ¡lo pudieron recuperar!

Ambos Indigo también sentían que era un error haberle dicho a otros como se sentían. Esto parecía empeorar la situación y provocarles ser condenados al ostracismo por parte de su grupo de compañeros. Sin embargo, continuaron tratando de compartir con otros sus sentimientos. En retrospectiva, los dos ahora sienten que se deben de callar y dejar que el mundo descubra quién era cada uno de ellos sin su ayuda. ¡Nosotros sencillamente no podemos imaginar qué tan difícil tuvo que haber sido eso!

Veamos esto: Ryan, Cathy y Candice estaban en búsqueda de sabiduría espiritual *propia*. Como le hemos dicho anteriormente, esto también es algo que los Indigo prefieren hacer. Ellos sobresalen en la iglesia, dado que es en donde el amor reina. Son atraídos a los principios universales de amor porque los entienden y se sienten "en casa" alrededor de ellos.

¿Qué fue lo que Candice mencionó como la clave para su consuelo? Amor. La mayoría de los doctores y educadores que colaboran en este libro dijeron la misma cosa. El deseo de Candice de ser amada y respetada sobrepasaba casi todo lo demás. ¿Su mensaje para todos nosotros? ¡Ama a los Niños Indigo!

capítulo seis

❖ ❖ ❖

Resumen

Un mensaje de Jan Tober

Al investigar sobre los Niños Indigo. Algo se hizo muy evidente ante nosotros: aunque estos niños son un grupo relativamente nuevo de seres, su sabiduría sin edad nos está mostrando una forma de ser nueva y más amorosa, no sólo con ellos, sino con unos a otros.

Lee y yo pensábamos que este iba a ser un libro acerca de niños; un libro para padres, abuelos, maestros y consejeros. Pero es realmente un libro acerca de *todos* nosotros. Estos niños nos piden sacar de nuestro vocabulario palabras como culpa y víctima y reemplazarlas con palabras positivas tales como esperanza, compasión y amor incondicional. Nada de esto es nuevo, los Pequeños están apenas dándonos la oportunidad de practicar, practicar y practicar.

Estas criaturas nos ofrecen una nueva forma de medirlos, a ellos y a nosotros mismos. Ellos traen en la manga los dones que Dios les ha otorgado:

- Nos recuerdan que debemos estar presentes y en el momento adecuado en *todas* nuestras relaciones.

- Nos piden ser responsables de lo que decimos y proyectamos, ambos en forma consistente y subconsciente.

- Nos piden hacernos responsables por nosotros mismos.

- Estos "seres de la realeza" reflejan lo maravilloso de cada uno de nosotros. ¿O acaso no pertenecemos *todos* a la realeza, no somos *todos* seres espirituales teniendo una experiencia física aquí en la Tierra?

Finalmente, hay un don exquisito adicional en estos Indigo. Mientras aprendemos a respetarlos a ellos y a su proceso y mientras aprendemos a ser padres en una manera más efectiva, también aprendemos a respetar y a amar a ese niño pequeño que todos llevamos dentro. Los Indigo nos piden jugar. Si usted no tiene tiempo para divertirse, ¡hágalo! Tiene que ser creado por usted. No se nos da automáticamente. Si la vida se vuelve tan seria que no podamos jugar, reír, crear un resguardo con una cobija en un día lluvioso y correr entre el lodo con el perro, entonces estamos perdidos. Una persona sabia dijo una vez, "No es lo que se nos ha dado, es lo que hacemos con ello".

Para concluir, permítanme compartir lo siguiente con ustedes:

Los niños de la luz
Para todos los niños...
autor desconocido

El tiempo del Gran Despertar se acerca. Ustedes que han elegido levantar sus ojos de la obscuridad a la luz son bendecidos para ver el evento de un nuevo día en el planeta Tierra. Porque su corazón ha anhelado ver la verdadera paz en donde la guerra ha reinado, mostrar piedad en donde la crueldad ha dominado y conocer el amor en donde el miedo ha congelado los corazones, ustedes son privilegiados en su mundo.

El planeta Tierra es una bendición para ustedes. Ella es su amiga y su Madre. Siempre recuerden y honren su relación con ella. Es un ser viviente, amoroso, vivo, tal y como nosotros. Siente el amor que ustedes le dan mientras caminan por su suelo con un corazón feliz.

El Creador ha elegido sus manos para alcanzar la soledad, sus ojos para ver la inocencia no la culpa y sus labios para expresar palabras de consuelo. ¡No permitan que haya más dolor! Ustedes han sido nómadas en sueños obscuros por mucho tiempo. Entren a la luz y envíen lo que ustedes saben es verdadero. El mundo ha sufrido, no por la maldad, sino por el temor al conocimiento de lo bueno. Permitan que el miedo sea liberado ahora y para siempre, liberado dentro de la luz y transformado. Ustedes tienen el poder de hacerlo.

Nadie puede encontrarlos, sino ustedes mismos. Todas las respuestas están dentro de ustedes. Enseñen las lecciones que han aprendido. Se les ha dado entendimiento, no sólo para ustedes mismos, sino para guiar a un mundo dolorido y cansado hacia un lugar de descanso en un nuevo estado de conciencia.

Aquí ante ustedes está su visión hecha realidad. Aquí está su respuesta, una canción para tranquilizar a un alma cansada y hacerla nueva otra vez. Aquí está el puente que los acerca a sus hermanos. Aquí está su Yo. Mírense gentilmente a ustedes mismos y permítanse llenarse de la Luz que han estado viendo. El verdadero amor viene de su interior y cada pensamiento es una bendición para el Universo entero.

Todas las áreas de su vida serán sanadas. Ustedes brillarán con un resplandor dorado que habla de quien los creó en sabiduría y gloria. El pasado se disolverá como un mal sueño y su júbilo será tan brillante que no tendrán recuerdo de la noche.

Sigan adelante y sean mensajeros de Esperanza. Diríjanse hacia la curación caminando con agradecimiento. Sus hermanos los seguirán y mientras cruzan el portal de la limitación, se unirán y reunirán con todos aquellos que parecen estar perdidos. No hay nada que perder en el Creador. Elijan el camino del perdón y derramarán lagrimas de alegría por la bondad que encontrarán a su paso.

Sigan adelante y vivan la vida del alma radiante que representan. Glorifiquen al creador en sus acciones diarias. Ustedes son importantes, son necesarios y valen mucho. No permitan que el manto de la obscuridad y el miedo esconda la luz de su vista. Ustedes no nacieron para fallar. Están destinados al éxito. La esperanza del mundo ha sido puesta en sus manos y se les aseguró el éxito mientras se mantengan al lado del que los creó.

Esta, por lo tanto, es la curación del planeta Tierra. Todas las dudas y miedos pueden desvanecerse una vez que sepan que la curación viene a través del amor de sus corazones.

Un mensaje de Lee Carroll

Los aspectos académicos al escribir un libro me resultan ahora familiares, éste es mi séptimo. Lo que hace diferente a este, sin embargo, es lo que está detrás de todas estas palabras que ha leído, la profunda experiencia humana combinada de niños en sufrimiento quienes crearon estos pensamientos y trajeron estas ideas a la luz.

Al final de los seminarios, siempre permanecemos de pie un buen rato frente a largas filas de asistentes que quieren conocernos, abrazarnos y contarnos algunas de sus penas o alegrías. Padre tras padre vendrá y nos dirá que le enviemos energía a su hijo —quien ahora sabe, es Indigo— y quien está confundido o teniendo problemas en la escuela. Los maestros preguntan constantemente "¿Qué puedo hacer?" Cada caso es diferente, pero extrañamente similar. El personal de guarderías reporta que algunos de los niños en realidad parecen formar nuevos paradigmas de juego y nuevas formas de tratarse unos a otros que no habían visto antes en niños de esas edades.

Enfermeras y educadoras que trabajan con niños cuentan historias asombrosas acerca de cómo los Indigo agrupan a otros niños necesitados en lugares en donde la vida es muy temporal. Nuestros corazones lloran al enteramos de las cosas que hacen cuando otros niños están enfermos y muriendo. Aquí es en donde los Indigo brillan, en donde nadie está ahí para burlarse de ellos y decirles que son "muy diferentes". Pocos adultos a su alrededor y otros niños demasiado débiles para importarles. Los Indigo organizarán los juegos, darán amor a otros más allá de su edad ¡e incluso ofrecerán consejo!

Descansan junto a los que están gravemente enfermos dándoles su amor y compañía para después irse con otros quienes están muy cansados o enfermos para preguntarse quienes son esos niños "raros". Hacen esto hasta que ellos mismos caen demasiado enfermos. Entonces, tal y como los otros, caen. Esto es algo que no profundizamos en este libro. Es muy difícil para algunos de nosotros mirar y examinar esas circunstancias. Es un lugar al que la mayoría de nosotros no quisiéramos ir y ver, pero al que las enfermeras tienen que ir… y ellas nos hablan sobre esta "nueva clase de niño".

Algunas veces los Indigo vienen a nuestros seminarios y también se ponen en fila. Algunas veces son muy jóvenes pero les han preguntado a los padres si los pueden llevar con los adultos. Un niño de seis años difícilmente podía esperar a ver si yo lo "reconocía". Le dije que no, que nunca nos habían presentado. Me guiñó un ojo y me dijo que en realidad no esperaba encontrarme, pero que yo lo conocía antes de que fuera "él". Era una alma muy anciana y todavía no se qué era lo que sabía o pensaba que sabía. La sola idea de que un niño de seis años tenga este concepto es asombrosa. No importa si sólo está siguiendo la ideología de otra persona. Es la mera idea de su eternidad y realeza la que me habla. El lo cree.

Los Indigo adolescentes con los que hablamos son muy especiales. Me gustaría poder juntar a un grupo de ellos en un cuarto ¡y ponerlos a cantar! Pienso que les encantaría. Sin teléfonos, sin la típica música de los adolescentes o TV, sólo un breve tiempo para adultos y adolescentes en el que pudieran quererse unos a otros. Los jóvenes tienen un mensaje para nosotros, yo lo escucho todo el tiempo: "La edad no nos interesa. Todos nos *conocemos* unos a otros. Si usted verdaderamente nos respeta, ¡ponga atención a lo que hacemos!"

Estos Indigo adolescentes son muy, muy especiales. Cada vez que paso tiempo con uno, me quedo pensando ¡Yo no era de ese modo cuando tenía 15! Acabo de tener una conversación con un adulto sabio en un cuerpo muy joven. ¡No es de sorprender que otros piensen que ellos son extraños! El mundo no había visto este fenómeno antes y es probablemente muy raro para algunos. Mientras tanto, ellos se encuentran entre mis personas favoritas en la Tierra; con una combinación divertida de lo bobo de los jóvenes y la sabiduría de la edad. Es una energía que se tiene que ver para creer, —tal como vestirte con el último grito de la moda, ponerte un arete en el labio superior y escuchar música rap con tu bisabuelo, unos cuantos sacerdotes y el brujo de una tribu— ¡y divertirte mucho!

La gente que colaboró con este libro es fanática acerca de nuestros niños. Son personas que con frecuencia han "rebasado los límites" de la sociedad para retar a un sistema o tomar una posición a favor de algo que no está probado; pero ahora se les está identificando y reconociendo. Conforman un grupo muy especial; asoman la cabeza por todas partes, ¡incluso para aparecer en este libro! Pregúnteles y le dirán que los niños se lo merecen. Saben que es hora de obtener consenso en una sociedad que se convertirá en un formidable grupo, —un grupo capaz de reconocer los atributos de un niño Indigo—, y saber exactamente qué hacer con ellos.

Apéndice

Biografías de colaboradores
(Los números en paréntesis se refieren a las páginas en donde la colaboración del individuo o del servicio puede ser encontrado)

Karen Bolesky, M.A., C.M.H.C., L.M.P., es una consejera de salud mental en Florida y también está certificada como consejera de salud mental por el estado de Washington. Además, es masajista con licencia. Karen está representada en *Quién es quién entre las mujeres americanas* y en *Quién es quién en las Finanzas y en la Industria.*

Tiene licenciatura y maestría en filosofía y letras por la Universidad del Sur de Florida y actualmente es propietaria y directora del instituto Soma, en donde enseña integración muscular. Karen tiene gran experiencia en las llamadas técnicas gestalt avanzadas, así como en bioenergía, asesoría nutricional, proceso de recuerdo interpersonal, apoyo psicológico a pacientes desahuciados, psicoterapia avanzada y bio-cinética. (210)

Para información: Instituto Soma, 730 Klink St., Buckly, WA • (360) 829-025 • **www.soma-institute.com** • e-mail: **soma@nwrain.com**

Candice Creelman colaboró en el capítulo 5. Ella es uno de los adultos Indigo quien se ofreció voluntariamente a escribir un poco acerca de su vida para que nosotros la examináramos. Comenta, "Todo lo necesitas es amor". (229)

Para información: *e-mail:* amora@interlog.com

Barbra Dillenger, Ph.D., es una consejera en desarrollo transpersonal quien ha trabajado en la arena metafísica desde 1969. Tiene licencia como ministro y licenciatura y maestría en educación y psicología. También es doctora en ciencias metafísicas. Barbra es conocida por sus vibraciones psíquicas y espirituales entre aquellos con quienes trabaja. Su práctica privada se compone básicamente de trabajo con profesionales en muchos caminos de la vida y su centro se localiza en Del Mar, California y en San Francisco, California. (19)

Para información: P.O. Box 2241, Del Mar, CA 92014

Peggy y Steve Dubro han recibido un tremendo don de conocimiento universal. Como miembros del equipo del Seminario Internacional Kryon, realizan entrenamientos en todo el mundo sobre potencialidad en la vida, lo que permite a muchas personas iniciarse en una nueva conciencia.

Peggy Phoenix Dubro es co-fundadora de Energy Extension, Inc, de Norwich, Connecticut. También sirvió como "canal" para transmitir la información del Factor Phoenix, la cual contiene la Técnica de equilibrio EMF. Durante los últimos siete años, Peggy ha desarrollado un conocimiento único en el campo de la energía humana. Esto será descrito en su próximo libro, *Spiritual Intelligence*—The Gift of the Phoenix. (214)

Para información: Energy Extension, Inc., 624 W. Main St., #77. Norwich, CT 06360 • **www.EMFBalancingTechnique**.com

Karen Eck creció en Baker City, Oregon. Siempre en búsqueda de la verdad, su interés en la salud y la ciencia la llevaron a mudarse a Portland, Oregon, en 1970, en donde asistió al Colegio Marylhurst y a la institución St. Vincent School of Medical Technology. Karen ha estudiado muchas modalidades de curación. Su conclusión es que todas los tipos de curación ocurren principalmente a través de la creencia del individuo en ese sistema. Karen es actualmente una distribuidora de software para computadoras; se trata de programas de educativos, de aprendizaje y de nutrición conocidos por su capacidad de ayudar en la mayoría de condiciones médicas. Acaba de descubrir las maravillosas propiedades de aceites esenciales y, en particular, la habilidad del aceite de orégano silvestre para erradicar enfermedades infecciosas y alergias. (194)

Para información: 2499 8th St., Baker City, OR 97814 e-mail: **kareneck@eoni.com** • (541) 523-0494 • website: **http://sky-family.com/wholisticare**

Robert Gerard, Ph.D., es un conferencista, visionario y curandero. Como editor, es dueño de Oughten House Publications. Robert es autor de *Lady from Atlantis, The Corporate Mule* y *Handling Verbal Confrontation: Take the Fear out of Facing Others*. Actualmente se encuentra viajando para promover su más reciente libro, *DNA Healing Techniques: The How-To Book on DNA Expansion and rejuvenation*. Robert ofrece talleres educativos sobre técnicas de curación DNA. Está disponible para seminarios y talleres en todo el mundo. (39, 76)

Para información: Oughten House Foundation, Inc., P.O. Box 1059, Coursegold, CA 93614 • e-mail: robert@oughtenhouse.com • **www.oughtenhouse.com**

Deborah Grossman se graduó de la Academia Greenwich en Connecticut. De ahí, asistió a la Universidad de Duke en North Carolina y después se fue a la Universidad de Miami, en donde obtuvo su licenciatura en enfermería (BSN).

La pasión de Deborah es la de ser una profesional en la atención y cuidado a pacientes. Hasta hace pocos años se dedicaba a entrenar a grupos de enfermeras en varias disciplinas médicas; destacó su labor en la escuela de acupuntura, School for Acupressure and Acupuncture en Miami. Ahora pasa la mayor parte de su tiempo dando conferencias en el sur de Florida sobre temas como cuidado personal e introducción a la homeopatía. Trabaja también como asesora en enfermería homeopática y es la fundadora y presidenta de Artemis International, una corporación dedicada a la integración de todas las formas de curación. (200)

Para información: 102 NE 2nd St., #133, Boca Raton, FL 33432

Debra Hegerle inicialmente se dedicó a usar el "lado izquierdo" de su cerebro como contadora durante 14 años. Después decidió seguir una carrera más inclinada al "lado derecho" de su cerebro, como consultora de viajes durante el día y psíquica durante la noche. Seis años después, abrió su propia compañía, Dragonfly Productions, haciendo trabajo privado de contabilidad y dando lecturas psíquicas.

Ha estado casada por 16 años, tiene un niño y ha sido asistente voluntaria de maestra por cinco años. Debra es una Maestra Reiki certificada, estudiante de astrología y conocedora de la forma de curación con energía. Otros de sus intereses incluyen montar a caballo, el jazz y los ejercicios aeróbicos.

Debra trabaja actualmente como voluntaria para las oficinas de Compassion in Action en San Francisco y San José y una de sus metas a largo plazo es la de iniciar una sucursal de Compassion in Action en Contra Costa County, California. (34, 57)

Para información: Dragonfly Productions, P.O. Box 2674, Martinez, CA 94553 • e-mail: daurelia@wenet.net

Ranae Johnson, Ph.D., es la autora de *Reclaim Your Light Through the Miracle of Rapid Eye Technology*. También escribió *Winter's Flower*, sobre la crianza de un niño autista. Ranae tiene 7 hijos y 26 nietos y es la fundadora del llamado Rapid Eye Institute en Oregon.

Estudió en Long Beach State en California y en la Universidad de Brigham Young. Trabaja como médico en hipnoterapia clínica en el llamado American Institute of Hypnotherapy en Santa Ana, California y obtuvo su doctorado en la Universidad de American Pacific en Honolulu.

La lista de certificados y especialidades de entrenamiento es excepcional; terapia de juego, consejera en aflicción, manejo del tiempo, manejo de crisis, programación neurolingüística avanzada, ortobionomía y paternidad positiva, por nombrar algunos. Es hipnoterapeuta certificada ante la organización National Guild of Hypnotists y es una experta en la técnica NLP así como en la Técnica del Ojo Rápido.

Ha trabajado en Fountain Valley, California con niños autistas en edad preescolar; en el Community Mental Health Crisis Center en Spokane, Washington; con padres del grupo Autistic Children Support en Spokane y está a cargo del Rapid Eye Institute en Salem, Oregon. (212)

Para información: Rapid Eye Instituto, 3748 74th Ave., SE, Salem, OR 97301 • e-mail: ret.campus@aol.com • ww.rapideyetechnology.com

Donna K. King se graduó de la Universidad de North Texas. Detenta varias certificaciones en retroalimentación biológica y retroalimentación neurológica. Actualmente es directora de Educación Profesional en Behavioral Physiology Institutes, un programa de doctorado en medicina del comportamiento en Bainbridge Island, Washington.

La Sra. King ha estado activamente involucrada en neuroterapia en las áreas de educación, tratamiento e investigación, tanto para adultos como para niños desde 1992. Ha sido instrumental en el desarrollo de la retroalimentación biológica, retroalimentación neurológica y programas de entrenamiento relacionados con estas técnicas que cumplen con las necesidades de las clínicas en una variedad de campos y antecedentes.

La Sra. King también ha participado en el desarrollo de programas de verano sobre neuroterapia para niños en edad escolar con DDA y DDAH. Desde 1992, ha dedicado la mayoría de sus esfuerzos a la promoción y uso de programas clínicos sobre medicina del comportamiento incluyendo neuroterapia. Como miembro del consejo de la Fundación Kidwell, La Sra. King trabaja para poner a disposición de un mayor número de pacientes, tratamientos comprensivos con la tecnología más moderna para niños de todas las clases sociales. (206)

Para información: 439 Bjune Rd. SE, Bainbridge Island, WA 98110 • e-mail: **brainwm@aol.com**

Ryan Maluski es uno de los Indigo adultos que se ofreció voluntariamente a escribir un poco sobre su vida para que nosotros la examináramos en el capítulo 5. Actualmente vive en Connecticut y trabaja en áreas que específicamente ayudan a otros. ¿Le sorprende? (218)

Para información: Center for Synthesis, 31 Bridge Rd., Weston, CT 06883 • e-mail: Synthesis@aol.com

Kathy A. McCloskey, PhD., Psy.D., Pasó casi diez años como científica civil para la Fuerza Aérea de E.U. en Dayton, Ohio, conduciendo investigaciones sobre los efectos del estrés ambiental en la psicología humana y en el desempeño biomecánico. En búsqueda de un mayor significado a su vida personal y profesional, dejó el trabajo con el ejército para dedicarse a la psicología clínica. Recibió su segundo doctorado en agosto de 1998 y se prepara para sentarse ante la mesa nacional de examinadores y obtener su licencia independiente como psicóloga. Ha completado exitosamente un entrenamiento en un centro de crisis, en un hospital de pacientes internos, en un centro comunitario de salud mental, en el centro de un campo universitario y en un programa de tratamiento para golpeadores ordenado por la corte.

Kathy tiene experiencia con diversos grupos de personas, incluyendo afroamericanos, apalaches, adolescentes, niños, homosexuales, bisexuales, transexuales, mujeres golpeadas y sus perpetradores, así como con la comunidad escolar y con personas severamente enfermas mentales. Actualmente es profesora asociada del programa de post doctorado en el Instituto Ellis Human Development en Dayton, Ohio. Sus especialidades actuales incluyen terapia de intervención para crisis, apoyo psicológico a perpetradores de violencia doméstica enviados por la corte, enfoques existenciales a problemas de la vida y supervisión de practicantes.

Kathy pertenece a la Asociación Americana de Psicología, a la Asociación de Psicología de Ohio, a la Asociación Americana para el Avance de la Ciencia y a la sociedad conocida en inglés como Human Factors and Ergonomics Society (HFES). Es ex presidente del Grupo de Evaluación Técnica HFES y una ergonomista certificada profesionalmente y con licencia a nivel nacional. Es autora de numerosos artículos publicados y presentados en juntas anuales y en publicaciones revisadas por jurados; tiene un récord de publicaciones científicas muy extenso. También trabajó como profesora adjunta de psicología en la Universidad Wright State, de 1991 a 1994, y ha sido instructora clínica en la Escuela de Medicina del mismo centro de estudios desde 1992. Mientras estudiaba para obtener su segundo doctorado dio asesoría en algunos cursos dentro de su programa. Finalmente, ha sido trabajadora social con licencia en Ohio desde 1996. (26)

Para información: Ellis Human Development Institute, 9 N. Edwin C. Moses Blvd., Dayton, OH 45407 • e-mail: **kcam@gateway.net**

Judith Spitler McKee, Ed.D., es una psicóloga especializada en desarrollo, consejera sobre crecimiento y profesora emérita de psicología educativa y educación en la niñez temprana en la Universidad de Eastern Michigan. Es autora de 12 libros de texto para niños sobre aprendizaje, desarrollo, juego y creatividad: *Play: Working Partner of Growth* (1986, ACEI); *The Developing Kindergarten* (MIAEYC, 1990) y diez volúmenes de *Annual Editions: Early Childhood Education* (1976–1991).

Conduce talleres para padres, maestros, bibliotecarios, terapeutas y médicos en desarrollo infantil. También es ministro sin denominación en las artes de curación y consejera espiritual. Trabaja como Astarian del Séptimo grado y Maestra Reiki así como médico Jin Shin, escribe para un boletín informativo llamado *Healing Natural Alternatives* y conduce talleres sobre crecimiento espiritual, curación holística y paternidad de Niños Indigo. (59)

Para información: Fax (248) 698-3961

Melanie Melvin, Ph.D., DHM, RSHom, tiene un doctorado en psicología y trabajó con licencia de California entre 1988 y 1996. A partir de 1994 obtuvo licencia para trabajar en Colorado en donde está practicando actualmente. Además obtuvo un diploma en medicina homeopática y es miembro del Instituto Británico de Homeopatía y de la Sociedad Norteamericana de Homeópatas. Durante los pasados 18 años, esta especialista ha combinado la homeopatía con la psicoterapia al tratar a sus clientes, entre los cuales se encuentran muchos niños.

Melanie descubrió la homeopatía en 1970 después de un accidente automovilístico que la dejó con numerosos síntomas físicos. Durante diez años estuvo viendo a diferentes doctores que la trataban en una forma integral, en lugar de especializarse en áreas determinadas. En 1980, un nuevo conocido le habló sobre un tal doctor, —un homeópata—. Llena de alegría vio como el homeópata comenzó a curarla y ella por su parte se inició en el estudio de esta ciencia. Sentía que había vuelto a casa y desde entonces ha estado

trabajando con clientes de todas las edades, combinando sus dos disciplinas. (120)
Para información: 34861 W. Pine Ridge Lane, Golden, CO 80403 • (303) 642-9360 • e-mail: **cmelwolf@aol.com** • **www.dmelanie.com**

Robert P. Ocker es consejero de estudiantes de secundaria en Mondovi, Wisconcin. Su pasión y propósito ha sido el de guiar a la juventud; ha trabajado en el distrito escolar de Eau Claire como consejero en una escuela primaria en donde ha implementado el programa conocido en inglés como CHAMPS Peer Leadership Training Program. En Lake Geneva trabajó como consejero de alumnos de primaria y secundaria. Ha dado numerosas presentaciones ante audiencias de todas las edades sobre "La educación a través del entretenimiento". A través del drama, Robert ayuda a los estudiantes a enfocarse en la solución de problemas, resolución de conflictos, responsabilidad del estudiante y educación de carácter. Fue reconocido por la Asociación de Consejeros Escolares de Wisconsin como uno de los líderes educativos futuros más destacados. Es también orador público.

Robert es un consejero certificado de alumnos de pre-escolar hasta preparatoria, estudió la licenciatura en letras y comunicación en la Universidad de Wisconsin, Eau Claire, en donde fue reconocido por su liderazgo sobresaliente y sus habilidades en el área de la comunicación. Ha estudiado, viajado, vivido y dado discursos a través de toda Europa. También tiene una maestría en ciencias de apoyo psicológico por la Universidad de Wisconcin, Stout. El colegio de graduados le otorgó honores por sus destacadas investigaciones, su tesis y su visión educativa. Es un hombre sincero, amable, cariñoso y energético que comparte sus dones con niños lo mismo que con adultos. (79, 94, 132)
Para información: 7717 35th Ave., Knolsha, WI 53142 • (715) 831-9429

Jennifer Palmer tiene un diploma como maestra (de secundaria y artes finas) y una licenciatura en educación. También se graduó en educación para práctica profesional. Ha trabajado en escuelas primarias públicas en Australia durante 23 años. Recibió el reconocimiento Advanced Skills Teachers Award y actualmente reside en Adelaide. (99)

Para información: Jennifer está ahora en Australia. Escríbanle con toda libertad a su e-mail: **kryonmail@aol.com** y su mensaje será entregado. Indiquen "Indigo book—Jennifer Palmer".

Cathy Patterson es una maestra en educación especial en Vancouver, British Columbia, Canadá. Trabaja específicamente con estudiantes quienes tienen trastornos severos de comportamiento y colabora con varios profesionales para implementar planes de comportamiento lo mismo que académicos.

Actualmente está concluyendo su maestría en apoyo psicológico. Encabeza sesiones de grupo sobre paternidad con el objeto de ayudar a los padres a superar los retos asociados con los hijos. La meta inmediata de Cathy es la de ayudar a los profesionales de las escuelas y a las familias a trabajar conjuntamente para atender las necesidades de los niños con dificultades en su comportamiento dentro del sistema de educación pública. (82)

Para información: e-mail: **rpatter262@aol.com**

Rev. Laurie Joy Pinkham, D.D., "La Mujer Búho", vive en el área rural de New England, en donde continúa escribiendo y ayudando a la gente a entender quiénes son y por qué están aquí. Es una emisaria de luz, curandera, escritora y fotógrafa. Organiza eventos en todo el país con el deseo de brindar conciencia espiritual al mundo. Es una catalizadora de la humanidad, conteniendo energía y construyendo puentes en la conciencia alrededor del mundo. Escribe acerca de sus propias experiencias en esta vida y en otras y hace entrevistas sobre otros viajes, mismas que han aparecido en publicaciones de todo el mundo. Algunas de sus líricas de "Songs from God" (Canciones de Dios) han sido grabadas y sus historias, poemas, entrevistas y fotografías han aparecido en revistas y periódicos de varios países. Es una Maestra Reiki, terapeuta craniosacra e intuitiva. Tiene una licenciatura en educación temprana de la Universidad de New Hampshire, así como un doctorado en divinidad. En la actualidad, atiende su consultorio quiropráctico en New England. (153)

Para información: PMB #622, 67 Emerald St., Keene, NH 03431 • e-mail: owlwoman33@aol.com • www.owlwoman.com • (603) 526-8424

Pauline Rogers ha estado involucrada con el desarrollo infantil toda su vida y da asesoría en ese campo. Tiene licenciatura en filosofía y letras de la Universidad Estatal de California y una maestría en administración de la educación por la Universidad La Verne, en California. También ha tomado cursos en administración del desarrollo infantil en la UCLA. Es ex profesora y supervisora de Bellflower, California (ocho sitios) y fue Coordinadora del programa de Desarrollo Infantil en Norwalk, California. Detenta demasiadas distinciones profesionales y afiliaciones para mencionarlas aquí. (110)

Para información: 680 Juniper Way, La Habra, CA 90631

Richard Seigle, M.D., tiene una práctica privada en Carlsbad, California. Entrenó en la UCLA y recibió su licenciatura de USC.

Richard trabajó por tres años en la reservación Navajo antes de completar su residencia psiquiátrica en la Universidad de California en San Diego (UCSD). Desde entonces ha estudiado con muchos curanderos y maestros en la escuela de Medicina del mismo plantel. (3)

Para información: (760) 434-9778

Joyce Golden Seyburn tiene licenciatura en educación de la Universidad Estatal de Wayne y fue profesora de jardín de niños y primer grado. Mientras sus tres hijos estaban pequeños, estudió para obtener su maestría en desarrollo de educación temprana. Columnista del periódico The Detroit News, también ha publicado sus escritos en varias revistas y ha colaborado en una antología de cuentos.

El obtener su grado de profesora titular en el Centro Deepak Chopra para medicina de Mente/Cuerpo en la Jolla, California, estimuló su interés en el tema de la conexión mente/cuerpo. Cuando supo que iba a ser abuela por primera vez y no pudo encontrar ningún libro sobre paternidad mente/cuerpo para compartirlo con su hija, decidió escribir el primero: *Seven Secrets to raising a Happy and Healthy Child*. (111)

Para información: 1155 Camino Del Mar, #464, Del Mar, CA 92014 • e-mail: **joy7secrets@hotmail.com**

Keith R. Smith se graduó originalmente del Colegio estatal de San Francisco. Su entrenamiento académico, sin embargo, ¡continuó por otros 20 años! Es un maestro naturista (Dominion Herbal College in canada and Christopher School of Natural Healing). Estudió iridología avanzada y tomó un entrenamiento con el Dr. Bernard Jenson. Keith se graduó con honores de la Escuela de Salud Natural en Spanish Forks, Utah; también estudió en la Escuela de Artes Curativas de San Diego, California.

En su camino, Keith se convirtió en un maestro nutrición y desarrolló un gran interés en Rayid, una práctica emocional-espiritual de iridología fundada por Denny Ray Johnson. Keith es ahora presidente de la Sociedad Rayid Internacional y es también un Maestro Rayid. Ha practicado la medicina naturista por 21 años y puede encontrarlo en Escondido, California. (178)

Para información: 360 N. Midway, Suite 102, Escondido, CA 92027 • e-mail: **ksmithhrb@adnc.com** • **www.health-forum.com**

Nancy Ann Tappe ha estado trabajando en el campo de la parapsicología por 25 años. Tiene la carrera de teología y filosofía en el colegio y se ordenó como ministro. Es conocida a través de los E.U., Canadá y partes de Europa y Asia por su punto de vista cándido acerca de la gente y de la forma en la que podemos entendernos mejor a nosotros mismos y a los demás.

Comenzó sus estudios sobre el color y el campo energético de los humanos durante su exploración sobre la humanidad. Durante tres años trabajó para definir e interpretar el aura por sí misma y rápidamente encontró que tenía el raro don de "ver" el aura y se empeñó en encontrarle significado a esta experiencia.

Para probar la información que obtenía en forma intuitiva, se relacionó con un psiquiatra en San Diego. Con su cooperación, cientos de pacientes y voluntarios se sometieron a pruebas, usando la teoría que ella estaba recibiendo. Trabajó por nueve años hasta que se convenció de que estaba en lo correcto.

Nancy Ann entonces se dedicó a dar clases en la Universidad Estatal de San Diego, en el colegio experimental. Hoy continúa dando conferencias, enseñando y dando apoyo psicológico por todo el mundo. (7, 49, 136)

Para información: Starling Publishers, P.O. Box 278. Carlsbad, CA 92018

Doreen Virtue, Ph.D., tiene licenciatura, maestría y doctorado en apoyo psicológico. Conferencista, ha escrito 12 libros con medio millón de copias impresas en todo el mundo, incluyendo *The Lightworker's Way* (Hay House, 1997), *Angel Therapy* (Hay House, 1997) y *Divine Guidance* (Renaissance/St. Martin's August 1998). También ha creado dos audiocassettes, *Chakra Clearing* y *Healing with the Angels* (Hay House). La página de Internet de la Dra. Virtue en **www.angeltherapy.com** contiene información acerca de sus talleres y libros y tiene un sitio de mensajes muy activo.

Hija de un curandero científico cristiano, la Dra. Virtue es la cuarta generación de metafísicos quien combina el fenómeno psíquico, curación angélica, psicología y los principios espirituales de Curso en Milagros dentro de su práctica como consejera y escritora. Sus 12 años de experiencia clínica incluyen su trabajo como fundadora y directora de un hospital psiquiátrico para mujeres, dirigió un programa psiquiátrico para adolescentes y ha trabajado en forma privada como psicoterapeuta. Además, la Dra. Virtue es miembro de la facultad del Instituto Americano de Hipnoterapia, en donde imparte clases de desarrollo psíquico y comunicación con los espíritus.

Ha participado en la organización de varias oraciones de paz en el mundo junto con James Twyman y Gregg Braden. También ha aparecido frecuentemente en programas de televisión como *Oprah, Good Morning America, The View, Donahue, Ricki Lake, Geraldo, Sally jessy Raphael, Montel, Leeza, The 700 Club, Gordon Elliot, CNN, Extra* y otros. Ofrece talleres sobre espiritualidad y salud mental desde 1989 y algunos de los foros incluyen The Whole Life Expo, The Universal Lightworker's Conference, The Health and Life Enrichment Expo, Fortune 500 Companies, The Learning Annex y la convención de The American Board of Hypnotherapy. (24, 53, 142, 168)

Para información: **www.AngelTherapy.com,** o a través de Hay House Publicity, P.O. Box 55100, Carlsbad, CA 92018-5100, USA.

Acerca de los autores

Jan Tober y **Lee Carroll** hablan ante miles de personas en todo el mundo que asisten a sus seminarios sobre superación personal y potencial humano. Durante los últimos diez años Lee ha escrito ocho libros de auto-ayuda, los cuales han sido traducidos a varios idiomas. Jan y Lee han sido invitados en tres ocasiones a presentar su mensaje de esperanza y amor ante las Naciones Unidas en la Ciudad de Nueva York, la última vez que pisaron ese foro fue en 1998.

Notas

❧ Notas ❧

Notas

❖ Notas ❖

Notas

❖ Notas ❖

Notas

Notas

Notas

Notas

❖ Notas ❖

Esperamos que haya disfrutado este libro de Hay House.
Si desea recibir un catálogo gratis con otros libros y productos de
Hay House, o si está interesado en obtener información
acerca de la Fundación Hay, por favor comuníquese a:

Hay House, Inc.
P.O. Box 5100
Carlsbad, CA 92018-5100
USA

(760) 431-7695
(760) 431-6948 (fax)

Por favor visite la página Internet de Hay House:
www.hayhouse.com